大学生职业规划与就业指导

主　编　于　环　康丽勇
副主编　唐峭石　庞　博　董　莉
编　委（以姓氏笔画为序）
　　　　于　环　邓皖宁　孙佳楠　陈星伯
　　　　庞　博　赵　亮　唐峭石　康丽勇
　　　　董　莉　程嘉泽

科学出版社
北　京

内 容 简 介

为适应高等医学教育发展新趋势，本书将大学生职业生涯规划与就业指导融为一体，构建全程化教育体系。本书由就业形势与就业政策、职业定位与职业生涯规划、就业观念与就业心理、求职准备与择业技巧、就业类型与相关法律保障几个部分组成。

本书体系完整，素材丰富，立足学生需求，努力贴近学生求职、择业实际，适合医学院校在校大学生使用。书中详尽的讲解、丰富的案例和知识拓展，对大学生提升自我素质、培养就业能力、提高就业适应性具有良好的指导作用。

图书在版编目（CIP）数据

大学生职业规划与就业指导/于环，康丽勇主编．—北京：科学出版社，2023.1

ISBN 978-7-03-072052-8

Ⅰ.①大⋯ Ⅱ.①于⋯ ②康⋯ Ⅲ.①大学生-职业选择 Ⅳ.① G647.38

中国版本图书馆 CIP 数据核字（2022）第 057753 号

责任编辑：朱 华 钟 慧/责任校对：宁辉彩
责任印制：赵 博/封面设计：陈 敬

科 学 出 版 社 出版
北京东黄城根北街 16 号
邮政编码：100717
http://www.sciencep.com

北京密东印刷有限公司 印刷
科学出版社发行 各地新华书店经销

*

2023 年 1 月第 一 版　开本：787×1092　1/16
2023 年 1 月第一次印刷　印张：12
字数：307 000
定价：49.80 元
（如有印装质量问题，我社负责调换）

前 言

为全面贯彻落实 2022 届全国普通高校毕业生就业创业工作网络视频会议和辽宁省高校毕业生就业工作会议精神，进一步加强学校就业指导工作，使大学生落实合理职业定位，科学进行职业规划，了解国家关于毕业生就业的政策、规定，掌握求职应聘技巧，了解就业服务的基本内容，学会正确择业，依法保障自己的合法权益，我们组织相关人员编写了本书。本书涵盖了毕业生求职就业的全过程，针对当前新的就业形势、政策及当代大学毕业生所面临的就业问题，紧密结合医学院校大学生特点，立足于大学毕业生就业的现实，帮助大学生从整体上构建就业的全程化知识和能力体系，特别突出了"学以致用"的指导思想。本书从就业形势与就业政策、职业定位与职业生涯规划、就业观念与就业心理、求职准备与择业技巧、就业类型与相关法律保障等多方面，进行了深入浅出、由点带面、循序渐进的阐述，多角度、全方位指导大学毕业生了解就业形势，树立职业规划意识和正确的择业观念，拥有健康的就业心理，熟练运用求职技巧，从而轻松踏上就业之路。

本书由于环、康丽勇担任主编，第一章由赵亮、唐峭石、程嘉泽编写；第二章由庞博、陈星伯编写；第三章由邓皖宁编写；第四章由于环编写；第五章由董莉、孙佳楠编写。全书由于环、康丽勇统稿、定稿。

本书体系完整，素材丰富，立足学生需求，努力贴近学生求职、择业实际，适合医学院校在校大学生使用。书中详尽的讲解、丰富的案例和知识拓展，对大学生提升自我素质、培养就业能力、提高就业适应性具有良好的指导作用。

编 者

2022 年 10 月

目 录

第一章 就业形势与就业政策 ··· 1
第一节 大学生就业形势及就业现状 ·· 2
一、大学生就业形势概述 ·· 2
二、当前大学生就业现状 ·· 3
三、大学生就业困难的对策 ··· 7
第二节 大学生就业政策 ·· 9
一、国家鼓励大学生基层就业创业的政策 ····························· 9
二、辽宁省吸引毕业生就业创业的政策 ······························· 11
三、医药卫生行业相关政策和规定 ···································· 13
四、大学毕业生择业相关流程、注意事项与年历 ·················· 15

第二章 职业定位与职业生涯规划 ·· 20
第一节 大学生的职业定位 ··· 21
一、大学生职业定位的必要性 ·· 21
二、大学生在职业定位过程中出现的问题 ··························· 22
三、大学生职业定位的原则和方法 ···································· 24
第二节 大学生职业生涯规划 ·· 27
一、大学生职业生涯规划的意义 ······································· 27
二、自我认知 ··· 27
三、职业世界认知 ··· 38
四、职业决策 ··· 41
五、职业生涯规划书的制定及实施 ···································· 46

第三章 就业观念与就业心理 ··· 60
第一节 就业概念 ··· 60
一、大学生就业观念概述与现状 ······································· 61
二、大学生应树立正确的就业观念 ···································· 64
第二节 就业心理 ··· 68
一、大学生应具备的就业心理素质 ···································· 68
二、大学生就业中常见的心理问题 ···································· 70
三、造成大学生就业中心理问题的原因分析 ························ 75
四、大学生应培养积极的就业心理 ···································· 79

第四章　求职准备与择业技巧 …… 83
第一节　就业信息的准备 …… 83
一、就业信息的特点 …… 83
二、就业信息的搜集 …… 84
三、就业信息的整理 …… 88
四、就业信息的利用 …… 91
第二节　求职材料的准备 …… 93
一、求职信 …… 93
二、简历 …… 96
三、其他求职材料 …… 103
第三节　面试应对技巧 …… 104
一、面试的基本程序 …… 105
二、面试技巧 …… 111
三、面试礼仪 …… 116
第四节　笔试应对技巧 …… 124
一、常见的笔试种类 …… 124
二、笔试的方法及技巧 …… 126

第五章　就业类型与相关法律保障 …… 128
第一节　就业程序 …… 128
一、当前大学生就业的主要途径 …… 128
二、应届毕业生就业流程 …… 137
第二节　就业类型 …… 141
一、大学生就业的主要形式 …… 141
二、就业协议和劳动合同 …… 142
三、签订劳动合同与就业协议的原则 …… 144
四、签订劳动合同与就业协议的程序 …… 145
五、违约及违约责任 …… 146
第三节　大学生就业权益及保护 …… 150
一、大学生就业求职活动的法律法规 …… 150
二、大学生享有的主要就业权益 …… 154
三、大学生求职过程中常见的被侵权行为 …… 158
四、维护大学生就业权益的方法及措施 …… 162

附录1　《中华人民共和国劳动法》 …… 165
附录2　《中华人民共和国劳动合同法》 …… 173
附录3　《中华人民共和国就业促进法》 …… 182

第一章　就业形势与就业政策

【学习目标】

熟悉大学生目前的就业形势和就业现状，分析国家宏观经济形势，帮助大学生了解就业背景。了解大学生当前就业形势严峻问题产生的原因，通过分析大学生当前的就业形势，激发大学生求职的自主意识。通过介绍国家、辽宁省的就业政策和医药行业相关政策，帮助学生树立科学的就业观，实现全方位、多途径就业。

【案例分析1-1】

2019年6月国务院办公厅发布的《关于促进家政服务业提质扩容的意见》中指出，近年来，我国家政服务业快速发展，但仍存在有效供给不足、行业发展不规范、群众满意度不高等问题。

三百六十行，行行出状元。随着社会的发展进步，越来越多的传统行业需要高素质、高技能，甚至是高学历的人才加入其中。大学生虽然以专业录取进入大学，但是毕业后从事什么行业则是根据自身的兴趣爱好、理想目标、专业特长、价值观念等综合因素决定的。保姆、月嫂这些看似不够"高大上"的职业，实际上却需要很高的综合素质，不仅是简单地做饭、打扫卫生、照顾孩子。在笔者看来，这不仅不是人才的浪费，反而是社会发展进步、就业价值观念进步的显著标志。职业不分贵贱，只要选择的职业是自己喜欢的，更是适合自己的，就应该积极鼓励。

有人说大学生从事家政行业，既没有经验，也没有技能，很难做好这份工作。然而，任何行业所需要的专业技能都不可能通过学校三四年的学习就彻底掌握，都需要在工作实践中继续学习、磨炼。大学生从事家政行业，受到更多来自家庭和社会的不解或歧视，此与社会中普遍存在的较为传统、保守的就业价值观念有关。2014年，英国的乔治小王子随父母出访新西兰，展开"尿布外交"，随行的西班牙保姆，毕业于英国著名的保姆学校诺兰德学院，精通跆拳道等多种技能，是一位世界一流的保姆。我们的大学生为何不能从事这一行业？为什么不能成为世界一流的家政行业人才？

大学生从事类似于保姆这样的职业本身不应该以身份或专业来定义，只要具备从事该行业所需的基本技能，都可以从事。在高校不断强化人才综合素质培养的大前提下，应加强对学生职业素养和职业操守的教育，不断培养大学生正确的就业择业观念，突破传统价值观念中的"学以成士"的择业取向，鼓励大学生按照自己的兴趣爱好和技能特长进行职业选择。

专家点评　不是每个人都有理想的职业，但每个人都必须要有职业的理想，大学生选择何种职业应该以"愿意做，能做好"为前提，不应用大学生的身份去定义和评价这种职业选择。只有做到"人尽其才，各尽其能"，才能真正发挥大学生人才的优势，不能让大学生当"保姆"到底值不值这样的讨论再影响当代大学生的职业选择了。

【案例分析1-2】

据《黑龙江晨报》报道，2013年1月4日，哈尔滨面向全国招聘的448名事业编制环卫工人中有7名研究生，在进行了为期5天的封闭式集中培训后，这些工人正式走上清扫保洁作业一线。据了解，招聘期间共有29名研究生学历的考生报考该岗位。公开招聘的448名环卫工人培训内容包括公共知识、市容环境卫生、安全教育、职业道德、交通法规等。

此次环卫工人公开招聘分为汽车驾驶员、汽车维修员和清扫员三类岗位，计划共招录457人，其中，汽车驾驶员岗位307人、汽车维修员岗位30人、清扫员岗位120人。其间共有11 539人报名，最终通过资格审核并缴费的有7186人。其中，有29名研究生学历的考生报考，本科学历2954人，大专学历4203人。

2010年3月2日，山东济南市城肥清运管理二处招聘的5名大学生清运工，经过半年的试用期正式签订聘用合同并上岗。据了解，5名大学生清运工是从391名应聘大学生中经过严格考核脱颖而出的。

专家点评 以上案例如同一面明镜，折射出大学生就业选择的多样性。在此情况下，大学生应充分认识就业指导的意义所在，科学把握就业形势，及时关注就业政策，从容应对求职择业，同时应该认识到职业不分高低贵贱。充分了解我国当前的就业形势及其未来发展方向，客观分析新形势下大学生的就业现状，准确理解我国积极就业政策的内涵，找准个人职场定位，适当降低择业标准，努力提升自身职业能力，以积极的心态面对职场，主动、理智地迎接就业的挑战，是时代赋予当代大学生的必然选择。

第一节 大学生就业形势及就业现状

一、大学生就业形势概述

（一）大学生由"精英"走向"大众"

从世界各国高等教育的发展历程看，高等教育包括三个发展阶段，即精英化教育阶段、大众化教育阶段和普及化教育阶段。近年来，随着经济社会的不断发展，我国的高等教育已经从精英化向普及化阶段转变。2002年，我国高等教育毛入学率首次达到15%，这标志着我国的高等教育进入了大众化阶段。2019年，我国高等教育毛入学率达51.6%，标志着我国已从高等教育大众化阶段正式进入普及化阶段。2020年我国高等教育毛入学率达54.4%，在学规模达4183万人。大学生不再是凤毛麟角的"精英"，大学生就业也不再统包统分，而是要公平地参与社会竞争，实行双向选择、自主择业。

（二）就业市场由"卖方"走向"买方"

高等教育处在精英化教育阶段时，高校毕业生供给小于社会需求，是毕业生就业的"卖方市场"，主要在社会较高层次的"精英"岗位就业。当高等教育进入普及化教育阶段，毕业生供给紧缺的时代一去不复返，毕业生与社会需求之间的关系由"供不应求"转为"供需平衡"，直至"供大于求"，大学生就业基本趋于市场化，供需机制在就业市场中的调节作用越来越大。在今后相当长的时间内，高校毕业生就业仍将处于"买方市场"，在社会需求总量增幅不大的一段时间内，毕业生层次间的挤占效应将是一个较强的趋势，同层次、同专业毕业生的培养质量和特色竞争将格外激烈，毕业生求职的整体成本和时间将扩大和延长，在一部分大学生通过竞争进入社会精英岗位的同时，也必然会有一部分大学生从事与普及化教育阶段相适应的其他各种工作。

（三）用人标准由"重学历"走向"重能力"

长期以来，我国大部分用人单位都会对求职者的学历做出硬性要求，求职者学历越高，就业往往越容易，求职者学历的高低成为用人单位选才用人的重要影响因素。2021年10月22日中华人民共和国人力资源和社会保障部印发《关于职业院校毕业生参加事业单位公开招聘有关问题的通知》，要求事业单位招聘要树立正确的选人用人理念，不能唯名校论、唯学历论，日益淡化学历因素对求职的影响。随着用人单位淡化学历要求以及就业群体自身结构和数量的调整，不同文化程度求职者的就业状况也发生了相应的变化，本科生、硕士生的学历优势不再明显，动手能力强的技校生、高职生更容易找到工作。

（四）就业形式由"单一化"走向"多样化"

高等教育步入普及化教育阶段，已不仅仅是数量的变化，入学起点、社会需求、培养模式、教学方式、培养目标等都发生了一系列的改变。培养目标和社会需求的多样化必然导致毕业生就业取向、就业形式的多样化。从工作时间看，有全日制就业、计时就业等；从就业地点看，有东部地区、中部地区、西部地区；从就业单位属性看，有党政机关、事业单位、国有企业、民营企业、部队等；从就业途径看，有参加招聘会、学校推荐、亲友推荐、网上求职等；从实现方式看，可分一次性就业、创业、暂时待业（含继续深造，如准备考研、留学）等。

二、当前大学生就业现状

高校毕业生是我国人力资源的重要组成部分，是社会中最有朝气、活力和创造性的群体。我国的人力资源强国建设和创新型国家建设，需要数以千万计的高素质专门人才和一大批拔尖创新人才提供有力的人才支撑和智力支持。近年来，随着我国高等教育规模的逐渐扩大，高校毕业生人数逐年增加，这在相当程度上满足了我国社会发展的人才需求，但高校毕业生就业难的问题也引起了全社会的普遍关注。新形势下，高校毕业生就业面临着新的发展机遇与挑战。

（一）大学生就业面临的现状

1. 劳动力供大于求的局面短期不会改变 我国是世界第一人口大国，截止到2021年末人口总量达14.13亿人，劳动年龄人口8.8亿人，预计到2030年之前，劳动力规模都将保持在8亿人以上，劳动力供大于求的就业总量压力将长期存在。与此同时，随着经济发展方式转变、产业结构调整、技术革新步伐和城镇化进程的加快，劳动者技能水平与岗位需求不匹配的就业结构性矛盾将越来越突出。近年来，技能劳动者的求人倍率（岗位空缺与求职人数的比率）一直在1.5以上，高级技工的求人倍率甚至达到2以上的水平，技工紧缺现象逐步从东部地区扩散至中西部地区，从季节性演变为经常性。职业培训是化解就业结构性矛盾、提升就业质量的根本途径。无论是解决就业总量矛盾还是结构性矛盾，都必须坚定不移地广泛开展职业培训，积极推动与经济转型相适应的培训转型，不断提高劳动者技能水平，全面加强人力资源开发。

2. 就业结构性矛盾仍然突出 高校毕业生就业结构性矛盾是当前我国高校毕业生就业中存在的主要问题之一。这种结构性矛盾突出体现为区域和行业分布的不平衡，即大量毕业生过于集中在东部地区，集中于热门行业和领域，着眼于机关事业单位、国有企业及其他竞争数量和增量有限的就业岗位。中西部地区、广大基层及非公有制企业却面临着人才匮乏又难以吸引毕业生的局面，加之毕业生急功近利、期望值过高等不良就业心态，导致"无业可就"和"有业不就"并存的状况十分明显。中央和地方政府制定了一系列鼓励毕业生到西部、基层就业的政策，并取得了显著成效，但社会保障制度、户籍制度、人才发展环境等方面的障碍，使得毕业生在基层的成长成才以及服务期满后的安置问题仍有待进一步解决，长效机制有待进一步健全。

3. 高校人才培养机制与社会需求不相适应　　从高等学校办学的现实状况来看，人才培养的社会适应性问题是我国高等学校改革发展过程中的一个突出问题。随着经济社会的迅猛发展和产业链的快速更新，当前我国高校人才培养机制与社会需求不完全适应，高校毕业生素质、能力与用人单位要求不相符合的现象依然存在。一方面，我国高校对社会需求变化的预测能力较差，难以适应瞬息万变的社会市场需求，人才培养还处于被动跟进的尴尬境地。另一方面，我国高等教育中，知识教育占较大比重，理论功底及其相应的分析、解决问题能力的构建仍然薄弱，致使毕业生在求职过程中乃至从学生到职业者的角色转换中由于缺乏相应的能力而不能顺利就业或者完成工作任务。

4. 就业指导服务的水平须进一步提升　　高校毕业生就业能力不足是影响高校毕业生就业的主要因素之一。近年来，随着我国高校毕业生就业指导服务工作的不断深入，大学生就业指导服务工作取得了明显的成效，但与形势发展的要求还有较大差距，主要表现在毕业生的就业观仍存在偏差；职业生涯规划的意识和能力欠缺；获取和辨别就业信息的能力不强；就业挫折承受力较差，就业心理有待调整；创业意识和创业能力须进一步提升等方面。因此，进一步提升就业指导服务的质量和水平，仍是高校亟待解决的重要问题之一。

（二）大学生就业呈现出的特点

1. 毕业生总量压力依然较大，结构矛盾依然突出　　高校毕业生就业规模大，数量逐年增多，且这种情况有可能在较长一段时期内存在。一是高校专业设置与快速变化的市场需求错位。我国四年一个周期的高校专业设置决定着专业人才的产出量，大学生就业与产业结构的调整以及地区经济发展周期有较大的关联。调查中发现，本科毕业生最多的5个专业为会计、英语、法学、土木工程、计算机科学与技术。根据2021年10月国家发展和改革委员会发布的《关于推动生活性服务业补短板上水平提高人民生活品质的若干意见》可知，我国在养老、育幼、家政、物业服务等生活性服务相关专业本科层次人才出现巨大缺口。许多岗位需大于供。二是人才结构失衡，供求矛盾加大。近年来的人才市场需求供给情况表明，各技术等级的劳动力呈现供不应求的局面，以机械加工为主的技术、技能型人才短缺，致使出现了部分工科类大学生在校期间到劳动部门开设的技工培训学校学习，以取得技能等级证书的现象。

农业人才需求错位问题是结构性矛盾的最突出问题。据统计，我国目前平均每百名农业劳动者中只有科技人员0.023名，每百亩耕地平均拥有科技人员0.0491名；而发达国家每百亩耕地平均拥有1名科技人员，农业从业人员中接受高等教育的达45%～65%。在人才分布上，我国东部与西部、沿海地区与偏远山区、经济发达地区与欠发达地区，每万人中大学生占有量差距也很大，结构性矛盾仍然突出。调整结构性矛盾，除政府要在就业政策制定、就业环境创造、缩小经济区域差距方面努力之外，教育本身也是核心所在。解决这个问题，要从"三教"（教材、教学、教师）入手，教育要以市场需求为导向，要以宏观经济走势、中观经济变化、微观经济需求为着眼点和落脚点，高校要研究所在区域的社会发展和经济变化，着眼整合师资资源，提升高校专业设置的科学预测和规划能力，调整教材，创新教学方法，用就业率、学生综合适应能力两把尺子衡量高校的运行质量。

2. 第三产业人才需求旺盛　2021年6月3日，中华人民共和国人力资源和社会保障部（简称人社部）发布的《2020年度人力资源和社会保障事业发展统计公报》显示，全国就业人员中，第一产业就业人员占23.6%，第二产业就业人员占28.7%，第三产业就业人员占47.7%。第三产业就业比重在2011年首次超过第一产业，跃居第一，此后逐年增加，现在已成为吸纳就业的绝对主力。

3. 二、三线城市成为就业热土　从宏观经济对地区的影响看，西部地区受益于"西部大开发"战略，经济增长速度明显，并且与之相连的中部地区也表现优异，均逐渐成为人才向往的热点地区。

大学生期望的就业城市分布显示，越来越多的大学生愿意主动离开北上广进入二、三线城市就业，这与"70后""80后"的被动离开是不同的。2020年数据显示愿意到二、三线城市的大学生占32.82%（二线22.75%，三线10.07%），较2019年均上升，而愿意到一线城市就业的比例占25.55%，到新一线城市就业的比例占37.02%，较2019年均降低。人才流动佐证了中西部的崛起。另外，中西部职位需求及薪酬亦呈增长趋势。

众多企业的投资向中西部地区转移。比如汽车制造、电子产品代工、能源、材料和化工等，这无疑会带动招聘需求。这也印证了中华人民共和国国务院出台的《促进中部地区崛起规划》，中部地区成为中国政府经济发展的侧重点。

4. 鼓励创业成为就业常态　鼓励大学生创业并不是教育界的新思路，而是长久以来的想法。少数中途休学创业者还被媒体炒作，成为争议的焦点。但现在社会观念正在加速改变，大学生创业不仅非常普及，而且日益得到各方肯定。大学生应根据自身特点选择最适合自身的发展道路，即有创业潜质的人创业，学术型人才在知识的道路上深挖精钻，只有角色分工准确，人力资源使用效率才能优化。

在中国，创业既应该成为大学生一种主动的人生追求，也应该成为学校教育主动培养的一个方向，这样可以让大学教育更"接地气"，更能适应企业对人才的要求。在世界范围内，教育的"文凭主义"值得我们深思——文凭因为其可测度性，成为雇主甄别劳动力素质的重要标准，而这又把学生的动机引向文凭主导的方向。文凭能说明一定的问题，但并不代表全部。因此，我国需要把创业这条路更好地铺开。现在的政策引导正当其时。

只有就业形势稳定，中国向着新常态调整才会有稳固的"托底"，而大学生创业无疑是提供就业的一支主力军。所以，鼓励大学生创业也是中国走向新常态的一部分，激励创新也符合新常态强调激发内生动力的总精神。

5. 新兴产业成就业"蓄水池"　根据国家统计局于2018年11月公布的《战略性新兴产业分类（2018）》（国家统计局令第23号），战略性新兴产业是以重大技术突破和重大发展需求为基础，对经济社会全局和长远发展具有重大引领带动作用，知识技术密集、物质资源消耗少、成长潜力大、综合效益好的产业。我国战略性新兴产业具体包括以下9大领域：新一代信息技术产业、高端装备制造产业、新材料产业、生物产业、新能源汽车产业、新能源产业、节能环保产业、数字创意产业、其他相关服务业等。

"十三五"规划以来，在政策等有利因素的推动下，我国战略性新兴产业总体实现持续快速增长，经济增长新动能作用不断增强。在工业方面，2016～2020年上半年，我国战略性新兴产业规模以上工业增加值增速始终高于全国工业总体增速。2020年上半年，我国战略性新兴产业规模以上工业增加值同比增长2.9%，高出全国总体增速4.2个百分点。

战略性新兴产业代表了我国产业升级的方向,是经济可持续发展的重要保障,其发展必然会带来经济结构的重大变革,由此对就业领域产生深刻的影响。

(1)战略性新兴产业发展对就业数量具有促进作用。首先,产业发展为就业增长提供了广阔的空间。劳动力需求是经济增长的派生需求。在正常情况下,经济增长与就业增长应该具有同向和同步的变动趋势。作为我国未来的主导和支柱产业,战略性新兴产业具有良好的发展前景。2019年,我国战略性新兴产业的增加值占国内生产总值的11.8%。中国信息通信研究院数据显示,预计至2025年底,新兴产业增加值占国内生产总值的比重将达到20%左右。

其次,高产业关联属性能够带动相关产业就业增长。国民经济是一个有机的整体,各部门之间存在着密切的联系,既相互制约又相互依存。作为未来主导性产业,战略性新兴产业自身快速发展的同时,能够创造出对其他行业的产品需求,促使其他行业扩大生产规模,继而带动相关产业就业的增加。另外,战略性新兴产业发展对技术的引领作用,特别是新材料、新能源、新技术的发明及应用,会进一步扩大社会分工的范围,创造生产活动的新领域,使同技术相适应的各种新职业应运而生,为就业提供了扩容空间。

(2)战略性新兴产业发展能够显著提升就业质量:就业数量体现了就业的外延性,而就业质量则反映了就业的内涵特征。随着近年我国经济社会的发展,就业质量问题受到了更广泛的关注。从战略性新兴产业的发展特点来看,它与"绿色就业""体面劳动"等高质量就业的理念相吻合,因此其发展对提升就业质量具有积极的意义。

首先,清洁技术的使用对促进绿色就业具有积极作用。绿色就业是近年在"低碳经济""绿色经济"的背景下提出的概念,旨在鼓励健康、节能、环保产业的就业,以减少人类面临的与环境危害相关的职位。

战略性新兴产业的蓬勃发展,使人类社会、经济实现低碳化的可持续发展成为可能。作为产业升级的高级层次,战略性新兴产业能够使人类发展水平提高而不导致环境污染的增加,相关行业的就业机会也将相应扩大。

其次,战略性新兴产业发展将带来更多体面劳动机会。

目前在我国,人们早已不仅把工作当作谋生的手段,而是将其作为自我价值实现的一个途径。但也必须看到,我国在推进体面劳动方面仍存在很多不足。战略性新兴产业恰恰符合体面就业的发展方向,由于这些产业的发展主要依靠技术创新而非低成本的劳动,故人力资本的附加值相对较高,企业必须能够提供良好的工作条件、优厚的劳动报酬以及规范的管理制度,才能吸引和保留优秀的人才,由此劳动者也能够在这些企业中获得更加体面的工作,最终实现企业和员工利益的双赢。

同时,高发展潜力有利于确保总体就业的可持续性。战略性新兴产业秉承了可持续发展的理念,产业发展的可持续性给就业的可持续性提供了可能,为稳定就业提供了有力的保证。尽管高技术产业的高风险性会带来一些摩擦性失业的出现,但是总体而言,由于战略性新兴产业的高发展潜力和可持续性,能够推动全社会持续有效的就业创造,不断提升就业质量,充分满足劳动者的就业发展需求,实现可持续发展系统中劳动要素的有效配置,构筑劳动与人口、经济社会及资源环境系统的和谐发展关系。

就业是最大的民生。要坚持就业优先战略和积极就业政策,实现更高质量和更充分就业。这一目标顺应了人民日益增长的美好生活需要,反映了我国当前经济转型升级对就业工作的新要求。因此,高校大学生就业问题不仅是经济问题,也是重大的社会问题和政治问题。就业既是人们维持生活和提高生活水平的需要,也是促进社会平等和社会稳定、维持良好社会心理的需要。改革开放40余年来,特别是党的十八大以来,我国就业工作取得历史性成就、发生历史性变革，实现了劳动就业制度由"统包统配"向市场化导向的转变，就业总量持续增长，就业结构不断优化，就业政策与就业服务体系日趋丰富完善，走出了一条中国特色就业发展的道路。但是，应该清醒地认识到当前我国就业工作面临的总量压力和结构性矛盾依然突出，解决好就业问题是长期面临的一项重大战略任务。因此，做好大学生就业指导服务工作显得尤为重要。

三、大学生就业困难的对策

大学生就业困难问题的原因非常复杂，解决高校毕业生就业问题需要学校及整个社会的共同努力，改善就业环境，同时大学生本身也要不断更新就业理念，突破就业误区，做到市场调节就业，大学生自主择业、创业，政府通过政策促进就业。

1. 高校改革完善专业设置，加强就业指导

（1）高校要以市场为导向，对市场进行有效引导。根据经济社会发展的实际情况，合理配置教育资源，加快高校专业结构的调整，改变过去重理论、轻实践，重知识、轻能力的培养模式，开设具有专业特点、实践性强的课程，使学生具备扎实的专业知识。同时关注社会发展对复合型人才的需求，加强对学生综合素质的培养，才能使高校更好地履行其社会服务职能。

（2）加强毕业生的就业指导工作。高校毕业生就业指导部门以及相应的管理人员应加强对大学生的就业指导，将就业指导工作贯穿于大学生的整个学习生涯，而不仅仅局限于临近毕业的大学生。

（3）建立一支高素质、专业化的就业指导队伍。高校就业指导队伍的整体素质对于推动整个大学生就业工作起着关键作用。这就要求对从事大学生就业指导的专职人员进行专业培训，提高其业务水平和综合素质。同时，积极吸收具有心理学、社会学、教育学、信息学等专长的老师充实到就业指导队伍中来。

（4）以就业为导向，加快高校的教育与教学改革。

2. 用人单位树立科学的录用观念 用人单位应主动消除就业歧视，应该减少过分注重工作经验等情况以免对大学生就业造成不良影响。企业在竞争过程中应树立有计划的人才储备观，同时杜绝唯学历论，避免造成人才浪费，并从企业长期效益出发，对刚毕业的大学生进行职能培训，对其职业进行规划和进行人才储备，这样既有利于企业的长远发展，同时又促进了大学生的顺利就业，为进一步完善大学生就业市场起到了积极的作用。

3. 毕业生转变就业观念，强化自身素质 毕业生自身素质的提高是解决就业难题的关键。因此，大学生应当主动提高自身素质，树立正确就业观，把个人理想与社会需要紧密结合起来，把找工作和干事业结合起来，走好迈向社会的第一步。大学生要努力提高自身素质，增强就业竞争力。大学生择业的过程中，素质高、能力强的大学生最有可能被录用。在校大学生应该努力提高自己的知识、能力水平，以满足用人单位和社会越来越高的要求。

（1）丢掉"精英"意识：大学生就业难，在很大程度上是因为他们期望值偏高，自身定位不准，理想与现实脱节。他们片面地认为读了大学，就应该有一份待遇丰厚的固定工作，留在大城市、大单位才能体现自己的人生价值，才能实现自己理想和抱负。大学生不能只一味追求物质待遇和地域条件，重地位、重名利，轻事业、轻奉献，而缺少艰苦奋斗的精神和强烈的责任感。大学生要成功就业必须丢掉"精英"意识，改变"人往高处走"的传统观念，放下"架子"，在普通的工作岗位上寻找发展的机会。

（2）变被动就业为主动创业：教育部、人力资源社会保障部等部委以及许多地方政府相继出台有关政策，鼓励和帮助大学生自主创业，灵活就业，实现自我价值。鼓励和帮助大学生自主创业，依靠自身实力解决就业问题。大学生在一定条件下找准商机，发挥一技之长，走自主创业、自谋职业的道路，在解决自己就业的同时，也为社会提供新的就业渠道，缓解就业压力。

（3）树立动态的就业观：要加强对大学生的就业观教育，使他们树立正确的世界观、人生观和价值观，对就业形势有一个准确的判断，对自己有一个合理的定位。

总之，大学生就业问题是国家的一项系统工程，需要大学生、高校、政府及全社会的共同关注与参与，积极应对。随着社会的进步和发展，"就业难"的问题将在发展中逐步解决，高等教育普及化将继续持续、高速发展，高校将走上良性循环的发展之路，为国家培养大批高素质人才，大学毕业生将成为推动社会主义建设的中坚力量。

【知识拓展】

《就业蓝皮书：2021年中国大学生就业报告》显示2020届从事信息传输、软件和信息技术服务业的大学生月收入（本科6475元）最高，其次是电子电气设备制造业（本科6021元）；吸纳大学毕业生最多的两个行业分别为教育业以及建筑业，医疗和社会护理服务业及建筑业从业门槛较高，同时报告显示医学读研比例连续三届超20%，且其读研比例连续三届位居榜首，跨专业考研比例较低；而就职业幸福感而言，从事政府及公共管理的本科生职业幸福感最高。

【案例分析1-3】

小蔚与一家物流公司签订了书面劳动合同，合同约定小蔚每日送货一次，报酬除每月固定1000元外，再按0.2元/公里加计，并以押车人当日签字确认的公里数为据。岂料上班的第1天，小蔚便在送货途中遭遇交通事故。虽然伤势不重，但花去5000余元医疗费用，这对于刚出校门、家境较差的小蔚来说，也是一笔难以接受的开支。可当小蔚以劳动合同为据，要求公司按工伤处理时，却遭到拒绝。

专家点评 认定是否构成工伤的前提，在于是否存在劳动关系。本案例中，小蔚与公司签订的合同所反映的只是由小蔚将货物运到指定地点，公司依约付费，不是双方建立劳动关系的合同，只符合运输合同的法律特征。虽被冠以"劳动合同"的字样，但只是徒有虚名，小蔚要求按工伤处理的请求，当然会被拒。

【案例分析1-4】

毕业生小萍在与一家公司签订为期三年的劳动合同时，公司提出，因对小萍的实际工作能力一无所知，故合同约定，试用期定为1年，试用期内工资减半，且一旦被证明不符合录用条件，公司随时有权解除劳动合同。虽然小萍觉得试用期太长，但考虑到找工作不容易，只好签了合同，答应了公司的条件。

专家点评 《中华人民共和国劳动合同法》第十九条规定："劳动合同期限三个月以上不满一年的，试用期不得超过一个月；劳动合同期限一年以上不满三年的，试用期不得超过二个月；三年以上固定期限和无固定期限的劳动合同，试用期不得超过六个月。"本案例中公司利用了毕业生就业心切的心理，通过自定超出法律规定的试用期，将用工风险转移给小萍，并企图据此降低用工成本，明显与法律相违背。

第二节 大学生就业政策

一、国家鼓励大学生基层就业创业的政策

为确保高校毕业生顺利就业，党中央、国务院高度重视，中央有关部门和地方政府积极作为，通过制定并狠抓落实一系列就业促进政策，有效缓解了高校毕业生就业难的问题，确保了劳动力市场的基本稳定。当前我国高校毕业生就业政策主要着力于拓展就业渠道和完善就业服务体系建设两个方面。

（一）到西部地区、基层就业的政策

为了鼓励广大高校毕业生自愿投身到西部地区、基层建设，向西部地区、基层建设输送高层次、高素质的人才，国家出台了一系列具体的就业政策。目前西部地区、基层就业的具体政策主要包括"大学生志愿服务西部计划""三支一扶""农村义务教育阶段学校教师特设岗位计划""选聘高校毕业生到村任职"等项目。

近年来国家有关部门进一步加大促进毕业生到西部地区、基层就业的政策力度，开展了城乡基层特别是城市社区和农村公共管理及社会服务工作，农业技术推广服务特岗计划试点等工作。2009年3月11日财政部和教育部颁布了《高等学校毕业生学费和国家助学贷款代偿暂行办法》，规定毕业生到中西部地区和艰苦边远地区县以下基层单位就业、服务期在3年以上（含3年）的高校毕业生，实施相应的学费和助学贷款代偿。

（二）到中小企业和非公有制企业就业的政策

各类中小企业和非公有制企业是高校毕业生就业的主要渠道。各级政府要进一步清理影响高校毕业生就业的制度性障碍和限制，为他们提供档案管理、人事代理、社会保险办理和接续、职称评定以及权益保障等方面的服务，形成有利于高校毕业生到企业就业的社会环境。对企业招用非本地户籍的普通高校专科以上毕业生，各地城市应取消落户限制（直辖市按有关规定执行）。企业招用符合条件的高校毕业生，可按规定享受相关就业扶持政策。劳动密集型小企业招用登记失业高校毕业生等城镇登记失业人员达到规定比例的，可按规定享受最高为200万元的小额担保贷款扶持。

（三）推动科研项目单位吸纳和稳定高校毕业生就业的政策

国家鼓励高校、科研机构和企业，按照公开、自愿、双向选择的原则，在所承担的国家科技重大专项、"973计划"、"863计划"、科技支撑计划项目以及国家自然科学基金的重大重点项目实施过程中，聘用高校毕业生作为研究助理或辅助人员参与研究工作，并根据国家有关规定签订服务协议，明确双方的权利、责任和义务。劳务性费用和有关社会保险费补助按规定从项目经费中的"劳务费"科目列支，原则上按相应岗位在当地的实际情况由项目承担单位确定。聘用期满，根据工作需要可以续聘或到其他岗位就业，就业后工龄与参与项目研究期间的工作时间合并计算，社会保险缴费年限连续计算。

（四）参军入伍政策

高校毕业生应征入伍，不仅缓解了就业压力，而且对提高部队兵员素质、改善部队兵员结构、提高部队战斗力具有重大的现实意义。为鼓励高等学校毕业生积极应征入伍服役，

自 2009 年以来，国家相继颁布了对应征入伍服义务兵役的毕业生除享有优先报名应征、优先体检政审、优先审批定兵及其他优待安置政策外，还享受优先选拔任用、考学升学、就业优惠、补偿学费或代偿国家助学贷款等政策与规定。

（五）自主创业政策

开展创业教育，鼓励高校毕业生通过自主创业解决就业问题是近年来高校毕业生就业工作的重点之一。从 2002 年起，国务院各有关部门相继出台了鼓励大学生自主创业的若干政策举措，为大学生自主创业提供了政策制度保障。这些政策强调：各地区、各有关部门要积极完善创业政策，加强创业教育、创业培训和创业服务，大力扶持高校毕业生自主创业，尤其要鼓励高校毕业生创办国家和地方优先发展的科技型、资源综合利用型、智力密集型企业，支持通过网络创业带动就业。各高校要将创新创业教育融入专业教学和人才培养全过程，并将创业教育课程纳入学分管理，鼓励在校生积极参加创业教育和创业实践活动。鼓励高校与公共就业人才服务机构合作开展创业培训和实训。各地区要对自主创业高校毕业生进一步放宽准入条件，降低注册门槛，创业地应按规定给予小额担保贷款及贴息、税费减免等政策扶持。加大政策倾斜力度，积极推进大学生创业孵化基地建设，为自主创业高校毕业生提供项目开发、开业指导、融资、跟踪扶持等"一条龙"创业服务。

（六）公务员招考政策

社会主义市场经济体制的建立，要求转变政府职能，为了适应政府职能的转变，我国实施和推行了国家公务员制度，国家机关按照"公开、平等、竞争、择优"的原则公开录用公务员，符合规定报考条件的高校毕业生可报考国家公务员。

（七）事业单位招聘政策

事业单位是指国家以社会公益为目的的，由国家机关举办或者其他组织利用国有资产举办的，从事教育、科技、文化、卫生等活动的社会服务组织。根据《事业单位公开招聘人员暂行规定》的规定，高校毕业生可通过报名、笔试、资格复查、面试、体检、录用等程序到事业单位就业。

（八）有关出国留学的政策

出国留学有公费和自费之分。公费出国留学条件较高，名额相对较少。自费留学不受学历、年龄的限制，凡具备条件者，均可申请自费到国外上大学（专科、本科），读研究生或进修。自费出国留学是培养人才的一条渠道，也是贯彻对外开放政策、引进国外智力的体现。国家对自费出国留学人员在政治上与公费出国留学人员一视同仁。国务院等部门对公费和自费出国留学都做出一些相应的规定。

（九）高校毕业生就业服务政策

根据政策要求，各高校要加快推进就业指导课程和学科建设，全面开展职业发展教育和就业指导，着力提高就业指导课程的针对性和实效性。加强专、兼职结合的职业指导师资队伍建设，为高校毕业生提供个性化的咨询辅导；支持高校发挥自身优势，实行校企对接，有针对性地组织开展校园招聘活动；各地要充分发挥公共就业人才服务机构和高校毕业生就业指导服务机构的作用，广泛开展公共就业人才服务进校园活动，帮助高校毕业生及时了解就业形势、就业政策和企业用人需求；广泛收集适合高校毕业生的就业岗位信息，及时向高校和高校毕业生提供，并组织开展分区域、分行业、分层次的专场招聘活动；健全全国就业信息公共服务网络平台，实现与高校校园网互联互通，充分利用微信、微博等移动互联网平台等多种渠道发布就业信息，切实降低求职成本；允许高校毕业生在求职地（直辖市除外）进行求职登记和失业登记，申领"就业失业登记证"，纳入本地免费公共就业服务和就业扶持政策范围；各级公共就业人才服务机构要从高校毕业生的实际需要和便利出发，统一服务标准，优化服务流程，提供高效、便捷的就业服务。

（十）就业帮扶和就业援助政策

《教育部关于做好2022届全国普通高校毕业生就业创业工作的通知》教学〔2021〕5号指出："2022届普通高校毕业生规模、增量创历史新高，就业形势复杂严峻。为深入贯彻党的十九大和十九届二中、三中、四中、五中、六中全会精神，落实党中央、国务院决策部署，教育部决定实施'2022届全国普通高校毕业生就业创业促进行动'，健全就业创业促进机制，推动就业创业工作提质增效，促进高校毕业生更加充分更高质量就业。"

1. 完善市场化社会化就业促进机制　包括加强校园招聘市场建设，促进网络招聘市场建设，鼓励中小企业更多吸纳高校毕业生，促进创新创业带动就业、支持引导灵活就业。

2. 充分发挥政策性岗位吸纳作用　包括健全毕业生基层就业支持体系，做好大学生征兵工作，促进升学与就业有序衔接，优化招考时间安排。

3. 强化就业指导服务　包括建立健全就业育人支持体系，强化就业实习实践，加强高职毕业生就业服务，加强就业权益保护。

4. 开展重点群体就业帮扶　包括实施宏志助航计划，完善就业帮扶机制。

5. 完善就业统计发布机制　包括加强就业统计核查，健全就业质量报告制度。

6. 持续深化高等教育改革　包括推动就业与招生培养联动改革，实施供需对接就业育人项目。

7. 加强组织领导　包括落实就业"一把手"工程，配齐建强就业工作队伍、加强就业工作督促检查，统筹就业工作安排，做好就业总结宣传工作。

二、辽宁省吸引毕业生就业创业的政策

近年来，随着高等院校的扩招和高等教育制度的改革，大学毕业生的数量迅速攀升，工作岗位供给与需求失衡，就业难已经成为全社会关注的热点问题。为了切实有效缓解大学生就业难状况，推动大学生实现就业、创业，国家从2003年开始陆续颁布了一系列促进就业、创业方面的法规和政策。各省市结合自身情况，也制定了许多关于就业、创业的配套法规和政策，千方百计促进就业，以创业带动就业。辽宁省为促进大学毕业生就业、创业采取了一系列政策，取得了较好效果。

（一）毕业生基层就业政策

1. 基本政策

（1）一是"大学生志愿服务辽西北计划"和"三支一扶"计划。"大学生志愿服务辽西北计划"从2003年开始实施；2006年，辽宁省委、省政府决定将"大学生志愿服务辽西北计划"与"三支一扶"计划两项计划合并实施；2009年这两项计划继续在全省实施，由团省委负责。

（2）二是实施"一村一名大学生计划"。每年选派优秀大学生到村级组织工作。

（3）三是选调应届优秀高校毕业生到基层培养锻炼。在坚持好中选优、确保质量的前提下，适当增加选调生数量。各级组织人事部门加强对选调生的日常管理和培养，在他们到基层工作2至3年后，按照干部队伍"四化"方针和德才兼备原则，结合岗位实际需要，及时选拔到乡镇、街道领导岗位。县级以上党政机关补充公务员，优先从选调生中选用。

（4）四是推广高校毕业生进社区工作。各地区参照"一村一名大学生计划""大学生志愿服务辽西北计划"的措施和办法，有计划地选拔高校毕业生到社区就业。要把引导和鼓励高校毕业生面向基层就业同加强基层组织建设结合起来，社区居委会补充调整人员时，要依照法定程序择优录用、任用高校毕业生，准许高校毕业生异地参加社区选举。到社区就业的高校毕业生薪酬由所在地财政解决。

（5）五是选聘高校毕业生到村任职。从2008年起，有计划地选聘一批高校毕业生到村任职。选聘到村任职的高校毕业生为"村级组织特设岗位"人员，非公务员身份，签订聘用合同工作管理及考核比照公务员的有关规定进行，由乡镇党委负责。

（6）六是实施县以下农村中小学"一校一名师范类本科毕业生计划"。2007年，辽宁省启动实施"辽宁省县以下农村中小学一校一名师范类本科生计划"。通过政府购买岗位、待编安置方式，全省44个县每年每县公开招聘不少于20名（其中人口超过50万人的县不少于30名）择业期内的普通高校师范类本科毕业生到县以下农村中小学任教，逐步实现农村中小学一校一名师范类本科毕业生的目标，其中九年一贯制学校逐步达到一校五名以上师范类本专科毕业生的目标。2009年，为贯彻国家"农村义务教育阶段学校教师特设岗位计划"精神，结合辽宁省师范类毕业生到农村基层就业的工作开展情况，辽宁省将"特岗计划"与"辽宁省县以下农村中小学一校一名师范类本科生计划"合并实施，启动辽宁省"高校师范类毕业生农村从教计划"。

2. 相关配套政策

（1）一是人事管理。如到乡镇或国家级、省级贫困县事业单位就业的高校毕业生，可不实行见习期，直接转正定级。定级时，在乡镇就业的，可高定2档工资；在县里就业的，可高定1档工资。

（2）二是户籍管理和社会保障。如对于志愿到辽西北地区和贫困县的乡（镇）一级教育、卫生、农技、扶贫和其他社会公益事业单位服务的志愿者实行来去自由的政策，户口可留在原籍或根据本人意愿迁往就业地区。

（3）三是财政补助和税费减免。如到辽西北地区和贫困县乡（镇）一级教育、卫生、农技、扶贫等单位服务的志愿者，服务期间，享受一定的生活性补贴（其中专科生500元/月、本科生600元/月、研究生800元/月，以及意外伤害、住院医疗保险等），所需经费由省财政承担。志愿者服务期满后，在上述地区扎根的，享受每人每月100元生活补贴。

（4）四是助学贷款代偿。如在贫困县所属乡镇、村工作，且服务期满的高校毕业生，其在校期间申领的国家助学贷款利息按高校隶属关系由同级财政负担，本金由省财政和服务地所在市、县财政按4：4：2的比例代为偿还。

（二）毕业生创业政策

（1）一是鼓励毕业生创业，实施"大学生创业工程"和"大学生创业引导计划"。如设立"辽宁省大学生创业资金"、建立辽宁省大学生创业孵化基地、允许创业大学生申请小额担保贷款并给予财政贷款贴息等。

（2）二是税费减免优惠政策。如鼓励和支持高校毕业生自谋职业、自主创业，对自主创业的高校毕业生，持教育行政主管部门、人事管理部门发放和认定的毕业证、自主创业证，工商部门对其登记、注册要优先受理、优先办照并简化登记手续。申请从事小规模私营企业的，实行试办期制。试办期间核发营业执照并注明经营期限，免收注册登记费、变更手续费、年检费，其所办企业或经营单位符合一定条件的，经主管税务机关批准，自开业之日起，第一年至第二年免征企业所得税。

（3）三是贷款担保优惠政策。如各级政府设立的下岗失业人员小额贷款担保基金和中小企业担保基金的优惠政策也适用于高校毕业生自主创业或兴办企业，自主创业小额担保贷款的责任余额不得超过自主创业担保基金银行存款余额的5倍，担保机构收取的担保费不超过贷款本金的1%，担保费由同级财政全额支付，等等。

（4）四是贴息和财政补助优惠政策。主要包括省科技资金的使用要支持和鼓励高校毕业生自主创业及省软件产业发展专项资金的使用优先扶持高校毕业生自主创业。

（5）五是指导、培训、服务优惠政策。主要有加强省、市和高校毕业生创业、就业指导服务机构的建设；高校毕业生可持毕业证到公共职业介绍机构和创业、就业培训基地，免费参加创业、就业培训，并享受创业和就业培训机构提供的项目管理、市场分析、开业指导、税费优惠、贷款扶持相结合的创业及就业服务。

（三）困难毕业生就业援助政策

《教育部办公厅关于进一步做好高校困难毕业生群体就业帮扶工作的通知》（教学厅函〔2022〕19号）文件中对进一步做好高校困难毕业生群体就业帮扶工作提出五点要求。一是健全帮扶责任制，把困难毕业生群体就业帮扶工作摆在更加突出的位置。二是开展有温度帮扶，与困难毕业生结对，进行"一对一"帮扶。三是挖掘市场化岗位，持续举办有针对性的线上线下专场招聘活动，积极发动校友企业、产学合作企业等用人单位提供有针对性的岗位，招聘困难毕业生。四是各地各高校要用足用好"特岗计划""三支一扶""西部计划""城乡社区计划""村医计划"等中央和地方基层项目，并向高校困难毕业生群体重点倾斜。五是做好脱贫家庭、低保家庭以及有残疾的高校毕业生信息的统计工作。

（四）促进高校毕业生就业、创业的其他政策

一是建设完善省、市、县三级毕业生就业领导协调机构。
二是深化高等教育改革，切实加强大学生创业教育和就业、创业指导服务工作。
三是加强市场和信息网络建设，进一步完善高校毕业生就业服务工作。
四是加强就业宣传工作。
五是建立就业见习制度。
六是建立完善的高校毕业生失业登记制度，加大对未就业毕业生的指导和服务。
七是建设辽宁省教育诚信服务体系。

三、医药卫生行业相关政策和规定

（一）相关政策和规定

1.《中华人民共和国医师法》《中华人民共和国医师法》是为保障医师合法权益，规范医师执业行为，加强医师队伍建设，保护人民健康，实施健康中国战略提供有效法律保障而制定的法律，于2021年8月20日在十三届全国人大常委会第三十次会议表决通过，

于 2022 年 3 月 1 日施行。《中华人民共和国医师法》中规定了国家医师的资格考试制度、医师职业注册制度和考核培训制度，规定了医师的权利、义务和执业规则与法律责任，正式将医德医风教育和管理规定纳入立法。本法共计 7 章 67 条，基于旧法实施以来存在的立法缺陷和短板进行了全面补充和修改，将实践中的一些好的经验和做法上升为法律，体现了党和国家对医师的重视和关怀，是对全国医生极大的鼓舞，更是倡导全社会尊医重师的重大举措。

2.《"十四五"全民医疗保障规划》 2021 年 9 月下发的《"十四五"全民医疗保障规划》立足新发展阶段，完整、准确、全面贯彻新发展理念，构建新发展格局，坚持以人民为中心的发展思想，深入实施健康中国战略，深化医药卫生体制改革，以推动中国特色医疗保障制度更加成熟定型为主线，以体制机制创新为动力，发挥医保基金战略性购买作用，坚持医疗保障需求侧管理和医药服务供给侧改革并重，加快建设覆盖全民、统筹城乡、公平统一、可持续的多层次医疗保障体系，努力为人民群众提供全方位全周期的医疗保障。

3.《医师执业注册管理办法》 2017 年 4 月 1 日，备受瞩目的《医师执业注册管理办法》（此处简称《办法》）正式实施，文件打破医师执业单一注册的枷锁，并对业界广泛关注的医师自由执业问题做出表示，多点执业医师只须确定一家主要执业机构进行注册，其他执业机构进行备案，执业机构数量不受限制。该《办法》将过去的"医疗、预防、保健机构"修改为"医疗、预防、保健机构所在地的省级行政区划"或"医疗、预防、保健机构所在地的县级行政区划"，并规定执业医师的注册地点为省级行政区划，执业助理医师的注册地点为县级行政区划，实现"一次注册、区域有效"。

（二）全国医疗卫生行业面临的现状

1. 公共卫生医师数量不足，农村医疗建设普遍缺人 我国医师过度集中在大城市三甲医院，城乡基层特别是农村和偏远山区医师数量十分有限。2019 年，我国每千人口医师数为 2.9 人，其中，农村每千人口医师数为 2 人，城乡差距依然存在。康复、儿科、急诊、精神科等专业的医师数量相对较少，存在学科短板。公共卫生医师数量不足且呈逐年减少趋势，人才队伍相对薄弱，与以预防为主的方针不匹配。

2. "重应试、轻实践"问题突出，医师实操能力不足 从近年来医师资格考试合格率情况看，院校之间、不同学历层次之间教学质量相差较大，一些医学院校"重应试、轻实践"问题比较突出。住院医师规范化培训在区域间、规范化培训基地间还存在发展不平衡问题。

3. 医疗服务方式还未建立完全，医疗服务水平跟不上 目前群众的健康需求呈现多样化差异化特点，医疗服务供需矛盾更加突出，覆盖生命全周期、健康全过程的医疗服务方式尚未完全建立，医疗服务流程不够便捷，医疗服务的人文关怀、舒适化程度有待提高。

4. 医师薪酬待遇落实不够，义务履行不到位 一方面，医师的休息休假、劳动安全保护、薪酬待遇与福利等保障措施不足，与医师工作负荷大、职业风险多、成才周期长、知识更新快的特点不相适应，影响了职业吸引力和医师的工作积极性。另一方面，有些医师的遵纪守法、规范执业意识不强，缺乏敬业精神和行为自律，有的甚至违法、违规执业，存在医疗安全隐患，损害了群众的健康权益。

（三）解决措施

1. 继续深化医教协同改革 深化医教协同改革，全面建立健全符合医学规律和特点的医师培养制度，稳妥推进国家医师资格考试制度改革，促进医师队伍由数量增长转向高质量发展。持续推进住院医师规范化培训，提高医师队伍职业素质和综合诊疗能力。

强化各类医师继续教育和在岗培训，解决紧缺专业人才问题，满足快速增长的服务需求。此外，要研究加强医师队伍管理的政策措施，继续做好医师区域注册和定期考核，促进医师科学配置和合理流动。

2. 完善医师激励保障机制，建立学科的岗位管理制度 从提升薪酬待遇、发展空间、执业环境、社会地位等方面入手，调动广大医师积极性。推动各地落实"两个允许"，合理调整医疗服务价格，落实财政补偿政策，提高医务人员的收入。落实基层医疗卫生机构绩效工资制度，鼓励多劳多得、优绩优酬。

完善公立医院岗位管理制度，科学测算医务人员工作负荷，合理设置工作岗位。发挥职称评审的"指挥棒"作用，根据不同专业层次医师的功能定位分级分类开展，实现"干什么、评什么"。全力实施健康扶贫工程，完善医师下基层的激励机制，加大培养培训力度，着力缓解贫困地区特别是深度贫困地区的医师短缺问题。

3. 持续改善医疗服务，补齐基层短板 改进医疗服务方式和质量。以患者为中心，建立整合型医疗服务体系，提供健康教育、疾病预防、诊断、治疗、康复、护理等连续医疗服务。加快区域医疗中心和医联体建设，推动优质医师资源下沉，补齐基层服务能力短板。

继续实施改善医疗服务行动计划，创新服务方式，增进人文关怀，提升群众获得感和满意度。发挥远程医疗作用，丰富医疗服务内涵，提升优质医疗服务可及性。落实医疗质量核心制度，确保医疗质量安全。

4. 严厉打击涉医犯罪，全力保障医师人身安全 持续构建和谐医患关系。完善医院投诉管理制度，进一步加强和规范医疗纠纷人民调解工作，健全完善人民调解与司法诉讼、保险理赔等工作衔接配合机制。

完善医疗责任风险分担机制，鼓励探索开展医疗意外险。依法严厉查处打击涉医违法犯罪，对各类伤害医务人员人身安全、扰乱医疗秩序等违法犯罪行为"零容忍"。

5. 给医务人员减负，提高其社会地位和职业认同感 营造尊医重卫的良好风尚。关心爱护医务人员，通过多种方式改变或者缓解医务人员工作负荷大的状况。持续开展医德医风建设，推动建立医疗卫生人才荣誉制度，提升医师职业荣誉感。

以"中国医师节"和"中国好医生中国好护士"推荐评议活动为载体，加大优秀医务人员及其典型事迹的宣传力度，提高医务人员的社会地位和职业认同感。加强对医学规律、局限性以及正确生命观、健康观的宣传教育，合理引导群众预期，增进医患相互理解。

随着改革进一步深入，医师队伍建设整体环境将得到进一步改善，广大医学专业毕业生群体也将迎来新的发展机遇！

四、大学毕业生择业相关流程、注意事项与年历

步入大学的最后学年，择业将成为大学生的重要工作。如何有条不紊地顺利完成择业？下面从大学毕业生就业程序、就业的四个重要环节、签三方协议的注意事项、报到证和存档的注意事项、签订劳动合同的注意事项和毕业生择业年历六个方面进行阐述，或许会给同学们一些启示和帮助。

（一）大学毕业生就业程序

根据教育部的规定，大学毕业生的就业工作一般从学生在校的最后一学年开始。一般来说，最后一学年的第一学期是就业准备时期，第二学期进入就业行动和就业派遣时期。

1. 就业准备 学校将组织大学毕业生开展就业指导活动，有的高校开设就业指导选修课，学校就业指导的专职人员，将向大学毕业生介绍全国和当地高校大学毕业生就业的状况和形势；通过邀请用人单位代表，向大学毕业生介绍企业和公司的选人要求；向大学毕业生宣传国家地方和学校的大学毕业生就业工作的法规政策和规定；使大学毕业生基本掌握如何寻找和处理大学毕业生就业信息，如何写就业自荐信，如何应聘工作岗位，如何签订就业协议书以及如何处理就业中遇到的困难等。就业准备是就业程序中必不可少的，是帮助大学毕业生了解就业和就业常识的重要阶段。

2. 就业行动 寒假前后一个月左右，毕业生进入就业行动阶段。这一阶段，用人单位对大学毕业生的需求信息将不断出现，一直持续到大学毕业生派遣前一段时间，这是大学毕业生就业的关键时期，大学毕业生通过社会发布的就业信息，参加就业招聘活动，了解用人单位的招聘专业和条件，参加用人单位的面试和笔试，通过考核后收到用人单位的录用通知书，与用人单位签订就业协议书等。

3. 就业派遣 与用人单位就业协议书签订完毕，大学毕业生的就业行动暂时告一段落，每年7月份学校根据大学毕业生的就业协议，向大学毕业生核发派遣报到证，大学毕业生根据派遣报到证上的单位和时间，到录用单位报到上班。

（二）就业的四个重要环节

对于有的大学毕业生来说就业很容易，而对于有的毕业生却很复杂。不管容易还是复杂，就业中的几个环节对于每个大学毕业生而言都是必不可少的。

1. 就业信息 就业信息是大学毕业生就业的基础。就业信息主要是指通过各种媒介传递的有关就业方面的消息和情况，如就业政策、就业中介机构、社会需求、大学毕业生资源、用人单位的相关信息等。因此大学毕业生要寻找满意的工作单位，就要尽可能多地掌握就业信息。

2. 就业推荐信 就业推荐信由国家或地方教育部门印制。就业推荐信是学校为每一个大学毕业生就业所出具的包含大学毕业生本人基本情况的证明信，也是大学毕业生的身份证明。就业推荐信一般包含大学毕业生基本概况鉴定和主要成绩表。用人单位首先从推荐信上获得对大学毕业生的初步印象，因此大学毕业生不要忽视就业推荐信的重要作用。

3. 就业协议书 经过考核，用人单位决定录用毕业生，一般要与毕业生签订就业协议书，也是政府派遣毕业生的重要依据，为了大学毕业生（特别是跨地区就业的大学毕业生）能按时准确地踏上工作岗位，大学毕业生应将就业协议书及时上缴学校。

大学毕业生就业的几个环节是政府和学校管理毕业生就业工作的重要手段，毕业生在就业过程中要严格遵守，不要自找"捷径"，否则有可能带来更大的麻烦。

（三）签三方协议的注意事项

1. 明确违约金数额 通常公司在签约时会提出违约金的数额，大学毕业生要在协商中力争将违约金降到最低，通常不超过5000元。违约金特别高的单位要慎签。

2."备注"允许三方另行约定各自的权利和义务 为防止用人单位的承诺无法落实，大学毕业生可以将工资、奖金、补贴、休假、住房、保险等福利待遇在备注栏中写清楚。

（四）报到证和存档的注意事项

1. 报到证 2022年5月，国务院办公厅发布通知指出，从2023年起，不再发放《全国普通高等学校本专科毕业生就业报到证》和《全国毕业研究生就业报到证》，取消就业报到证补办、改派手续，不再将就业报到证作为办理高校毕业生招聘录用、落户、档案接收转递手续的必需材料。

2. 档案的作用　　档案除了供用人单位考察录用人员之外，也是维护个人权益和福利的凭证，无论是工作调动、考研、报考公务员，还是职称评审、考资格证、工龄认定、社保办理、入党、办理退休等，都要用到它，所以同学们可千万不能大意！

3. 到具有档案管理权限的单位就业时档案的处理　　高校大学毕业生到具有档案管理权限的机关、事业单位、国有企业就业的，由单位直接接收、管理档案。

4. 到无档案管理权限的单位就业时档案的处理　　到无档案管理权限的单位（如私营企业、外资企业等）就业的，由大学毕业生生源地公共就业和人才服务机构负责档案管理。

（五）签订劳动合同的注意事项

1. 劳动合同应当具备的条款　　用人单位的名称、住所和法定代表人或者主要负责人；劳动者的姓名、住址和居民身份证或者其他有效身份证件号码；劳动合同期限；工作内容和工作地点；工作时间和休息休假；劳动报酬；社会保险；劳动保护、劳动条件和职业危害防护；法律、法规规定应当纳入劳动合同的其他事项。

劳动合同除前款规定的必备条款外，用人单位与劳动者可以约定试用期、培训、保守秘密、补充保险和福利待遇等其他事项。

2. 试用期的规定　　《中华人民共和国劳动合同法》（2012年修正版）明确规定："劳动合同期限三个月以上不满一年的，试用期不得超过一个月；劳动合同期限一年以上不满三年的，试用期不得超过二个月；三年以上固定期限和无固定期限的劳动合同，试用期不得超过六个月。同一用人单位与同一劳动者只能约定一次试用期。"

3. 慎签的合同类型

（1）口头合同：没有签署书面合同文件。

（2）抵押合同：要求缴纳证件或财物。

（3）简单合同：条文没有细节约束。

（4）生死合同：含有"工伤概不负责"等字眼。

（六）毕业生择业年历

毕业生择业年历见表1-1。

表1-1　毕业生择业年历

时间	择业阶段	所做工作（内容）
毕业前一年的7～8月	基础准备	①个人择业佐证材料的整理与收集 ②确定就业途径（即时就业、延时就业、自主创业、考研、出国）
毕业前一年的9月	择业前准备	①了解政策、分析形势，锁定就业去向 ②自我分析，合理定位，确定职业目标 ③制作求职简历 ④面试的物质准备（如服饰和资金等） ⑤树立正确的择业观念 ⑥求职热身

续表

时间	择业阶段	所做工作（内容）
毕业前一年的 10～11 月	求职高峰期	①参加各种培训以提高求职技能和自身素质 ②就业信息的收集和分析，总结经验，提高择业能力，积极应对求职高峰期 ③参加学院开设的毕业生就业指导课 ④研究生和国家公务员网上报名 ⑤毕业生就业推荐表的填写和鉴定 ⑥参加学校、学院专场招聘会，参加网络招聘会及学校第一场大型供需见面会，抓住机会签约 ⑦核实个人生源信息
毕业前一年的 12 月	求职高峰期	①登录高校毕业生就业网，注册个人信息 ②国家公务员考试 ③确定就业意向单位、签约 ④参加学校第二场大型供需见面会
毕业当年 1 月	择业缓冲期	①研究生考试 ②参加学校、学院专场招聘会 ③备战期末考试
毕业当年 2 月	择业调整期	①调整择业心态 ②调整择业期望值 ③参加各地招聘会，面试、签约
毕业当年 3 月	择业冲刺期	①再次为择业成功而努力 ②考研失利同学择业时期 ③参加学校第三场大型供需见面会 ④各省市选调生报名及笔试 ⑤参加各学院组织的专场招聘会
毕业当年 4 月	就业实习期	①毕业生就业实习、工作实习正式开始 ②职场招聘计划正式启动 ③考研、选调生面试、调档 ④就业招聘进入尾声，大部分单位招聘将结束，抓住机会签约
毕业当年 5 月	签约高峰期	①了解各地市落户政策 ②公务员招考报名及考试 ③考研、选调生面试、调档 ④预征入伍报名，"三支一扶"启动、报名及考试
毕业当年 6 月	就业准备	①毕业生鉴定 ②论文答辩 ③就业派遣方案生成 ④毕业典礼 ⑤离校手续办理
毕业当年 7 月	报到、落户	①带齐毕业证、学位证、就业协议书（个人存）、身份证到当地就业部门报到与落户 ②与用人单位签订劳动合同 ③7 月 16 日前，第一批考取研究生放弃升学、选择就业的毕业生持录取通知书原件到学校就业部门申请办理就业报到证
毕业当年 8～12 月	改派、年度就业	①提转档案、查询档案是否到达 ②办理改派

【本章要点】

1. 高校毕业生就业形势与政策　就业形势与政策是每个大学生都会关注的问题，直接关系到每一位大学生的求职择业历程。了解大学生就业形势，掌握大学生就业政策，从而更好地了解所面临的机遇和挑战，有助于大学生顺利毕业。

2. 通过横向与纵向对比，认识当前就业大环境　分析全国近年来就业统计数据，结合本年的毕业生与行业企业的具体发展趋向，教会学生掌握就业的基本渠道与途径，科学分析其面临的机遇与挑战，合理确定求职目标和就业期望值；解读国家、省、市相关就业政策与人事代理制度，让大学生了解就业市场的特点，使大学生树立正确的就业意识。

【思考与练习】

1. 大学毕业生就业存在困难的原因有哪些？
2. 存在就业困难的大学毕业生可以采取哪些应对措施？
3. 国家鼓励大学毕业生基层就业、创业的政策分为几类？都是什么？
4. 毕业生就业程序有哪些？

第二章　职业定位与职业生涯规划

【学习目标】

了解大学生职业定位的必要性；明确在职业定位过程中容易出现的问题；掌握职业定位的原则和方法。通过了解大学生职业生涯规划的意义，提高自我认知和职业世界认知能力，掌握探索兴趣、性格、技能、价值观的方法，学会使用职业决策的技巧和方法做出适合自己的有效决策，学习职业生涯规划的制定方法，制定大学生职业生涯规划并监督实施。

【案例分析2-1】

甄××，2007年以优异的成绩考入医科大学口腔医学专业，于2012年以专业排名第一考入了上海交通大学医学院附属×××医院的专业学位研究生。

他的大学成长经历，是一个很好的大学生职业生涯规划案例。

遇到困惑：大一担任组织部试用干事、班长，学习成绩优秀，参加学校某科研团队科研工作。在紧张忙碌中度过了大学一年级的生活。然而，升到大二，随着班级工作任务越来越繁重，课业压力增大，科研工作加紧，他不得不审慎考虑自己的未来，自己到底要怎么发展，面向未来的路，他必须做出一个选择，他不想因为自己精力过于分散无法集中而耽误学院和班级的工作，影响同学们的权益。

明确目标：他对自己的未来有明确的追求，要考取知名院校的研究生，培养自己良好的科研思维，为将来的研究生阶段学习奠定扎实的基础，同时对自己的英语学习也有明确的定位，大学英语四、六级都要一次通过，并尽可能取得高分。

探索决策：他深思熟虑，找到了辅导员老师，与老师分享自己的想法，看看能否有一个科学的决策解决现阶段面临的困难。最终在老师的指导下，他更加明确和坚定了自己的想法，于是他选择了坚守班级工作，放弃学生会的工作，同时坚持学习和科研两不误，并且明确自己在大学期间要发表一篇论文。

践行实施：他一个目标一个目标地规划时间和步骤，以发表论文为例，一般时间周期为两到三年，他需要完成参与实验、整理数据、分析数据、查阅文献、形成论文、导师指导、修改完善、投稿见刊等一系列工作，而且这些能力并不是本科学生必须具备的，有许多实验的设计、数据的采集、软件的使用、工具的操作等都需要他自己学习完成。他在与辅导员老师谈话后，就开始他的奋斗之旅，努力勤勉，严格执行自己制定的规划。

收获满满，准备开启下一段征程：大学英语四、六级一次通过，英语六级更是取得了570分的好成绩。在校期间多次获得一等奖学金，获得"考研之星"荣誉称号，第一届"感动校园"十佳大学生称号等多项荣誉。全面发展自己，思想工作更加积极上进，成为一名优秀的中国共产党党员。大四时他在某核心期刊上发表了论文，并以上海交通大学医学院附属×××医院专业排名第一的成绩力压群雄考取了专业学位研究生。

他在大二、大三、大四上半年都在为考研做准备。然而很多大学生认为考上研究生就可以轻松了，就像当年很多人告诉你说"考上大学就轻松了"一样，其实并不是，那只是人生另一个阶段的开始。甄××从上海复试回来后，没有选择放松自己，没有选择抓住青春的尾巴疯狂一下，而是准备考雅思，同时学习在本科阶段没有开设的两门课程，他很清楚自己的下一个阶段面临怎样的挑战，如果想要顺利地进入下一个阶段，必须做好充足的准备，这就是他的做事模式。目前他研究生毕业了，以自己的优秀的表现留在了上海交通大学医学院附属×××医院。这就是职业定位与职业生涯规划的力量，这也是执行的力量。

第一节 大学生的职业定位

一、大学生职业定位的必要性

在科技飞速发展的时代，信息获取快速、多元化，且获取的途径简单多样，而社会分工越来越细，新兴的职业越来越多，干扰大学生职业选择的影响因素越来越多，面对复杂多样的职业社会，如何做出科学合理的职业选择，对于当今的大学生尤为重要。大学生的职业定位更是重中之重，职业定位首先是明确个人定位，在做职业规划的过程中，尤其是遇到决策类的问题，没有明确的个人定位，是无法做出决策的。

德尔菲神庙的柱子上刻着一句名言："人啊，认识你自己。"它表达了人们朴素的愿望和渴求，耐人寻味。古往今来有多少圣人先贤们都在探求中认识自己，老子说："自知者明。"

职业定位是一个理性审视自我的过程，是在了解自我表现的基础上确定自己的职业方向与目标，并制定相关计划，避免盲目就业，降低就业失败率，为个人走向职业成功提供有效的途径和方法。

选择职业就是选择将来的自己。每个人都应该在适合自己且自己擅长的岗位上工作，这样才能有所发展。人在认识自己的过程中会遇到很多的挑战和迷茫，但不要停下探索的脚步，不要因为失败而放弃自己，要相信自己有能力成为自己的主人，能决定自己的未来。每个人在成长的过程中都会面临很多选择，而择业是其中重要的选择之一，因为它将决定一个人今后奋斗的目标和人生的方向，每个人一生中都应有一个定位，定位准确是一生成功的前提和基础，这也是自我定位、职业定位的必要步骤。把目光投向希望，把目标锁定未来，才更有可能踏上成功之路。通过职业定位来确定自己将来的志趣和志向定位。

在高考前很多学生家长甚至是高中老师给学生的教育和引导就是考上大学，至于考上什么大学、什么专业、兴趣爱好、性格、未来专业的职业去向等问题都少有人细致研究和指导。尽管目前国家已开始重视高中的职业规划教育，但得到共识仍需要很多时间，更何况很多家长和老师不会允许学生冒险，因为在他们的眼中孩子的认知并不成熟，价值观也尚未确定，通常选择用已往的经验来指导学生，所以导致很多学生并不了解自己，也不那么清楚自己的专业和未来的职业。在这样的情况下，要考虑职业定位首先是满足大部分学生的生存需要，探讨靠什么一技之长能安身立命。这是解决大学生迷茫的重要内容。

多数大学生的生活用几个"忙"可以概括。

大一"瞎忙"。这个阶段很多的大学生刚刚告别了12年的基础学习生活，充满期待地投身到美好的大学生活中来。可以自由生活，学业没有压力，一下子由完全监管的高中生活进入了自由选择、自我决定的痛快生活，然而被控制了12年的欲望一下子释放可能会导致一个结果——过度的透支。很多学生同时参加了很多的社团、学生组织，从事很多的工作，感觉自己像是被上了发条，停不下来，但是并不知道自己为了什么，能收获什么，忙忙碌碌地度过大一。有一部分学生在忙碌中迷失了自己的方向，荒废了自己的主业，结果在考试中"挂科"，还要面临着补考。回头看，这一年真的是"瞎忙"了。

因为经历了大一的"瞎忙"开始了大二阶段的"迷茫"。这一时期，开始怀疑自己，曾经优秀的自己哪去了？曾经那个面对高考可以全身心投入学习的自己哪去了？曾经做什么都能做得很好的自己哪去了？一连串的疑问让自己陷入了深深的沉思中，开始"迷茫"，而这个阶段也将成为大学时期的关键分水岭，有些人在迷茫中探索自己，可能找到了自己的奋斗方向，重新找回自己的目标，然而还有一部分人就会在迷失中继续迷茫着，甚至用一些"替代品"来麻痹自己，有的人在虚拟的世界中寻找自我，有的人继续沉沦，但时间不会因为你的迷茫而停止前行的脚步。

来到了大三，很多人开始"心忙"。4年制的同学，马上要毕业，发现自己在大学的学习生活中好像没有什么实质性的收获，自己的能力和学识似乎也没有什么特别的提升，马上步入社会，就要开始真正的职业生涯，发现自己好像什么都不会，没有什么能干的，开始"心忙"，慌乱了自己的脚步。有些人就开始以降低自己的预期来缓解焦虑，然而回想怀着雄心壮志来到大学时的自己，想想曾经豪言壮语许下的诺言，只能无奈地接受现实。对于5年制的医学生而言，更是"心忙"的一年，各种"大咖"级的专业课悉数"上映"，尚未做好准备的自己应接不暇，慌乱中还要担心自己"挂科"，还要想着未来的选择，大部分人选择了考研，因为似乎不考研的医学生没有什么太好的选择，于是在别"挂科"的焦虑中无奈地从众选择了考研备战，在这样的"心忙"中大学时光已经过去了大部分。

跌跌撞撞中迎来了大四，这一年是"真忙"。4年制的学生，也包括5年制的学生，忙着毕业，忙着找工作，忙着考研，忙着弥补之前欠下的各"债"，学业上仍然不及格的科目，要在毕业前重新修好，大学没有步入职场所必需的能力还要抓紧补上，这个时候才发现，曾经遭受自己无数次抱怨的大学才是真正包容自己的地方，面对无比苛刻和现实的社会，发现曾经让自己烦躁不已的老师们苦口婆心的话语是真诚的教导，发现曾经自己那么任性犯下的错误，学校可以无数次地原谅而社会不能，曾经在学校偷懒不好好规划而面对现实社会残酷的就业竞争压力的苦果只能自己咽。发现自己忙忙碌碌的大学似乎是"白忙"一场，没有什么收获，自己也没有变得多么厉害，然而你会发现你身边还是有很多人将这样的"忙"变成了充实，变成了收获满满。因为他们有明确的目标，有对自己未来的规划，有清晰的定位，这就是在大学阶段职业定位的重要性，有了明确定位，就会有为之奋斗的目标，就会在忙碌中不再"瞎忙"；因为他知道自己的选择是为了什么，知道自己的努力方向，不断为之挖掘自身潜力，在这个过程中会收获不一样的自己、更优秀的自己。他们更不会在大学的关键时期"迷茫"，也不会在蓄积能力的时间里感到"心忙"，因为他们有满满的收获和精神上的充实，在面临毕业选择的时候，因为有准确的定位和之前充足的准备，而从容淡定，这样的大学生是有合理规划的大学生，是有职业定位的大学生，是有充分准备的大学生，是有意义的大学生和无悔青春的大学生。

二、大学生在职业定位过程中出现的问题

大学生在职业定位过程中常出现自我职业定位不准，混淆学过的和真正的职业技能的问题。人们从小到大学过的东西很多，学过语文、学过数学、学过政治、学过英语、学过经济学、学过计算机，等等，但个体能做的却很少。比如人们学过英语，但有几个能做同声传译的？有几个能做文学翻译？也都学过计算机，但有几个能做软件开发？人们对很多知识都学过但是达不到职业化的技能。还比如医学生用了5年的时间学习医学，但是毕业后还不能独立接诊成为医生，还需要参加住院医师规范化培训。实际上为了避免在职业定位过程中

的盲目乐观，大学生一定要明白学过不等于学会，不等同于能做好，专业学习是个专业化训练的过程，将来想在职业中做好，是一个职业化的过程。所以，同学们在大学的学习过程中仅仅停留在学过这个层面上，很难在职业面试的时候从容应对，当用人单位的人力资源问到"你是学管理学的，你能做什么"的时候被难住，因为在学习的过程中有很多同学只是为了考试能过关而学习了非常肤浅的一点知识，并没有做到职业化的反复训练，更不用谈能做好什么了。大学生在确立自己未来的职业定位时要切合实际，更要充分利用大学的时光提高自己的实际水平。

为了更加明确，可以将这个过程画成一个倒着的三角形，你学过很多，但做过的很少。要客观清晰地分析自己到底学过什么，能做什么，能做好什么。

例如，模拟面试场景，在应聘职位或者研究生复试的时候，自己要清楚地告诉面试官，我学过哪些专业知识，也跟着某老师的科研团队做了两年的科学研究，并且在某核心期刊上发表了论文。相对于其他人而言，自己有很好的科研能力，有团队合作协作能力，有很好的查阅文献和翻译的能力，有撰写论文的能力。那么在众多仅仅只是"学过"的同学中，你就能脱颖而出，在那些能做这些事的同学中你就能成为佼佼者，用自己能做好的事情说明自己的专业化程度是最有利的面试技巧。由此看来，职业定位就能更加清楚和准确。所以大学生们可以通过这种差别找到自己的努力方向，培养自己的目标。

大学生在职业定位的过程中还要搞清楚一个问题：是要一份工作还是业余休闲？

实际上有一部分学生并不喜欢自己的专业，也不知道自己真正喜欢的是什么，也没有勇气重新参加高考再次选择自己的专业，在不知所措的时候选择等待。"到时候再说"，这种想法是不对的，那么该如何解决这样的问题呢？人们常说在不可改变的事实面前学会接受，但是既然学习大学生职业生涯规划，面对不可改变的事实，如何让自己更好地接受，就先看看你到底能做什么，然后在能做的职业中选择适合你的。其实，当今的大学生务必要明白一个道理，自己是有自由选择的权利的，但是选择的前提是自己能做什么，在你能做的事情里选择哪些是适合的，其实选择一定是有范围的，自由也同样是有边界的。例如，我们去吃饭，要在我们能承受得起的饭店中选择适合的。人们的选择范围一定是能做到什么，而不是你想做什么。

【实践活动2-1】

请大家先拿一张纸画一个圆，写上只要你有时间有精力有机会，你都会乐此不疲的事情。

再画一个圈来探讨与同龄人相比你擅长做什么。擅长做的事情指无论你是否喜欢，只要你愿意去做，一定能够做好。这样的事情有哪些？在别人看来，你有哪些方面的特长？拥有兴趣会产生自发的积极的情绪。所以一定要把擅长和喜欢区分开。

另外再画一个圈，这个部分要讨论，如果有一天走投无路了，无论你是否喜欢，也无论你以前是否做过，可以做什么来谋生？这个部分对自我效能感进一步解释，因为有可能自我效能感（一个人对能否完成某件事情的自信程度）在这里发挥作用。

重叠起来看，就得出一个结论：兴趣、能力、社会需要三者结合的工作才是最理想的工作。

大学生在找工作的时候往往基于兴趣和谋生这两者的结合，甚至更多是谋生的需要，所以要理性客观地看待工作。

这个实践活动是在个体职业定位的基础上学会客观地看待自己找到的工作。

另外大学生在职业定位中常常出现的问题是职业发展的内外不平衡。

大学生的内生涯就是指个人的技能，而外生涯就是指社会的需要。当然社会的需要也在随之发生巨大变化，但是，在外生涯发生巨大变化的同时，大学生的内生涯变化相对滞后，没有根据外生涯的变化而及时调整自己的内生涯，及时提高自己的技能，以适应社会发展的速度。

反观当下，在大学里学习和实践是提高自己能力的最佳方式，多参加社会实践活动是了解社会需要的有效途径，这一切其实都是在为自己将来能找到一份理想的工作奠定基础的。如果对当下很多大学生认为的"无聊"的或者"没有用"的课程以及活动赋予了意义之后，会发现生活中充满了前进的动力。

三、大学生职业定位的原则和方法

（一）职业定位的原则

大学生对自己未来职业进行定位时应当遵循一些基本原则。

1. 兴趣原则　职业定位要依据自己兴趣，兴趣是职业选择的重要因素。一个对所从事的职业感兴趣的人，能够发掘其才能和潜能，而且能保持长时间的高效率，不疲劳，有不竭的动力。相反的，如果对所从事的职业不感兴趣，则容易精疲力竭，无法高效率地完成工作。一般来说，只有从事自己喜爱的、感兴趣的工作，工作本身才能带来一种满足感、成就感，个体的职业生涯才会变得妙趣横生。因此选择自己所爱的职业是大学生做好未来职业定位要遵循的原则。

2. 技能原则　在人才市场的激烈竞争中，大学生必须善于从与竞争者的比较中来认清自己的优势和劣势，将自己能做什么、能做好什么清楚地展现出来，在竞争中展示自身优势，实现在激烈竞争中脱颖而出。依据技能定位原则进行自己的职业定位。要尽可能将自己学过的知识转化成为专长，把未来的职业定位与自己所学密切联系起来，从而让自己的大学在充实中度过，掌握足够多的专业技能。

3. 市场原则　职业的发源、发展、没落，甚至消失都与社会需求的变化有着密不可分的关系，所以大学生在做职业定位的时候，不仅要了解当今的职业需求，更要用发展的眼光预测未来职业随着时代的变化会发生哪些变化，用未来的市场需求指导自己的职业定位，以便更好地适应未来社会的需求。

（二）职业定位的方法

1. 目标定位法　当今大学生常常会遇到同样的问题——"我是考研好呢还是就业好呢？"或者说"我不知道未来要找一份什么样的工作"，再或者"我不知道自己能做什么工作"。遇到类似的问题，同学们不妨反问自己"未来想要过什么样的生活""毕业3年后、5年后想拥有什么样的生活"或者如果同学还是不清楚自己未来要拥有什么样的生活，也可以问问自己期待拥有什么样的人生呢。

这就是第一种职业定位的方法——目标定位法。人们的下一个阶段的目标决定了个体当前的选择，也决定了个体当前的任务，至于其他的对实现自己的目标没有帮助的，可以被看作是干扰选项或者是不得不完成的选项，比如有的学生说将来想在大城市工作，那对于不同专业的学生来讲，大学所选择的生活学习方式就会有明显的不同，以医学生为例，如果想去大城市、大医院工作，那一定要提高自己的学历，硕士、博士是必需的，那么当下对于考取研究生有利的事情，就是自己的最佳选择，而对于考研没有意义的事情，就是自己生活中的调味剂，可能有些还是干扰，这是目标定位法指导当前学习生活的意义所在。有一本书很火——《你只是看起来很努力》，就是告诉我们要努力得有结果，否则就真的是空忙一场，无果而终。

所谓的终极目标，是一个规划，是一个大的方向和指引；而阶段目标，指的是一个计划，是阶段性的、有时效性的，而且是开放的、可以调整的。

人们知道大到一个国家，小到一个家庭、个人，如果没有一个大的方向作指引，会遇到各种困难。第一，你根本无法区分机会、挑战、诱惑和灾难；第二，也没有办法根据自身的变化和外界环境的变化，随时调整自身的计划。国家每隔五年要做一个规划，随着国内外形势的变化，国家也会对方针政策做出调整，调整的原则就是向有利于终极目标的方向改，不利于终极目标的要改，这就是改革。对于个体而言，也是一样，要以自己的终极目标作为方向和指引，在此基础上制定出阶段目标，并且也要明确阶段目标可以根据终极目标而调整。

目标定位有利于大学生在混乱中找到头绪，不至于让自己的大学生活忙得焦头烂额。这种定位的方法有助于做出判断，明确自己的目标。

【实践活动2-2】

看看你的终极目标和阶段目标是什么？

——假如有一天你过上了理想的生活，你会看到什么？听到什么？感受到什么？如果要过上这样的生活，需要达成哪些条件，你需要做哪些准备？为了将来能过上这样的生活，在接下来3到5年时间里要做出什么努力？现在最有利于你准备这3到5年目标的是什么？

——假如今天是你80岁的生日，回顾自己的一生，你实现了哪些人生价值？在18岁到23岁之间的5年时间里，你觉得最重要的是实现了什么？当下这些时间和任务应该如何分配？

2. 技能定位法 大学生在职业定位的时候首先考虑与大学的专业对口的职业，或者与专业较为接近的职业。在大学生职业生涯规划中要学到关于技能的知识，比如专业技能、可迁移技能等，所以在大学阶段不仅要学会技能定位法，还要明确自己拥有哪些技能。比如说大部分口腔医学专业的学生要进入口腔医疗行业，但再细分具体的方向就要根据自己的技能来定，有的同学动手操作能力很强，口头表达能力很强，可能选择做口腔医生的比较多；有的同学拥有较强的理论功底，实验操作能力强，拥有开拓创新和数据分析的能力，可能会选择做口腔专业的科学研究工作等。

3. 阶段定位法 目标定位法会让人们能够更清楚地认清自己和现实，技能定位法可以清楚选择个体能干并能干好的职业。阶段定位法，则把人生分成三个阶段。第一个阶段是工作期，第二个阶段是职业期，第三个阶段是事业期。职业生涯三阶段模型是描述个人职业生涯发展不同阶段重点的理论模型，是新精英生涯结合美国积极心理学创始人之一塞利格曼提出的职业三阶段理论、舒伯生涯发展理论及员工个人生涯发展规律开发的职业生涯管理模型。

舒伯的生涯发展理论：人的一生是一个角色扮演和角色变换的过程，而角色的扮演和变换主要受生涯发展阶段的影响。他形象地将这种关系通过一个综合图形来描绘——生涯彩虹图。

图2-1为生涯彩虹图示意图。最外面的那层代表横跨一生的"生活广度"，即生涯发展的各阶段。内部各层由一系列生涯最基本的角色组成，代表纵观上下的"生活空间"。阴影代表在各个阶段对角色的投入程度，阴影越厚代表角色投入越多。该图简单精确地展示了各阶段该如何调配角色安排，十分有利于同学们独立设计自己的生涯。

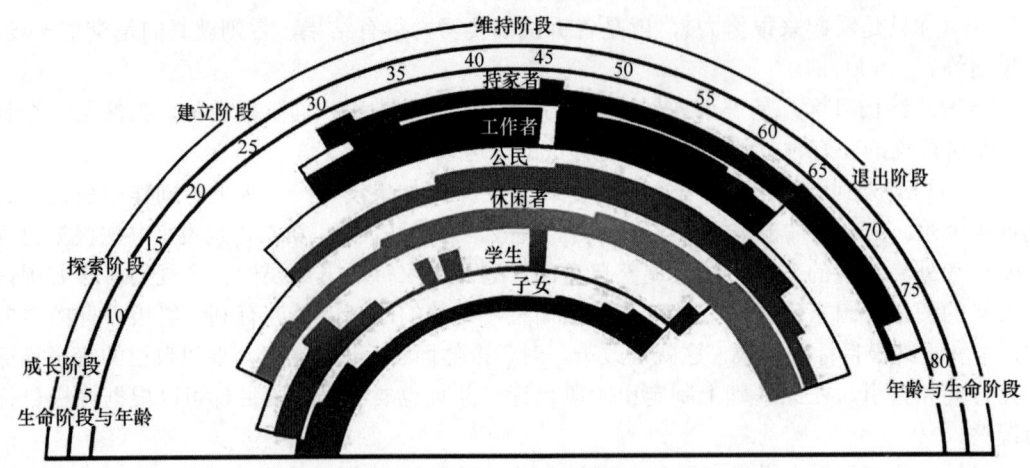

图 2-1 生涯彩虹图示意图

通过这个形象的图形，舒伯把人生分为三个层面：第一是时间层面，就是一个人的生命历程；第二是广度层面，就是一个人终其一生所扮演的各种不同角色；第三是深度层面，就是扮演每个角色时所投入的程度。这三者的结合，就是舒伯所理解的生涯。

根据塞利格曼提出的职业三阶段理论、舒伯生涯发展理论，阶段定位法中的三个分期如下。

第一，工作期。其以生存为核心目标，以能力为核心职业匹配要素。判断是否在工作期的关键在于，假如不工作，生存是否成问题？因为还在学生阶段的学生中大部分人没有生存压力，绝大部分是依靠家长的资助来学习和生活。其实人人都有惰性，区别就在于有些人能够克制，有些人选择放纵，所以，越早认识到生存压力，越早学会克制，越能在毕业后顺利地进入工作期，拥有更为成熟的心态和对未来目标实现的隐忍。

第二，职业期。以发展为核心目标，以价值为核心职业匹配要素，同时兼具发展事业的责任。在这个阶段需要考虑的是个体的能力是否能够满足理想行业的要求。

例如，有的同学想去做烘焙，有的想当钢琴老师，有的想去当美术老师，但是首先要考虑自己是否能满足行业要求。如果不能满足行业要求，那有两种选择，一种是作为业余爱好，另一种就是适应行业需求，接受系统训练，这称为过渡期。过渡期的学习就是在筑梦，这是一种积极追求，而且要用自己的学识去服务国家、社会和人民。

第三，事业期。以兴趣与自我实现为核心目标，以兴趣、能力、价值观三者为核心职业匹配要素。当能力满足，期待也成熟的时候，当喜欢做的事成了擅长做的事，有能力做自己喜欢做的事了，那时你会发现，过去几年日日夜夜的艰苦坚持，以及各种各样的辛劳，都会成为个体自豪的资本。比如说在过去的 5 年，有的同学在学习，有的同学在玩，这就是人与人的区别。量变一定会带来质的飞跃，所以大学生一定要耐得住寂寞，抵得住诱惑，珍视自己人生的美好时光，将青年的责任担当融入国家的发展大势中，顺势而为，定能成就人生事业。

所以大学阶段的努力是在为工作期奠定基础，使自己在未来步入社会能够很快地度过工作期，进入职业生涯的下一个阶段，排除生存干扰，积极地投入到自己喜欢从事的工作中。生涯是一个连续的过程，每一个阶段都是在为下一个阶段做准备，过渡期就是为自己的未来圆梦做准备，任何现在不为什么的坚持，都将成为将来引以为自豪的机会，都将铸就未来的踏实和安全感。

第二节　大学生职业生涯规划

一、大学生职业生涯规划的意义

大学生职业生涯规划着眼于大学生的生存和一生的发展，促使大学生对职业生涯规划有明确的认识，从而确立职业发展目标，以及为实现职业目标而制定的系统的实施规划，其中包括大学期间的学业规划，提高和培养自身的职业能力，未来职业发展所需要的职业素养，做好职业生涯规划进而实现由大学生向社会人的过渡。

（1）大学生职业生涯规划有利于大学生明确奋斗目标，合理安排规划大学时光。

（2）大学生职业生涯规划有助于为大学生的职业发展提供奋斗策略和实施路径。

（3）大学生职业生涯规划有利于增强职业竞争力，有利于了解职场、促进就业、提高职业适应能力。

（4）大学生职业生涯规划有利于大学生养成良好的学习习惯。

二、自我认知

自我认知是大学生职业生涯规划的重要步骤，它也是关系职业生涯能否成功的重要因素，大学生职业生涯规划要从客观的自我认知开始，有以自我认知为基础的职业生涯规划才是科学的生涯规划。自我认知就是要对自我本身进行客观的探索，发现自己是什么样的人，适合什么样的职业，为未来的职业决策提供科学的客观依据。通常在职业生涯规划领域里的自我认知主要探索个体的兴趣、性格、技能和价值观四个部分，本节将引用当今最为常用的正式和非正式评估方法探索自我，从而实现自我探索的目的，即要找到自己想做、适合做、能做和值得做的职业，从兴趣的角度探索自己感兴趣的工作，从性格角度探索自己适合从事的职业，从个人能力的角度发掘做什么工作能够产生内心的成就感和满足感，而价值观的探索是指哪些工作是自己真正认同的。

（一）兴趣

兴趣是指人们以特定的事物或者活动为对象，所产生的积极的、带有倾向性和选择性的态度和情绪。当一个人对某种事物感兴趣的时候，就会对其有敏锐的感知、活跃的思维、浓厚的情感等心理倾向。美国芝加哥大学心理学教授米哈伊·奇克林·特米哈伊（Mihaly Csikszentmihalyi）发现：当人们在专心致志地、积极地从事某种活动，忘记了时空和自己的时候，他们感到最为愉快和满足。他将这种状态称为聚精会神，即忘我的状态。

兴趣可分为物质兴趣和精神兴趣、直接兴趣和间接兴趣、个人兴趣和社会兴趣。当兴趣倾向于某一特定的职业时，就形成了职业兴趣，即兴趣在职业方面的表现。职业兴趣在职业活动中起到极为重要的作用。人们通常倾向于选择与自我兴趣相匹配的职业环境，如此有利于最大限度地发挥个人潜能，尽最大的努力将工作做到最好，进而从工作中得到满足感和成就感。

职业兴趣在整个职业生涯中起着确定方向和如何选择的重要作用，在求职过程中人们往往会考虑对工作是否感兴趣，如果外界环境限制比较小，通常人们更倾向于选择自己感兴趣的职业。对自己从事的职业感兴趣会激发人的潜能，特别是在职场竞争异常激烈的今天，职业兴趣更能促进个体的主动性和创造性的发挥，更有利于在职场中健康持续地发展。

根据美国心理学家霍兰德的职业理论，用于职业兴趣测量的霍兰德职业倾向量表，他的假设就是把人的职业取向分成了六类，其实从严格意义上讲，不是说把人的职业取向分成了六类，而是从事不同工作的人的人格特点大概有六类，即实际型（R）、研究型（I）、艺术型（A）、社交型（S）、魅力型（E）、传统型（C）。人们周围的工作环境大概也可以分成六类。

霍兰德职业倾向量表是个测试理论，通过测量个体明确自己的职业兴趣后，进行职业匹配。最理想的工作是个人感兴趣、有能力驾驭的，同时还是满足社会需求的工作。

选择职业匹配首先是有选择匹配的机会。职业匹配的前提是有没有匹配的机会。其次如果把兴趣与职业做匹配，值得明确的是兴趣是个人的事儿。现实的职场中，无论是单位还是部门，更要看能力。当今有很多大学生抱怨：这门课我不感兴趣，那门课老师讲得无聊。然而，在职场中是不会有人问你做这项任务你感不感兴趣，而更多的是只看结果，只看你能不能做到，不会问在这个过程中你开不开心。所以在职业生涯中对自己兴趣的探索阶段，一定还要明确以下几点内容。

第一，平衡自己。如果对某个爱好兴趣很高，但是自身的能力又不足的时候，要选择让自己平衡，将这个兴趣作为业余爱好。可以用舒伯的生涯发展理论，即生涯彩虹图来解释，人们在同一时间段要扮演多个角色，如果兴趣不能很好体现在专业学习或者职业中，可以选择在业余时间中满足自己的兴趣需要。

第二，学会适应。提高自己的能力，适应社会需要，适应职业需要，或者重新选择职业，给自己创造机会。如果必须要在职业或专业之间与兴趣建立关系的话，幸福感是能力减去期待，提高幸福感即或者提高能力，或者降低期待。如果职业选择停留在生存阶段，仅仅只是一个谋生的手段，就不要有太多快乐的期待，这是一个较为现实又必须面对的阶段，所以要提高个体的适应能力。

兴趣也可以通过成就感、组织鼓励等方式培养和塑造，所以在大学期间应该尝试多参加一些有意义的活动，通过能做事、做成事、做好事来培养职业兴趣，同时组织内成员之间的相互鼓励和师者及其他长辈的支持对某件事的兴趣塑造也起到积极的作用。

【实践活动2-3】
你最想去的岛

假如你有七天的假期，要去一个新开发的岛屿度假，共有6个不同风情的岛屿，各有特色。看看你想去哪个。

A岛——"美丽浪漫岛"：这个岛上到处是美术馆、音乐厅，弥漫着浓厚的艺术文化气息。岛民们保留着传统的舞蹈、音乐与绘画。许多文艺界人士都喜欢来到这里开沙龙派对以寻求灵感。

C岛——"现代井然岛"：处处耸立着的现代建筑，标志着这是一个进步的、都市形态的岛屿，岛上的户政管理、地政管理及金融管理都十分完善。岛民们个性冷静保守，处事有条不紊，善于组织规划。

E岛——"显赫富庶岛"：该岛经济高度发展，处处是高级饭店、俱乐部、高尔夫球场。岛民性格热情豪爽，善于经营和贸易活动。岛上往来者多是企业家、经理人、政治家、律师等。这些商界名流与上层人士在岛上享受着高品质的生活。

I岛——"深思冥想岛"：这个岛平畴绿野，人少僻静，适合夜观星象。岛上有很多天文馆、科技博物馆、科学图书馆。岛民们最喜欢在自己的小房子里，天天钻研学问，沉思冥想，探究真知。哲学家、科学家和心理学家们在这里约会，讨论学术，交流思想。

R 岛——"自然原始岛":这是个自然生态优良的绿色之岛。岛上不仅保留有热带雨林等原始生态系统,而且建立了相当规模的植物园、动物园、水族馆。岛民以手工制造见长,他们自己种植花果,栽培蔬菜,修缮房屋,打造器物,制作工具。

S 岛——"温暖友善岛":这个岛的岛民们都性情温和,乐于助人,人际关系十分友善。大家互助合作,重视后代的教育。每个社区都能自成一个密切互动的服务网络,处处充满着人文关怀气息。

一共有 7 天游玩时间,除去路上的 1 天时间,剩余 6 天。你觉得在哪些岛上度假最自在?你可以选择三座岛屿,6 天的时间你会如何安排。

你最想去的岛是_____,度假_____天。其次是_____,度假_____天。最后是_____,度假_____天。

你选择的这三个岛其实就代表了你的职业兴趣类型,同时对应着六种不同的人格类型。这就是著名的霍兰德职业六边形理论,见图 2-2。

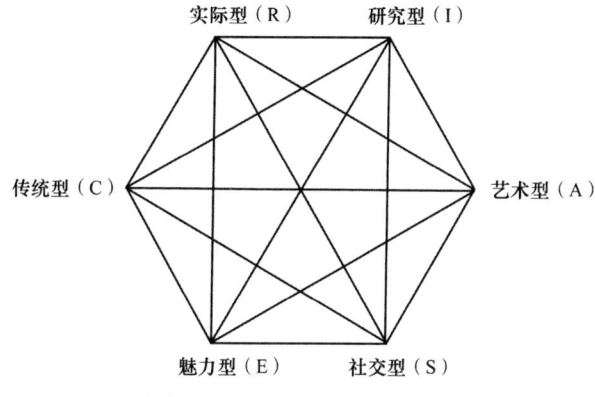

图 2-2 霍兰德职业六边形模型

(二)性格

1. 性格的概念 "播下一个行动,你将收获一种习惯;播下一种习惯,你将收获一种性格;播下一种性格,你将收获一种命运。"——威廉·詹姆士。先有行为,习惯化的行为就会变成性格,行为构成了习惯,习惯构成了性格,而性格改变命运。

性格是人对现实的稳定态度和习惯化行为方式的总和,表现为个体独特的心理特征。性格是在社会生活中逐渐形成的,同时也受个体的生物学因素影响。人的性格是千差万别的,而性格的形成又受个人的成长经历、家庭教育、社会关系等诸多因素影响,所以有的人诚实、正直、善良、谦逊,有的人活泼、开朗、外向,有的人内敛、深沉、善思,也有的人悲观、孤僻,但是性格一旦形成就会相对稳定。性格有自然属性,也被称为本性。我们常常说江山易改,本性难移,指的其实就是性格,也就是一个人骨子里的东西,是人对现实的稳定的态度,它是不因为时间、环境、对象的变化而变化的。

在职业生涯规划中性格不同,个体对待职业的态度也会有所不同。性格能决定个体对职业的适应性,大学生职业生涯规划要探索自身的性格特征,在探索个体性格特点的基础上尽可能地选择适合自身性格特点的职业,这样更有利于自己职业的发展。如果个体选择的职业跟个体性格相匹配,则在工作中个体就会感觉很自然,也会省力,效率就会很高,相反地,如果职业与个体性格不匹配,在工作中就会费劲,无用功就会增多,效率降低,从事职业的持续时间会缩短。

为了能更好地进行性格探索，下面区分几个与性格比较容易混淆的概念，以便更好地理解性格。

第一，性格与人格的区别。"人格"的英文是personality，在希腊语里边就是"面具"的意思。因为随着年龄的增长，人们不可能完全按照自己的性格活着。例如，弗洛伊德把它解释为趋利避害，阿德勒把它解释为社会兴趣，存在主义对人格的解释是为了保护自我的价值，等等。

与人格比起来，性格有很大一部分来自先天的气质，而人格完全是社会化的产物。人格是综合了人的性格与社会环境以及个体的掌控能力三个方面的因素。

第二，性格与气质的区别。气质是个人生来就有的心理活动的典型而稳定的动力特征，是人格的先天基础。气质有两个概念，一个是心理学概念，一个是社会生活概念。心理学的概念指神经活动的节律。社会生活的概念指在一定的社会文化背景下，被大家接纳和欣赏的一种综合素养。通常形容一个人的气质非常的高雅，称之气质如兰、君子如玉等。

最早研究人的先天气质的是希波克拉底，他提出了体液说，这是一种假设，他认为人的气质取决于人体内的血液、黏液、黄胆汁、黑胆汁等四种液体的混合比例。

日本学者提出了气质血型说，即A型血、B型血、O型血、AB型血，四种血型的人各有不同性格特点。气质血型说借助了体液说的一些概念，对人先天的气质进行区分，比如四种血型的优缺点：A型血优点为具有创造性、理智，缺点为过分认真；B型血优点为积极、实干，缺点为自私、不负责任；O型血优点为善交际、乐观，缺点为自负、粗鲁；AB型血优点为冷静、克制、理性，缺点为举棋不定，具有批判性。

第三，性格与个性的区别。所谓的个性是个别性和个人性，是个体在思想、性格、品质、意志、情感、态度等方面，不同于其他人的特质。这个特质的外在表现，就是个体的言语方式、行为方式和情感方式。

通常说的个性就是个体综合了其先天的气质、本来的性格，以及长期的人格，给别人留下的深刻印象。

在大学生职业生涯规划中讨论的是性格，而不是人格、气质和个性，因为职业生涯规划是为了探索真实的自我，是稳定性的行为和态度。

2. 性格的测量　　心理学家对人的性格进行探索，对人类进行区分，有利于测评、预估、预防或者判断。

（1）荣格的心理类型说：1913年荣格率先把人分成了两类，一类叫内倾，另一类叫外倾，这跟我们平时说的内向和外向并不完全相同，也就是说人们心理能量的流动，一种是向外的就叫外倾，另一种是向内的就叫内倾。所谓的心理能量的流动，比通常人们所说的外向和内向的概念要广大得多。比如说，一个人乐趣的来源是从外部获得的，还是从内部获得的；一个人的兴致的来源，更多的是对内的思考，还是与外界的交流互动；一个人战胜疲劳的方式，更多的是对内守静，还是对外互动。这就是关于能量的获得、消耗和转化，其取决于向内还是向外。1921年荣格出版《心理类型学》，它更多地按照态度的类型和功能的类型，把人分成了外倾型的感觉型、外倾型的思维型、外倾型的情感型、外倾型的直觉型。在他最早的分类里，分成了八类。

（2）迈尔斯-布里格斯人格类型测验（MBTI）：MBTI是1942年由美国心理学家布里格斯和迈尔斯母女（凯恩琳·库克·布里格斯和她的女儿伊莎贝尔·布里格斯·迈尔斯）制定的。在荣格提出的分类的基础上，提出了一个新的模型。荣格之前提出的内和外是相对立的，感觉和直觉也是对立的，理性和感性也是对立的。考虑到人们采取行动的方式、判断和知觉，她们就建立了一个由 4 个维度、8 个端点组合成的 16 种人格类型的理论模型，并以她们两个人的名字命名，叫作迈尔斯-布里格斯人格类型，简称为 MBTI（表 2-1）。

表 2-1 MBTI

维度	类型	相对应类型及其缩写
注意力方向	外向型	E（extrovert）
	内向型	I（introvert）
认知方式	感觉型	S（sense）
	直觉型	N（intuition）
判断方式	思考型	T（thinking）
	情感型	F（feeling）
生活方式	判断型	J（judgment）
	知觉型	P（perception）

【实践活动 2-4】

同学们可以根据下面的提示完成测评。

测评前的忠告：性格没有好与坏，测评的目的是反映最真实的自己，而不是别人所期待的你。请最大程度放松下来，选择当您面临下述这些情况时不由自主、自然的和不假思索的决定或倾向。

第一维度：能量获得途径，力比多的倾向，获得及发泄心理能量的方向，个体与外界相互作用的程度。

外向型（E）	内向型（I）
与他人相处时精力充沛	独处时精力充沛
行动先于思考	思考先于行动
喜欢边想边说出声	在心中思考问题
易于"读"和了解，随意地分享个人情况	更封闭，更愿意在经挑选的小群体中分享个人的情况
说的多于听的	听的比说的多
高度热情地社交	不把兴奋说出来
反应快，喜欢快节奏	仔细考虑后才有所反应
重于广度而不是深度	喜欢深度而不是广度

第二维度：注意力的指向，个体在收集信息时注意力的指向，个体接受信息的方式。

感觉型（S）	直觉型（N）
相信确定和有形的东西	相信灵感或推理
对概念和理论兴趣不大，除非它们有着实际的效用	对概念和理论感兴趣
重视现实性和常情	重视可能性和独创性
喜欢使用和琢磨已知的技能	喜欢学习新技能，但掌握之后很容易就厌倦了
留意具体的、特定的事物，进行细节描述	留意事物的整体概况、普遍规律及象征含义，用概括、隐喻等方式进行表述
循序渐进地讲述有关情况	跳跃性地展现事实
着眼于现实	着眼于未来，留意事物的变化趋势，惯于从长远角度看待事物

续表

第三维度：决策判断方式，做决定或下结论的方式，做决定或下结论的主要依据。

思考型（T）	情感型（F）
退后一步思考，对问题进行客观的、非个人立场的分析	超前思考，考虑行为对他人的影响
重视符合逻辑、公正、公平的价值，一视同仁	重视同情与和睦，重视准则的例外性
被认为冷酷、麻木、漠不关心	被认为感情过多，缺少逻辑性，软弱
认为坦率比圆通更重要	认为圆通比坦率更重要
只有当情感符合逻辑时，才认为它可取	无论是否有意义，认为任何感情都可取
被"获取成就"所激励	被"获得欣赏"所激励
很自然地看到缺点，倾向于批评	惯于迎合他人，着重维护人脉资源

第四维度：采取行动方式，个体完成任务而采取的行动方式，个体喜好的生活方式。

判断型（J）	知觉型（P）
做了决定后最为高兴	当各种选择都存在时，感到高兴
有"工作原则"：工作第一，享受其次（如果有时间的话）	"玩的原则"：现在享受，然后再完成工作（如果有时间的话）
建立目标，准时完成	随着新信息的获取，不断改变目标
愿意知道他们将面对的情况	喜欢适应新情况
着重结果（重点在于完成任务）	着重过程（重点在于如何完成工作）
满足感来源于完成计划	满足感来源于计划的开始
把时间看作有限的资源，认真地对待最后期限	认为时间是可更新的资源，而且最后期限也是有收缩的

通过对照四个维度的描述，你或许已经识别出自己在每个维度上的偏好，取每个维度上偏好类型的代表字母，即可以由四个字母构成你的性格类型，如 ISFJ，即内向-感觉-情感-判断型；ENFP，即外向-直觉-情感-知觉型。四个维度、八个端点可组合成以下 16 种性格类型，你必然属于其中的一种。请对照 MBTI 各种性格类型的主要特征进一步了解自己的性格类型。

3. 性格与职业生涯发展的关系

（1）SJ——现实主义。

1）ESTJ：事务料理家。

通常这类人非常外向，善于沟通和表达；是感觉型的，注重现实和细节；又是理性的，有原则，公平公正；又是判断型的，按时间、按要求完成任务。

2）ESFJ：社工、义工、志愿者、客服人员。

通常这类人非常外向，善于沟通；注重礼仪和细节，具有各种社交礼仪技巧；他们是感性的，他们关注人们的需要和感受；但他们又是判断型的，能够完成自己的任务和使命。

3）ISTJ：最好的基层员工、流水线工人。

通常这类人比较内向，更愿意独自思考；是感觉型的，他关注细节和原则；他又是理性的，比如说他遵守纪律，坚持原则；他又是判断型的，能按时完成任务。

4）ISFJ：人民子弟兵。

通常这类人比较内向，更多的是服从，而不是对外掌控。此外，注重细节，也是一个坚持原则和客观现实的人，但是他有丰富的情感，为了某种情结而努力，且有足够的执行力。

（2）SP——经验主义。

1）ESTP：煽动者、开拓者、组织者、小队长。

通常这类人外向，善于表达，愿意展示；注重细节、现实和原则；理性，坚持客观；是灵活的、开放的。

2）ESFP：演员、歌手、政客。

通常这类人外向，善于表达，也注重细节，但是他们注重的细节集中于情绪和情感的细节，而且还能够灵活地采取行动。可以根据情绪情感的细节，灵活地把它表达出来。心思细腻，而且表达灵活。这类人比较圆滑，擅长表演。

3）ISTP：手艺人、乐器演奏、匠心大师。

通常这类人比较内向，对内思考得比较多；注重细节；有理性，坚持客观原则；灵活。

4）ISFP：作家、导演、现场指导、网络写手。

通常这类人内向，对内思考得比较多；更关注思想、感受、情绪等细节；更加的灵活、开放，思维更加活跃。

（3）NT——实用主义。

1）ENTJ：总裁、领袖、国家元首。

通常这类人外向，善于表达；能从大处着眼，总揽全局；能够理性分析，坚决判断；最后还能够坚定不移，实现目标。

2）ENTP：企业家、创业者。

通常这类人很外向，这种外向不是说他特别愿意去表达，而更多的是关注外部世界，纵览全局，能够理性决策，但是他又能够非常灵活地应对挑战。

3）INTJ：哲学家、思想家、军师。

INTJ 与 ENTJ 一字之差，即这类人比领袖思考得还深刻，通常为"智囊团"。

4）INTP：建筑设计师。

INTP，他跟军师（INTJ）一字之差，是比军师灵活的人。

（4）NF——理想主义。

1）ENFJ：公共关系专家、销售、公关。

首先，这类人通常比较外向，能言善道，又能够从大局着眼，还能够基于某种情感，最后还能够达到自己的目的。

2）ENFP：演说家、新产品发布会人员、销售、开拓新的市场人员、公关。

这类人通常外向，能够从宏观出发，也能够倾诉各种情感，但是他们容易迷失自己的方向，容易被自己感动，是天不怕地不怕的人。他跟 J 不一样的就是，他没有自己的原则和目标，非常容易被煽动，容易被点燃，他们坚信天底下没有什么不可能的事情。

3）INFJ：咨询师。

这类人通常比较内向，他们善于倾听，而不是表达，愿意透过情绪情感，剖析背后的意义；能够设定目标，并且实现目标。

4）INFP：教练、大智若愚的人。

这种类型的人比咨询师更灵活。

（三）技能

1. 技能的定义 技能是通过练习形成的、控制动作执行的合乎法则要求的行动方式。技能是由一系列动作组成的，不是先天就有的，而是后天练习获得的，如阅读能力、人际交往能力、表达能力等。在技能形成的过程中，社会生活条件具有明显的影响作用，社会生活条件不同，技能的发展也可能不同。技能发展的高级阶段叫熟练，它是由自动化的动作系统构成的。在熟练阶段，人的意识对完成动作的调节作用减弱到最低程度。技能达到熟练与习惯化程度时便形成了技巧。

技能与能力的区别：通常技能与能力容易混淆，在大学生职业生涯规划中要探索自我，就要区分技能与能力的不同。能力是顺利实现某种活动的心理条件，技能是人们通过后天的学习和练习而培养形成的能力，通常表现为某种动作方式和动作系统。辛迪·梵和理查德·鲍尔斯将技能分为三种类型：专业知识技能、可迁移技能和自我管理技能。在职业规划的范围中探索的技能，是可控的、通过后天的学习和练习而培养形成的能力。

2. 技能的分类

（1）专业知识技能。是指通过教育或者培训才能获得的特别的知识或能力，即掌握的专业理论知识。这些专业知识通常与所学的专业或工作的内容直接相关，在职业技能上对专业知识技能的要求就是不仅要全面，还要系统。

比如临床医学专业的学生需要经历 5 年的本科教育、3 年的住院医师规范化培训，这就是全面系统的专业知识技能的学习和培训，经历了这个过程的学习获得医学专业知识技能，但是目前有很多对医学感兴趣的人也看过一些医学保健方面的书籍，就认为自己也懂医学，这个就不能称为专业知识技能。前者是掌握了专业知识技能，而后者则是业余休闲中学习到的一些知识。

（2）可迁移技能。也称为通用技能，它可以在其他的职业中发挥出来，具有可迁移性。它与专业知识技能不同，往往不是通过记忆等学习获得的，而是通过观察实践、思考、熟练等过程来掌握，它具有通用性，常常用动词来表述，如演讲能力、研发能力、演绎能力、咨询能力、统计能力、操作能力等。

专业知识技能，是用名词来描述的，它常常通过记忆、背诵等学习获得；可迁移技能是用动词来描述的，它通过实践和练习获得。在大学的学习中除了专业知识的学习外还要通过实践和练习来不断提高个人的可迁移技能。

（3）自我管理技能。它是一种综合素养，通常被用来描述或说明人具有的某些特征。自我管理技能有利于个体更好地适应周围的环境，通常是个体在工作中给别人留下的印象，所以常常用形容词或者副词来描述。比方说，你常常是兢兢业业的、吃苦耐劳的、富有爱心的；或者你常常是精益求精的、废寝忘食的，抑或是掌控全局的、高瞻远瞩的。

上述为专业知识技能、可迁移技能、自我管理技能三大技能的分类。以临床医学专业为例，一名医生，他的专业知识技能包括解剖学、生理学、病理学、诊断学、内科学、外科学等；他的可迁移技能有哪些呢？疾病诊断、抢救操作、病情描述、病情分析等。医生应该具有什么样的特征和品质呢？如一丝不苟、严谨、认真、精益求精、废寝忘食等，这样分析与思考就可以了解在大学阶段从技能探索和培养上应该如何提高三大技能了。

3. 技能的测试

模拟面试：所谓的模拟面试，就是组织一场面试，通过这场虚拟的面试能够帮助个体对自身的技能了解得非常清楚。

例如，假如我是一名资深的人力资源经理，我掌握着你想要的职位，和其他几万名求职者一样，你通过投递简历来到我面前，在给你理想的工作机会之前，请如实回答我三个问题。

（1）学过什么？

第一个问题，请用 3～5 个名词，概括你所学习过的专业知识理论，它们都属于哪些学科。

所以在这里可以通过翻阅档案，查看成绩单、学历、培训经历，做出基本了解。就像去医院看病一样，假如一个人说我行医三十年，但是没有国家的执业医师资格证；另一个说，我刚刚行医两年，但是我有执业医师资格证，而且我是医学博士。同学们会选择吃谁的药？雇佣司机也是这样，我有十年驾龄，没有驾照；我去年刚拿到驾照。这两个人开车，你敢坐谁的车？

（2）会干什么？

第二个问题，假如可以满足你期待的所有的薪资要求和福利条件，请用3～5个动词描述，如果雇用你，你到底能干什么。

（3）你是什么样的人？

第三个问题，假如与你应聘同一个职位的人，他们也有着和你一样的专业知识和技术，你身上有哪些优秀的特点和品质，让用人单位有充分的理由选择你，而不是选择别人。

比如：第一个问题，简单介绍一下你自己，即自我介绍。自我介绍重要的是，把自己的三大技能介绍清楚。"面试官你好，我是××，毕业于××学校，通过大学几年的学习，我系统掌握了×××专业知识；通过参加社会实践、实习以及课外的社团活动，我积累了×××能力；我拥有×××的特征和品质。所以，我觉得，我是适合这个职位的，希望您能给我这个机会。"这就是完整的自我介绍。

（四）价值观

1. 价值观的概念和意义 价值观是人们在做选择、判断时最为看重的原则、标准和品质。价值观是关于事物、行为的好坏与优劣的最基本判断与信念，它指向人一生中最重要的东西，所以它对人有自我激励的作用，是人的精神动力，是人们在做出判断时那些无畏牺牲也值得做的事，是人们价值判断和价值选择的标准和依据。

职业价值观是指人生目标和人生态度在职业选择方面的具体表现，是一个人对职业的认知和态度，以及他对职业目标的向往和追求。个体所受的教育与成长环境的差异，导致人们在职业取向上的要求和目标不同。在职业选择和职业发展中影响人们判断的，往往是职业价值观。例如，有的同学希望毕业后能找到稳定的不要太多挑战的工作，有的同学希望能得到高的工资待遇，有的同学想成就一番事业，当然也有的同学想既稳定又高薪，最好还不辛苦，但是在现实中这样的工作对于刚刚毕业的大学生来讲几乎是不可能有的，只能在矛盾冲突中做出选择，而最终影响决策的就是内心的职业价值观，即无论在哪个阶段，无论做什么工作，都希望获得的是什么，而这个就是人们内心的职业价值观。

职业价值观决定了人们的职业期望，影响着人们对职业方向和职业目标的选择，决定着人们就业后的工作态度和劳动绩效水平，从而决定了人们的职业发展情况。哪个职业好？哪个岗位适合自己？从事某一项具体工作的目的是什么？这些问题都是职业价值观的具体表现。

2. 职业价值观分类 根据不同的划分标准，人们对职业价值观的种类划分也不同。

（1）洛克奇分类：美国心理学家洛克奇在其所著的《人类价值观的本质》一书中，提出13种价值观，分别是成就感，审美追求，挑战，健康，收入与财富，独立性，爱、家庭与人际关系，道德感，欢乐，权利，安全感，自我成长和社会交往。

（2）阚雅玲分类：我国学者阚雅玲将职业价值观分为如下12类。

1）收入与财富：工作能够明显有效地改变自己的财务状况，将薪酬作为选择工作的重要依据。工作的目的或动力主要来源于对收入和财富的追求，并以此改善生活质量，显示自己的身份和地位。

2）兴趣特长：以自己的兴趣和特长作为选择职业最重要的因素，能够扬长避短、趋利避害、择我所爱、爱我所选，可以从工作中得到乐趣，有成就感。在很多时候，会拒绝做自己不喜欢、不擅长的工作。

3）权力地位：有较高的权力欲望，希望能够影响或控制他人，使他人按照自己的意思去行动；认为有较高的权力地位会受到他人尊重，从中可以得到较强的成就感和满足感。

4）自由独立：工作时间要有弹性，不想受太多的约束，可以充分掌握自己的时间和行动，自由度高，不想与太多人发生工作关系，既不想治人也不想治于人。

5）自我成长：工作能够给予培训和锻炼的机会，使自己的经验与阅历能够在一定的时间内得以丰富和提高。

6）自我实现：工作能够提供平台和机会，使自己的专业和能力得以全面运用和施展，实现自身价值。

7）人际关系：将工作单位的人际关系看得非常重要，渴望能够在一个和谐、友好，甚至相互关爱的环境中工作。

8）身心健康：工作能够免于危险、过度劳累，免于焦虑、紧张和恐惧，使自己的身心健康不受影响。

9）环境舒适：工作环境舒适宜人。

10）工作稳定：工作相对稳定，不必担心经常出现裁员和辞退现象，免于经常奔波找工作。

11）社会需要：能够根据组织和社会的需要响应某一号召，为集体和社会做出贡献。

12）追求新意：希望工作的内容经常变换，使工作和生活显得丰富多彩，不单调、枯燥。

（3）职业锚理论分类：锚是船只停泊定位的铁制器具。职业锚就是人们选择和发展自己职业时所围绕的中心，职业锚是指当一个人不得不做出选择的时候，他无论如何都不会放弃在职业中至关重要的东西或价值观，是自我意向的一个习得部分。

当个体比较清楚自己的价值观，但是不知道哪些重要哪些不太重要，不知道如何排序时，就可以用职业锚来做出判断。例如，有些学生知道自己的价值观，但在如何取舍收入、自我成长、地位、技术等方面存在困难。当众多的期待摆在面前时，最需要自己做出选择，沿着这个思路问问自己，先从长远目标来看，最终的职业目标是什么，再看阶段目标是什么，在接下来的四到五年时间里，对你而言最重要的是什么，现在来看，当下选择，哪个选项让你距离目标最近，如果你还是不太清楚什么是最重要的，那就通过职业锚测定来明确。

职业锚把人当下对职业看重的部分分为8类，分别是职能/技术、管理、独立、稳定、创业、服务、挑战、生活。

在人生不同的发展阶段，职业的意义也在不断地变化。例如，刚刚参加工作，可能是为了技术，可能是为了稳定；有了孩子，需要将大部分的精力投入到家庭的时候，人们更多地回归到生活，等到孩子上了小学，我们不需要有那么多精力关注他的时候，重新回到自己的工作岗位，又开始关注创业和独立。随着人们年龄的增长和阅历的提升，则对管理和挑战有更多的关注。

所以职业锚是在不断变化的，受当下目标、阶段目标或者未来需求的影响，在不断地发展变化。所以人不能够贪婪，在每一个阶段都能够满足所有对工作的期待是很难的，人只能学会不断取舍，才能不断接近自己的终极目标。

（5）马斯洛需要层次论。该理论是人本主义科学的理论之一，由美国心理学家亚伯拉罕·马斯洛于1943年在《人类激励理论》一书中提出。书中将人类需求像阶梯一样从低到高按层次分为五种，分别是生理需要、安全需要、社交需要、尊重需要和自我实现需要，如图2-3所示。

马斯洛需要层次论有两点需要注意，分别阐述如下。

第一，不同需要层面的人所关注的内容不同，这其实是价值观差

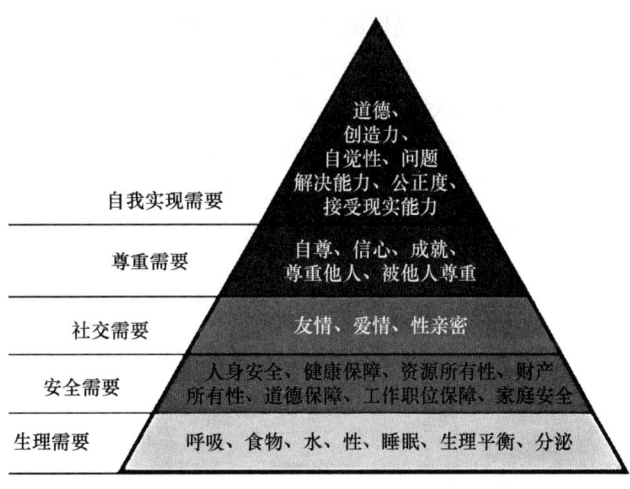

图2-3　马斯洛需要层次论

异的根本所在。和马斯洛相对应的是赫兹伯格的激励理论，直接对应马斯洛需要层次论。他说：如果你的员工还在生理需要层面，那涨工资，增加福利待遇，对他是有激励的；如果你的员工在安全需要层面，让他能够有保障，提供基本工资，为他提供住房，为他提供长远发展，他会觉得待在这里更好；如果你的员工期待归属和爱，那么良好的工作氛围，各种员工关怀，这些对他们来说才是有意义的；如果你的员工是在尊重需要层面的话，更多关注的是自由、个性化，以及自我价值；如果你的员工是来自我实现的，更多的是授权，让他的智慧能够得到充分的发挥，让他能够拥有主动权。

所以在不同需求层面的人，关注的不一样，激励也要恰当。

第二，大多数的人，尤其是在相对稳定的社会环境下，只能被逐级地满足，这也是马斯洛的研究发现，正常情况下，只有逐级的满足，才是一个真正的、正常的满足。否则，我们就会发现，跨越了哪一级，人们很容易被拽回来，或者被拉回来。

古人云：先温饱而后知礼，仓廪实才能知荣辱。如果人们生理层面的问题没有解决，讲自我实现是不现实的，也就是说，还处于满足温饱阶段的时候，却在想着要影响世界3%的人去做公益，这可能是个梦想，但不切合实际。

当代大学生要有自己的梦想、愿景、对未来美好生活的向往，但更要明确一点，实现梦想需要一步一步地去完成，奋斗的过程与美好的梦想终究是不可分割的。

3. 职业价值观测试

（1）标准问卷。第一个是日本学者田崎仁的职业价值观测评，他把价值观分成了九大类，常常用来探索不知道有哪些职业价值观的；第二个是施恩的职业锚测试，如果有很多的价值观，或者期待满足的内容有很多，但是不知道该如何取舍，它就是让一个东西确定在某一个地方，就像人生一样，总得先找到一个定位点，然后才能基于此去满足和发展。

（2）访谈法。第一个方法是自由联想；第二个方法是八十岁生日宴会；第三个方法是最欣赏的五个人；第四个方法是马斯洛需要层次论。

1）自由联想。要求同学们真正地静下心来，回归到自己的内心深处，能够做到心无旁骛，因为古人曾讲，定能生慧，或者讲静能生慧。当人们放下外界的纷扰，重新回归自己内心的时候，人们有可能会有新的发现。

当你不清楚目标的时候，对路径的比较是没有意义的，比如说一个人不知道未来想要一个什么样的状态，单纯纠结在考研还是就业上，就没有意义。所以现在请同学们想象一下，

未来的某一刻，如果你的人生达到了理想的状态，你拥有理想的生活、理想的工作、理想的人际关系，也就是说你能想象的特别完美、特别美好的生活状态。总之，你的整个生命都处于一种轻松、满足、快乐、成功的状态，那个时候，你希望看到哪些画面？你希望听到什么样的评价？你发自内心地希望自己每天生活在什么样的感受中？

目标清晰了，人们就不容易被他人干扰和诱惑。比如将来遇到一个很好的提升机会，一个很好的锻炼机会，所有人都说要把握机会，然而我们反过来想想，即使机会能够提高一些能力，即使机会能够锻炼某些才能，但对于个人未来的目标，是否真的需要这种能力或者对提升实现目标有利能力有帮助吗？所以在面对选择的时候，从多个方面考虑问题，最终选择最为接近终极目标的那个选项是避免人生弯路的科学决策。

自由联想就是让人清楚，当面临纷繁复杂的选择时，当面对当下的方向非常茫然时，不妨安静下来，让自己放松，把这些选项先放下，看看目标到底是什么。目标不清，对这些路径的比较是没有意义的。这就是自由联想。

2）八十岁生日宴会。它是来自国外的一个工具，叫作墓志铭。当人们对人生定位不太清楚，或者说，不知道自己人生终极要实现什么样的理想，或者什么样的人生对自己来说是有意义的时候，可以使用这个方法。

假如今天是你的八十岁生日，在座的各位都是从世界各地赶来为你庆祝生日的亲朋好友，当人们谈到你的时候，都非常羡慕你的人生，此时想问的是，如果回顾人生的八十年历程，你最希望得到人们关于哪些方面的称赞？或者在他们看来，伴随你人生的关键词都有哪些？假如在宴会上，你要对自己人生的八十年做个总结，你会用哪三个关键词？

当一个人不知道该做什么样的工作，或者说他的人生面临着冲突，不知道应该如何选择的时候，总之当他在这里犹豫的时候，其实是因为他今天的职业选择不仅仅是一个工作的方向，更有可能影响整个人生的角色，甚至整个人生的进程，那么他当下的这种职业规划对于他的整个人生来说意义重大。所以同学们在这个问题上坚持的一个原则就是，当下目标不清楚的时候探寻阶段目标，阶段目标不清楚的时候探寻终极目标。

人生就是一个选择接着一个选择的过程，有时候人们的一些重大决策直接就影响了今后的方向，当然从另一个角度来讲，人生也是充满了不确定的，也应该保持开放。但是最终人们要成为一个什么样的人，成就什么样的人生，其实是在潜意识里早就确定了的。

3）最欣赏的五个人。你最喜欢的电影或书籍，你最喜欢的电视节目，你最敬佩的人物，等等，这些都可以折射出一个人的好恶或者价值。

因为在潜意识中一个人没有无缘无故的喜好，也没有无缘无故的仇恨，无论是欣赏的人的一些特点，还是讨厌的人的一些特点，这些其实都折射出人们关注的因素。比如，在你了解的所有人中，也就是所有你能够接触到的这些人里面，你最欣赏或者最羡慕的人都有哪些？他可以是现实的，也可以是虚构的，可以是历史的，也可以是传闻中的，先把这五个人写出来，然后在每个人的后面用3~5个关键词来说出你欣赏他的理由。

4）马斯洛需要层次论：见前述。

三、职业世界认知

1. 认识职业世界 大学生职业生涯规划在探索自我的基础上还要进行职业世界的认知，职业世界受到职场所处的总体背景与现实态势的影响，它是由各种"组织"构成的，是为执行一定的社会职能，完成特定的社会目标而建构的、中间的、相对独立的社会工作单位。

"组织"是职业的载体，个体需要通过组织的选择而获得职业，大学生求职必然会受到职业世界的影响，比如国家宏观经济的发展、区域经济的发展、政策制度的设定等。"组织"也称为用人单位。用人单位是指具有用人权利能力和用人行为能力，运用劳动力组织生产劳动，且向劳动者支付工资等劳动报酬的单位。用人单位的用人权利能力和用人行为能力，自其依法成立之时产生，自其依法撤销之时消灭。目前适用《中华人民共和国劳动法》的用人单位包括：企业、个体经济组织、国家机关、事业组织、社会团体。其中，企业是指我国境内的所有企业，包括法人企业和非法人企业，国有企业和非国有企业，内资企业和外资企业；个体经济组织是指经工商登记注册并招用雇工的个体工商户；国家机关、事业组织和社会团体是指通过劳动合同或通过劳动合同与其他工作人员建立劳动关系的单位。

目前了解职业世界最为便捷快速的工具就是下载手机应用客户端，比如智联招聘、前程无忧、大街、58同城、BOSS直聘、赶集工作通、口袋兼职、领英，以及各种公众号。

根据《中华人民共和国职业分类大典》(2020年版)职业分类标准，我国职业共分为8个大类、79个中类、449个小类、1636个细类（职业）。

2. 探索职业世界 大学生职业生涯规划对于大学生而言不仅要求提高自我认知，更要求尽早地了解职业世界，积极地探索职业世界，对于人生下一阶段的生存环境要有详细的了解，并为之做充分的准备。

《中华人民共和国职业分类大典》(2022年版)提供了职业世界的大量信息，但是如何在众多的职业中选定个体倾向的几个选项，并详细探索，成为摆在大学生面前较为复杂的问题，我们通过下面的方法加以阐述，这样有利于大家进行快速筛选。

当大家不知道该怎么选择自己最喜欢的工作时，可以从下面三个方面思考。

第一，如果人生重来一次，你会选哪些？如果人生重来一次，或者是高中毕业重报一次志愿，你可能会选哪些？

第二，哪些职业是你非常排斥的，为什么？

这样你会清楚自己喜欢的和排斥的，这是从正反两方面澄清你的价值判断。所以依据价值判断选择会更全面。类似求职过程中需要了解一家用人单位是一样的，要了解这个单位有什么优势，最强劲的竞争对手有哪些，这样更有利于我们对一家用人单位的全面了解。

在探索的过程中人们更要清楚对于个体而言更排斥什么，因为排斥的因素依然是个体非常看中的，甚至会成为未来职业发展过程中难以逾越的障碍。

第三，哪些职业是完全陌生的？

有哪些职业对你来说是完全陌生的呢？有哪些行业你并不了解它具体是干什么的？

虽然有的学生在入学之时就基本确定下来，如考取研究生，而实际上每年的考研录取率因专业不同而各异，最好的能达到50%，有的专业还不足10%，那么其他的学生在大学期间就没有什么目标了吗？或者只被这一种选择禁锢了吗？有没有想过以上的三个问题，即使是明确要考研并且专业排名能够在前30%，考取的概率很大的学生也要想一想以上三个问题，喜欢哪个学校、哪个专业、哪位导师，不喜欢的专业或导师，还有没有自己目前不了解的学校、专业或导师，等等。

3. 大学生进入职业世界的途径 我国是社会主义市场经济，大学生进入职业世界的途径主要是通过人力资源市场进行双向选择和考试录用的方式，也有一部分是通过项目就业、组织部分选调、自主创业等其他方式。

（1）市场应聘就业。人力资源市场是将传统的由人事部门组建的人才市场、劳动保障部门组建的劳动力市场（或职业介绍机构）以及教育部门组建的高校毕业生就业市场统一融合而成的现代人才服务平台。大学毕业生可以通过校园招聘会、全国各地的就业平台网站以及互联网上各大招聘网站来筛选适合的岗位。

（2）考试录用。考试录用目前是用人单位招聘毕业生的一种重要方式，同时对于大学生而言也是就业的一条必经之路，考试通常由笔试和面试两部分组成，笔试主要考核毕业生的文字能力、知识掌握水平和综合能力；面试部分主要考核毕业生的综合素质、综合能力以及入职动机等。目前我国除了事业单位选用公务员通过考试的方式以外，其他的企业或公司也都通过考试的方式。所以对于大学生而言，能否顺利获得自己心仪的工作必须通过考试，在大学期间就要为未来做充分的准备了。

（3）项目就业。扎根基层、服务基层是一种选择。国家出台了一系列优惠政策，鼓励高校毕业生到基层就业，促进地区均衡发展，发挥政府的宏观调控作用，促进青年人才在全国范围内合理流动，同时也促进青年人才享有更多的发展机会。国家和地方政府制定的一系列基层就业项目有：由共青团中央牵头，教育部、财政部、人力资源社会保障部共同组织实施的"大学生志愿服务西部计划"；由中共中央组织部、教育部、财政部、农业农村部、国家卫生健康委员会、人力资源社会保障部、水利部、国家乡村振兴局、共青团中央委员会共同组织实施的"三支一扶"计划；由教育部牵头，财政部、人力资源社会保障部、中央机构编制委员会办公室共同组织实施的农村义务教育阶段学校教师特设岗位计划；由中共中央组织部牵头，教育部、财政部、人力资源社会保障部、共青团中央等部门共同组织实施的选聘高校毕业生到村任职工作等。

（4）自主创业。大学生创业是一种以在校大学生和毕业大学生特殊群体为创业主体的创业过程。针对我国经济发展新形势，政府鼓励"大众创业、万众创新"，创业逐渐成为在校大学生和毕业大学生的一种职业选择方式。大学生作为我国的年轻高级知识分子人群，有着较为丰富的知识储备和创造力，是符合我国创业规划的主要人群。从国家到地方都在积极支持和鼓励大学生自主创业，出台了一系列的优惠政策，精简审批程序，为大学生自主创业创造条件。大学生自主创业，开创自己的一番事业，也成为大学生职业发展的一个选择。

【实践活动2-5】

在这个信息爆炸的时代，获取信息十分方便，但是如何保证获取的信息客观、全面、真实、有效呢？下面这个工作世界调查问卷，希望可以帮助学生，搞清楚自己想要调查的这个职业。

工作世界调查问卷

1. 职业名称：_____
2. 该职业属于哪个行业？
3. 主要的工作内容是什么？
4. 主要工作场所及环境怎样？
5. 工作时间是如何安排的？
6. 从业者所需要的教育背景是什么？
7. 从业者需要具备的技能有哪些？
8. 从业者典型的人格特点有哪些？
9. 从业者需要通过哪些资格认证？
10. 从业者的晋升和发展机会怎样？
11. 未来的就业市场如何？

12. 起薪标准和计薪方式是什么样的？
13. 从业者可能的压力来源有哪些？
14. 对于职场新人有哪些忠告和建议？

根据以上内容回答，举例如下。

1. 你现在的职业名称：_____
医生。

2. 该职业属于哪个行业？
属于医疗服务业。

3. 主要的工作内容是什么呢？
诊疗疾病。

4. 主要工作场所及环境怎么样？
医院，环境相对嘈杂。

5. 你工作时间是如何安排的？
一周固定5天白班，每4天一个夜班；周末和节假日需要值班，这就是工作时间。

6. 从业者所需要的教育背景是什么？
最好是医学研究生及以上。

7. 从业者需要具备的技能有哪些？
良好的沟通与共情能力，专业的医学知识与医学操作。

8. 从业者典型的人格特点有哪些？
乐于助人、甘于奉献、刻苦钻研。

9. 从业者需要通过哪些资格认证呢？
执业医师资格考试，住院医师规范化培训认证。

10. 从业者的晋升和发展机会怎么样？
有两种，一种是在医院里相关的职称评定，如住院医师、主治医师、副主任医师、主任医师；一种是有教学任务的医院的职称评定，如助教、讲师、副教授、教授。

11. 未来的就业市场如何？
医生目前仍有较好的就业前景，不同专业的医生的就业前景略有不同。

12. 起薪的标准和起薪的方式是什么样的？
底薪+科室奖金+加班费+讲课费。

13. 从业者可能的压力来源有哪些？
医患关系、不断的学习、诊疗过程中的风险。

14. 对于职场新人有哪些忠告和建议？
扎实的医学基本功最重要。

这样想了解的职业相关信息基本上都有了。

四、职业决策

决策在人们的工作和生活中无处不在，如何解决问题、如何制定决策是人们每天都会面对的问题，小到每天吃什么、穿什么，大到在繁杂的网络信息中如何筛选对自己有用的信息或者在哪个城市生活等都需要人们认真思考后做出决定。职业生涯规划也是一样，在规划职业发展的过程中，个体需要结合自身的兴趣、性格、技能、价值观和职业世界等多方面因素而做出自己的职业决策。

（一）职业决策的概念

职业决策（career decision-making）又称职业生涯决策或职业决定，它有广义和狭义之分，广义的职业决策是指一个完整职业规划的过程，狭义的职业决策是指职业规划过程中的一个环节。决策是指在两个或两个以上可能的选择之间决定的过程，是个体在众多可行的方案中，选择最为满意的方案的过程。奇兰特认为，决策是一连串的决定，任何一个决定都会影响其后来的决定，决策是一个发展的过程。

职业生涯决策源自经济学中的决策理论在职业行为方面的研究。乔普森认为，职业决策是一个复杂的认知过程，决策者组织自我与职业环境的信息，充分分析，做出职业行为的公开承诺。沈之菲《生涯心理辅导》中提出生涯决策是个体在多项选择之间权衡利弊，以达到最大价值的历程。对于大学生而言，职业生涯决策是人生中必须要面对的重大决策，它不仅是一个选择结果，更是一个过程，是一种行动的开始，是为下一个决策奠定基础的行动。

（二）职业决策的方法

1. 决策的四大特点

（1）决策无处不在。因为人们的生命是一个决策跟着一个决策，人们的未来也是由一个又一个的决策构成的。学会决策不是仅仅得到一个选项，更重要的是要提高决策能力，根据自身条件，依靠自己的能力，最终做出属于自己的决策。

（2）决策没有完美的选项，决策意味着取舍，选择了利益最大化，但不是全部利益，没有百分之百完美的决策，所以在决策的过程中放松心态，学会接纳非常重要。

（3）任何决策都存在风险，决策就是指向未来的冒险。历史没有如果，一旦选择必须无怨无悔。比如说今天选择了A，然后在未来的几十年中都生活在假如当初选择了B的懊悔中，那结果一定不会令人满意。所以历史没有假如，选择了A，就全力以赴地按照A活着，因为没有选的那个选项对你而言就是零分，就是一个想象中的魅力泡泡。避免生活在自己设定的假象中而产生对现实的不满，甚至发展成为一种焦虑的状态。

（4）决策不是结束而是开始，是一种行动的开始，行动是结束焦虑、开始决策的必然。所以需要收集信息，自我体验，需要行动；决策之后，实现目标更需要行动，决策和行动同样重要。当今有一些大学生说，选择比努力更重要，然而不努力光选择有什么用？所以要强调的是选择和行动同样重要。比如，当自己不知道要考研还是要找工作时，可以向老师或已经工作或考上研究生的学长请教。如果不知道自己选择某一行业适不适合，可以利用暑假去相关的单位实习就知道了。目前一部分大学生患有严重的"拖延症"，有很多的想法，但是过了很久，有的依然还只停留在有想法这个层面，有的可能已经淡忘了这些想法，有的也许被新的想法所取代，而整个过程没有采取什么行动，反而在懊悔自己患有"拖延症"。我们应该做的就是，有了一个好的想法，确定了一个前进的方向，就要采取积极的行动，在实际的行动中验证自己的想法，支持自己的决策。

在实际的学习、生活、工作中无法决策往往有两种可能。第一，人们由于缺乏必要的探索行动，而无法决策。第二，人们想逃避决策后的行动，而拒绝选择。第一种是完全没有任何行动，所以个体没有什么决策的主动权。第二种是决策之后就意味着要开始新的行动，个体不愿意去行动，所以自己停留在为此纠结的状态中。例如，第一种常见的是没有考研复习的体验，也没有参加相关的社会实践，所以无法选择考研还是就业；第二种是因为选择了考研就意味着从明天开始，要努力学习，起早贪黑，所以回避开始行动，故而拖延选择。

2. 决策的三要素

（1）决策权。决策权是决策者对决策系统内的活动拥有的选择、驾驭、支配的权利。对于大学生职业生涯规划而言，大学生本身做职业决策还会受到家庭、社会观念以及个人心理等因素的影响，所以对于需要做决策的这件事，个人自主决策的权限有多大也会影响最终的职业决策结果。

决策中自主权占60%以上的才是自己可以做主的，否则很多事情可能个人根本就无法决定，那就不是决策问题，无须困扰如何选择，学会适应或接受更合理。比如说，有的同学遇到的问题是考研还是找工作或是考公务员，此时应首先来澄清一点，学生本身能完全靠自己来选择吗？如果回答是"能"，这是决策问题。虽然也考虑父母或者家人的期待，但依然能够自己选择，这叫决策，因为他有选项，要么考研，要么工作，本身拥有决策权。但如果回答是"不能"，那么需要做的是沟通或者调整心态，接受安排，尽力做好。

（2）时间。对于决策而言，一定要考虑时间因素，首先是需要决策的事情是否有时间底线，其次是这个决策犹豫多久了没有决定。这在大学生职业生涯规划中表现为什么时间是做职业决策的最后期限，比如说要考研的话，最晚什么时候开始准备，做了哪些准备，是否查询报考要求和信息了，是否已经开始复习了，是否联系去年考的师兄师姐了。如果是工作，最晚什么时候开始准备简历，什么时候开始整理招聘信息，什么时候开始体验相关的实习，等等。

（3）目标。职业决策最为重要的部分是无论选择什么，最终都是为了实现自我的职业目标，比如选什么专业，是为将来的职业做准备；选什么职业，是为将来的生活做准备；选择什么样的生活，是为了实现人生价值做准备。所以要在更高一个层面的目标来看待当前的决策。

【实践活动2-6】

决策体验单实践活动的几点说明：

第一，价值就是好处，也就是背后的动力，或者是吸引你的方面。比如说可以加薪、选择的空间会大、我们会更加自信、科研能力会提高、更加有安全感。

有价值就必然有挑战，一旦我们选择了报考研究生，必然面临的挑战有哪些？比如说时间安排、个人的自控力、工作上的协调。还有面临的实际困难，如其他同学找到好的工作给你带来的心理波动。

第二，做出选择，就意味着要付出行动。

同学们要注意行动这一栏，这个行动是针对挑战来的。要注意两点，一是要对应着罗列的挑战来考虑。二是人们往往采取的行动只有两个选择，按照适应论来讲，要么提高能力，要么降低期待，接纳现实。

例如，有的同学要考大学英语四、六级，面对刚刚的挑战，我们来看看他的行动。

首先时间上的安排。因为每天还要上课，好像英语的学习只能是相对碎片化，那就必须保证英语学习的量，比如每天早起晨读30分钟，晚上睡前背一遍单词，或者其他碎片化的时间能够利用上，至少要保证每天累计起来有固定的几个小时用于背单词或阅读或写作。

其次是自控能力。比如先从每周几个小时开始，你觉得这是符合合理的行动计划要求的，虽然有一点点挑战，但是可实现。

第三，工作、生活上的协调。我们必须分清主次，做好取舍，有的需要尽快完成，有的需要尽快处理，有的需要重在参与，有的需要能推就推。

第四，面对未来。就是要把自己所写的都认真地看一遍，未来就要按照刚刚描述的去做了。

当你面对所需决策的选项无法决定时，请尝试着把困扰你的选项罗列出来，从决策体验单的五个维度就选项回答问题。

- **选项** 无论选择哪个选项，都将给你带来不同的人生体验，现在，我们只能选择一个选项来感受，请问，你想体验哪一个？
- **价值** 选择这个选项，将给你带来哪些价值？
- **挑战** 选择这个选项，你必然面临的挑战和困难有哪些？
- **行动** 为了应对上述的挑战和困难，你将采取什么样的行动？
- **未来** 综观上述内容，你想要拥有这样的经历的可能性有多大？

3. 大学生职业决策常见问题

（1）在决策前，常常会有准备不足的情况出现。第一，缺乏心理准备，没有充分的动力，通常大学生经济上依赖家长，没有面临生存问题，往往没有那么迫切要做出决策的动力；第二，由于难以做出选择，顾虑太多，瞻前顾后，犹豫不决；第三，不合实际的志向，有时候会对自己有过高的预期，反而没有考虑现实的问题和情况，出现不切实际的愿景。

（2）在决策中，常常表现为信息不充分。第一，对决策过程不了解，考虑的因素不全面，包括对自我的认知和对职业世界的认知不全面，获取信息的方法和手段单一，有时还会以偏概全，不够客观；第二，信息不对等，有些自认为的信息和外部客观世界的信息不一致。

4. 决策风格测试 决策风格，是指个体在长期的决策过程中形成的比较稳定的决策倾向。不同的决策风格对决策结果影响不同，其主要表现在：拥有不同决策风格的人在制定决策方式时对决策的步骤有不同的偏好，且不同决策风格的人对行动的迫切性有不同的反应，他们在对待风险的态度与处理问题方面具有差异。我们通过下面的测试来了解一下自己的决策风格（表2-2）。

表 2-2 决策风格测试

序号	行为	是/否
1	我时常草率地做出判断	
2	我做事时不太喜欢自己出主意	
3	遇到难做决定的事情，我通常会把它先放一放	
4	做决定时，我会多方收集所必需的一些个人及环境的资料	
5	我常凭第一感觉就做出决定	
6	做事时，我喜欢有人在旁边，好随时商量	
7	遇到需要做决定的时候，我就紧张不安	
8	我会将收集到的资料加以比较分析，列出可选择的方案	
9	我经常会改变自己所做的决定	
10	发现别人的看法与我不同时，我常常会不知该怎么办	
11	我做事老爱东想西想，下不了决心	
12	做决定时，我会认真权衡各项可选择方案的利弊得失，判断出此时最好的选择	
13	做决定之前，我一般不做什么准备，临时看着办	
14	我很容易受别人意见的影响	

续表

序号	行为	是/否
15	我觉得做决定是一件痛苦的事	
16	做决定时，我会参考其他人的意见，再斟酌自己的情况，来做出最适合自己的决定	
17	我常不经慎重思考就做决定	
18	我常常在父母、老师、同事或朋友催促下才做出决定	
19	为了避免做决定的痛苦，我现在不想做决定	
20	做决定时，我会经过深思熟虑之后，明确决定一项最佳的方案	
21	我喜欢凭直觉做事	
22	我喜欢让父母、老师、同事或朋友为我做决定	
23	我处理事情时常会犹豫不决	
24	当已经决定了所选择的方案，我会展开必要的行动准备，并全力以赴去执行	

【实践活动2-7】

我们来开展一个小活动，当你遇到决策类问题的时候，请先问自己两个问题。

第一，这个问题困扰你多久了？

这个问题主要是看对于你自己而言是否真的为决策在做准备，同时也可以明确这个困扰你的决策问题到底是不是个决策。比如说经常会有同学问"我到底是考研呢，还是工作呢"，可是有很多同学就纠结在这个问题上什么都没有做，那你反问一下自己，不论是考研还是工作，你都为此做了哪些准备，如果答案是什么都还没有做，那这就不是一个真正的决策类问题，只是一种情绪的表达，只是周围的人都在忙着做点什么，而你没有做，好像不合群，就只是想想而已。大家想要考研，可是又没有了解考研的相关信息、看考研的书，有很多学生定下要考研，其实就如同高考之前定下的奋斗目标就是考上大学一样，仅仅只是要考上，具体研究生是什么，有哪些专业方向，其实有很多同学是到报考前才开始了解的。由于准备工作做得不充分，有些时间来不及准备而导致选择范围人为地缩小了，只能在有可能的机会中做出选择。然后还得问问自己这个决策的时间底线是什么时候，也就是说"最晚到什么时候，就必须做出选择了"。如果你还没有这个最晚做出选择的时间底线的话，那么这个问题似乎不是很迫切地需要决策了。

第二，要问问自己有多大的决策权。

比如说有同学在毕业找工作的时候经常会问"老师，我是去大城市好呢？还是去小城市好呢？大城市压力比较大，但是能获得好多经历，小城市的话，学得比较少，但是比较安逸，我该怎么选呢？"可能你现在也面临这样的疑问，那么我们先来看看这个问题你的答案是什么——"无论去大城市，还是小城市，有几家工作单位能聘用你呢？"所以有的时候决策权不在自己的手上，自己很难做这个决策。先行动起来，先投投简历，看看有哪些单位聘用你，看看你纠结的决策问题到底有没有选项，到底是不是真的决策类问题。

通过这个小小的实践互动，我们澄清了决策类问题有时间底线，同时对自己而言，决策的权利要在自己的手中，所以大学生要通过对自己职业生涯的合理规划，为自己争取决策的权利，也就是要在决策的过程中首先有选项产生，比如学习成绩足够优秀，那么可以在考名校研究生时纠结一下我是考北京大学医学部好呢还是上海交通大学医学院好呢，反之如果平时成绩平平，外语四级也没过，那选择的学校一定程度上是受限的。珍视大学时光，蓄积能力，为未来更好地决策做充分的准备。

5. 决策方法 SWOT 分析法（SWOT analysis，又称强弱危机分析、优劣分析法等）是一种企业竞争态势分析方法，是市场营销的基础分析方法之一，通过评价自身的优势（strengths）、劣势（weaknesses）、外部竞争上的机会（opportunities）和威胁（threats），用以在制定发展战略前对自身进行深入全面的分析以及竞争优势的定位。大学生可以将其作为职业生涯决策过程中的一种方法，有利于个体准确地进行自我评估，清晰认识自我，从而针对就业市场岗位与自身条件做出最佳的决策。大学生可以通过与他人比较考察自己所处的职业环境，认清自身的优势和劣势以及职业环境中的机会和威胁，个体可以构建出自身的 SWOT 矩阵（表 2-3）。

表 2-3 生涯决策 SWOT 矩阵

	内部因素		外部因素	
	优势	劣势	机会	威胁
界定	个体可控并可利用的内在积极因素	个体可控并努力改善的内在消极因素	个体不可控但可以利用的外部积极因素	个体不可控但使其弱化的外部消极因素
描述	1. 工作经验	1. 缺乏工作经验	1. 就业机会增加	1. 就业机会减少
	2. 教育背景	2. 学习成绩差，专业不对口	2. 再教育的机会	2. 同专业的大学毕业生带来的竞争
	3. 专业知识和技能	3. 缺乏目标，且对自我的认识和对工作的认识都十分不足	3. 专业领域急需人才	3. 技能经验丰富、知识的竞争者
	4. 特定的可转移技能（如沟通、团队合作、领导能力等）	4. 缺乏专业知识	4. 由提高自我认知、设置更多具体的工作目标带来的机遇	4. 拥有较高的工作技能的竞争者
	5. 人格特质（如职业道德、自我约束力、抗压力、创造性、乐观等）	5. 较差的领导力、人际交往能力、沟通能力和团队合作能力	5. 专业晋升的机会	5. 名校毕业的竞争者
	6. 广泛的个人关系网	6. 寻找工作能力较差	6. 专业发展带来的机会	6. 缺少培训，再学习造成的职业发展障碍
描述	7. 在专业组织中的影响力	7. 负面的人格特征（如职业道德败坏、不自律、缺少工作动机、害羞、情绪化等）	7. 职业道路选择带来的独特机会	7. 工作晋升机会十分有限或者竞争激烈
			8. 地理位置的优势	8. 专业领域发展有限

为了在未来的职业发展中具备更有针对性的竞争力，大学生在职业生涯决策过程中制定一份 SWOT 矩阵有利于做出更加明确的职业决策。

五、职业生涯规划书的制定及实施

制定职业生涯规划书是大学生在大学期间结合个人自身情况和环境状况，为实现人生的职业理想而确定的行动方向、时间和方案，是为自我实现目标职业采取一系列的行动计划并加以实施的过程。制定职业生涯规划书的目的主要是提高大学生个体综合素质和就业能力，为未来的就业、择业或创业奠定良好的基础。

1. 制定职业生涯规划书的注意事项

（1）在制定大学生职业生涯规划书过程中应坚持的原则

1）专业相关原则。大学生无论喜欢不喜欢自己的专业，既然选择了这个专业，那么就应该尽量找寻专业与个人兴趣相重合的部分，不要因为不喜欢所学专业而完全回避专业。

2）可操作原则。制定大学生职业生涯规划书要遵循切实可行的原则，不具有可操作性的规划如同纸上谈兵，没有现实意义。所以要真实地分析自我，从兴趣、性格、技能和价值观四个方面深入客观地剖析，注意避免用自己的理想状态来评价自我。另外，要结合职业世界的客观需求，职业生涯规划要放在一个客观存在的职业环境中，对这个职业环境的充分认识尤为重要，切忌凭空想象，一定要切合实际情况，否则职业生涯规划也就没有意义了。

3）时间界定原则：大学生职业生涯规划书的制定要在确定的目标和行动中划分出时间段，即目标开始的时间和预期实现的时间，时间界定是目标实现和行动实施的基本保障。

4）发展原则：大学生职业生涯规划书制定后并不是一成不变的，随着个人成长、职业环境的变化，综合评估后可以用发展的视角对规划书做出适当的调整。

（2）大学生职业生涯规划书分远期规划和近期规划：远期规划为5年以上的职业生涯规划，对于大学生而言，确定终身的职业目标，可以保持整体职业生涯发展的连贯性和持续性。远期规划持续时间长，发展过程中个体和职业环境都会发生变化，所以远期规划要避免过于理想化。近期规划一般指5年以内，而这个时间段正是大学生在为自己的职业做准备的关键时期，也是自我探索的重要时期，制定契合职业总体目标的近期规划对于大学生的个人职业发展尤为重要。

2. 职业生涯规划书的结构

（1）封面：体现个人的特点，可繁可简，但最好以简洁大方、清晰明了为原则，其文字内容部分要明确包括规划者的姓名、单位、所学专业、规划时段、规划时间等。

（2）扉页：介绍自己的基本情况，如姓名、性别、出生年月、籍贯、学校、专业、联系方式。

（3）目录：主要将规划书的正文内容以标题罗列清楚，在标题后面标明其所在的页码，一目了然。

（4）正文：主要包括以下几个部分的内容。

1）引言：主要写清楚规划的目的以及自己对规划意义的认识。

2）个人资料：以简洁的语言，介绍个人的自然情况。

3）自我分析：包括个人所学专业，该专业所能从事的职业，个人的兴趣、性格、技能以及价值观。

4）环境分析：对所能从事职业的领域进行环境分析。

5）职业定位或角色建议：综合自我分析与环境分析的内容，写出根据分析而确定的职业目标、职业发展策略、职业发展路径。

6）计划实施：列出职业发展目标，将目标分为阶段目标并清晰地列出来，确定实施策略和可行性方案。

7）规划调整：多角度综合分析，检查是否符合具体、清晰、可操作、可量化的原则，写清楚要评估的内容、时间和调整原则。

8）结束语：感谢帮助自己完成职业规划书的人，鼓励自己并决心完成规划书。

【案例分析 2-2】

职业生涯规划书

——追梦，扬帆起航

❖ 姓　名：张×
❖ 学　校：××医科大学
❖ 院　系：口腔医学院
❖ 专　业：口腔医学
❖ 规划时段：现在至本科毕业后 10 年
❖ 规划时间：20××年××月

姓　名：张×
性　别：女
学　校：××医科大学
院　系：口腔医学院
联系电话：×××××××××××
电子邮箱：×××××××××@qq.com

目　　录

一、引言……………………………………………………………………………………×
二、自我分析………………………………………………………………………………×
（一）性格分析……………………………………………………………………………×
（二）兴趣探索……………………………………………………………………………×
（三）价值观探索…………………………………………………………………………×
（四）综合评价……………………………………………………………………………×
三、外部环境评估…………………………………………………………………………×
（一）家庭、学校环境……………………………………………………………………×
（二）就业环境……………………………………………………………………………×
（三）行业调研……………………………………………………………………………×
（四）企业调研……………………………………………………………………………×
（五）目标行业的具体职业调研…………………………………………………………×
四、职业目标定位…………………………………………………………………………×
（一）生涯人物访谈………………………………………………………………………×
（二）胜任特征分析………………………………………………………………………×
（三）我的选择……………………………………………………………………………×
五、职业生涯规划…………………………………………………………………………×
（一）职业生涯规划方案…………………………………………………………………×
（二）具体实施方案………………………………………………………………………×
（三）职业评估调整………………………………………………………………………×
六、后记……………………………………………………………………………………×

一、引　　言

看到这样一句话："我希望每天早上叫我起床的不是闹钟，而是梦想。"梦想固然远大，但它需要日积月累，有很长的路要走，有很多的事要做，是一项艰巨的任务。这份职业生涯规划将是我扬帆起航的风向标。

二、自我分析

（一）性格分析

我外表看起来柔弱，但内心强大，喜欢脚踏实地，喜欢与人沟通，喜欢动手制作一些小玩意儿，喜欢正能量的书籍，喜欢一点一点的进步，抗压能力较强。为了对自身的性格能够有更加科学、全面而客观的认识，我运用了 MBTI 测评工具进行了测试，测试结果显示我是 ESTJ 型（外倾、感觉、思维、判断）。

ESTJ 型的人能够高效率地工作，自我负责，组织他人工作，合理分配和处置资源，主次分明，井井有条；喜欢工作中以严谨态度取胜。ESTJ 型的人很善于完成任务，具有责任感，信守自己的承诺。此类性格的人喜欢条理性并且能记住和组织安排许多细节，能够及时和尽可能高效率地、系统地达到目标。同时，ESTJ 型的人又很现实、有头脑、讲求实际。他们更感兴趣的是"真实的事物"，而不是诸如抽象的想法和理论等无形的东西。他们知道自己周围将要发生的事情，而首要关心的则是目前。

适合职业：编辑、军官、预算分析师、医生、教师（贸易/工商类）、银行职员、项目经理、工厂主管、项目管理员、工厂管理员、人事行政部门主管、职业经理人、各类中小型企业主管等。

总结：从以上评论结果来看，我对自己的性格特点判断基本正确。我的性格是务实、喜欢总结经验、活在当下。同时，喜欢高效地完成任务。

（二）兴趣探索

使用霍兰德职业倾向量表测评，从测试结果来看，我的兴趣类型属于 IAC 型（研究-艺术-传统型），尤其是对 IA（研究-艺术）有明显的偏好，这与我爱好的事物非常吻合。

（三）价值观探索

成就 √	诚实	快乐 √
审美	正义	权利
利他	知识	认可
自主	爱	宗教信仰
创造性	忠诚	技能
情绪健康	道德 √	财富
健康 √	身体外观	智慧 √
关于工作价值观		
高收入 √	社会声望	独立性
社会贡献 √	个人成就 √	领导力
对人际关系的重视 √	个人兴趣满足	社会责任 √

总结：自己的价值观主要是社会责任、道德、快乐、智慧、健康、个人成就，而高收入放在最后。

（四）综合评价

关系	第一印象	性格评价	能力评价	为人处世评价	优点	缺点
室友	健谈、开朗、阳光	外向	沟通能力强、适应能力强	与人友好和善	乐于助人、积极性高	有时过于唠叨
朋友	有爱心、守信用、有毅力	外向	社交能力强、适应能力强、学习能力强	能够理解人、懂得观察情绪变化、适时沟通	乐观、遇事沉着、处事成熟	做事不细腻
同学	好相处、为人朴实	外向	学习能力强、与人沟通能力强	对每个人都友好	干练、坚强、能吃苦	莫名的忧郁

总结：通过以上的自我认知，自己具备一名口腔医生基本的素养。

三、外部环境评估

（一）家庭、学校环境

生活在一个普通的农村家庭，父母都是勤劳朴实的农民，这样的家庭从小赋予了我吃苦耐劳、持之以恒、永不言败的精神。所以，我选择家乡，选择本校，这里有朴实的学风和高尚的老师，相信在这里只要肯努力，一定会掌握扎实的医学基础。

（二）就业环境

过去几年口腔医学毕业生就业形势较好，部分口腔医学毕业生由于专业优势缺乏竞争意识，没有紧迫感。在当前严峻的就业形势面前，部分口腔医学毕业生的择业观念陈旧，追求大医院，向往轻轻松松地做一名口腔医务工作者，而没有把目光投向民营口腔医疗机构或者口腔相关行业。其实，如今的患者消费观念也在与时俱进，很多人不愿去大医院排队，而私立口腔诊所的人性化服务更让患者满意。

（三）行业调研

2019年已有723家民营口腔医院，主要分布在东部发达地区。口腔诊所是民营口腔医疗机构的主体，绝对数量较大。2020年中国民营口腔医院数量已经上升至780家，同比上升7.88%。民营资本大量流入加上国家政策的支持将会为未来民营口腔医院注入强大的发展动力。随着口腔医院数量的不断上升，以及人民对于口腔健康关注度的不断上升，我国民营口腔医院诊疗人数不断上升，到2020年中国民营口腔医院诊疗人数上升至3768.9万人次，同比上升4.46%。2020年以前，中国民营口腔医院收入受到下游需求的提振，以及口腔医院数量上升的影响，中国民营口腔医院收入上升迅速，到2019年中国民营口腔医院收入为243.34亿元。

（四）企业调研

本专业毕业生可在大中专院校以及各专业对口的综合医院和专科医院从事口腔临床、口腔教学、科研及管理工作；也可以在与口腔专业相关的企业内部从事口腔产品的企业管理、口腔产品市场营销、口腔产品研究、开发等相关工作；还可从事颌面整形、口腔技工、口腔影像等相关工作以及口腔行业相关软件的开发工作。

（五）目标行业的具体职业调研

从目前的口腔医疗机构项目来看，种植牙、正畸等业务是重点推荐的诊疗项目，显示高附加值业务已经成为驱动口腔医疗发展的重要业务支柱。从价格来看，种植牙的价格要远高于制作义齿和牙桥，对于提升医疗机构的服务附加值有重要推动作用，也自然成为各医疗机构重点推广的项目。儿童口腔科虽然利润贡献相对较小，但其对于口腔保健教育和未来客户群的培养具有重要的意义。综上，我选择的目标行业是口腔外科医生。

四、职业目标定位

在探索自我的基础上，我明白了自己想要什么，也认清了自己所在的位置。对自己的胜任特征进行了分析。

（一）生涯人物访谈

通过对一位乡镇医院的马院长的访谈，我受益匪浅，感受颇深，我讲讲我个人的感受。

（1）要学好专业知识，提高自己的能力。同时，大学是一个锻炼各方面能力的阶段，我们应该积极参加活动，不断拓展自身的知识面，丰富自身的社会经验。

（2）学会在学习中实践，在实践中学习，"纸上得来终觉浅，投身实践觅真知"。

（3）要注重细节，养成良好的习惯。对于医生来说，注重细节其实是一种功夫，这种功夫是靠日积月累培养出来的。

（4）要对自己有信心，摆正心态。

（二）胜任特征分析

口腔疾病是影响我国居民健康的常见病和多发病，人群发病率高、波及范围广，给个人和家庭带来了较大的经济负担，而且口腔疾病与全身疾病可相互影响。目前，我国居民口腔疾病的发病率还在继续上升，不但加大了卫生资源的消耗，还增加了治疗慢性病的负担。口腔医学的专业培养目标为培养具有扎实的口腔医学基础知识、基础理论和基本技能，具有创新意识和实践能力，能够从事口腔常见病、多发病的诊治、修复和预防工作的本专业高级专门人才。

那么根据自身的性格特点，我在以下几个方面能够胜任。

（1）拥有良好的学习习惯，能够学好专业知识，并且能够吃苦耐劳，持之以恒。

（2）心地善良，有乐观和善的性格，对患者有同理心。

（3）自己有一定的想法与领导能力。

（三）我的选择

通过对自我的认知、行业的分析以及生涯人物的访谈，我更加坚定了自己首先要成为一名优秀的口腔外科医生，之后再凭借自己的努力开一家口腔诊所的想法。

五、职业生涯规划

（一）职业生涯规划方案

阶段	目标	规划内容
本科	本科毕业	本科顺利毕业，并在学校期间参加各种活动，锻炼自己的组织能力以及沟通能力，结交更多的朋友。提高党性，争取早日加入中国共产党。考取研究生并考取执业医师资格证

续表

阶段	目标	规划内容
研究生	研究生毕业（口腔修复专业）	在研究生阶段认真跟导师学习，多争取动手机会，结交同行人士，通过住院医师规范化培训，研究生毕业，真正掌握一技之长
本科毕业后5年	口腔外科医生（口腔修复）	在临床中掌握技能，培养自己技术能力以及拓宽自己的人脉，为自己的牙科诊所做前期准备
本科毕业后10年	口腔诊所	经过几年的临床经验，技术熟练，扩大人际关系网，了解一定的口腔诊所运营体系，开始从各个方面筹集自己的口腔诊所

（二）具体实施方案

1. 学习方面

时间	内容
本科	通过大学英语四、六级、计算机二级、心理咨询师、营养师等考试，取得相关资格证书，并以优异的成绩本科毕业
研究生	发表2篇SCI论文

2. 学校阶段具体安排

（1）在大二一年内通过大学英语四、六级以及计算机二级考试，那么我要做到每天早上听30分钟的听力，每天背诵50个英语单词，一天至少做一篇阅读，一周至少写一篇翻译和一篇作文。对于计算机的学习每周做一套计算机二级考试的考试题。在大三上半年报心理咨询师辅导班并通过资格考试，在大三下半年报营养师辅导班并考取营养师资格证。在大四、大五专心学习专业知识并为考取口腔修复专业研究生做准备。

（2）每天跑800米，强壮自己的身体。

（3）在本科期间积极参加学生会、班集体的各种活动，比如在晚会上出演节目，参加演讲比赛、素质拓展训练。在活动中锻炼自己并结交朋友。

（4）每个月读一本励志书籍，激励自己为了梦想不断努力，丰富精神世界。

（5）考上研究生并跟着导师完成各项任务，在学习中总结，在总结中吸取经验，在经验中迅速成长。

（6）努力学习，争取参加一次科研任务，并能够发表2篇SCI论文，且有一定的影响力。

3. 本科毕业后5年计划

（1）应聘到一个声望比较好的口腔诊所，并提升自己的诊疗技术，努力工作学习。

（2）在工作之余了解口腔诊所的操作流程，为日后创办口腔诊所做准备。

4. 本科毕业后10年计划

（1）开始筹划自己的口腔诊所，做好前期的地址选择、经济预算、人员安排等相关准备工作。

（2）进行宣传活动，包括回到自己的家乡和母校开展口腔医学知识宣传。

（3）自己的身份不仅是一名口腔医生，也是一名口腔诊所管理者，不断总结和完善自己的管理经验，并建立自己的小企业文化。

（三）职业评估调整

1. 评估内容 每个阶段都会存在不确定因素，那么计划也要随时进行评估修改。

阶段	评估内容
本科	每半个学期对自己进行一次评估： 1. 首先这半个学期内的学习态度是否端正，发现问题及时调整。 2. 期末、期中是否有不及格现象，分析原因，加以改正。 3. 在这半个学期内参加的考试是否通过，如果没能通过将加大自己每天的学习量。在大二通过大学英语四、六级、计算机二级考试。大三通过心理咨询师、营养师考核。 4. 在学生会和班级的工作、活动中自己是否发挥出色，是否得到锻炼，收获了什么，多传递给自己一些正能量。
研究生	每个月对自己进行一次评估： 1. 思考自己这一个月跟导师学到了什么，自己领悟了什么。 2. 分析这一个月中自己的态度是否端正。 3. 在第一年发表一篇 SCI 文章，第二年再发表一篇。
本科毕业后5年	每一周对自己进行一次评估： 1. 在这一周的工作中，自己接触到哪些患者，遇到什么样的疾病，与患者沟通的过程中遇到哪些问题，做成一个分析手册，并每个月对这个手册进行翻阅，形成经验。 2. 在抛开医生的职位后，审视自己所在单位的管理体系，发现优缺点，同样做成企业调研手册，为自己日后的口腔诊所管理打下基础。毕业后5年的诊所筹备工作已经结束。 3. 当工作一段时间后，每天重复同样的事会产生厌倦情绪，每个月读一本励志书籍。
本科毕业后10年	每一天对自己进行一次评估： 1. 对自己的口腔技术进行总结，多思考，多改进。 2. 对自己的管理体系进行思考，思考出能把自己的诊所做大、做强的方案。

2. 规划调整的原则　主要坚持自己的最初梦想，但也要根据实际情况做一些改变，以实现理想为目标。

六、后　　记

通过这样一个职业规划，让自己更加深刻地了解了自己，也制定了自己的人生目标，在这一过程中感谢老师以及学长们对我的指导，风向标已经明确，扬帆起航，追梦，我在路上！

【案例分析2-3】

个人职业规划书

姓名：杨×× 　　学校：××××大学 　　院系：化学与生物系 　　专业：生物工程

一、前言

二、个人资料

三、自我分析

四、社会、学校、家庭环境分析

五、角色建议

六、职业取向分析测试

七、未来职业生涯规划

八、计划实施

九、规划调整

十、结束语

一、前　言

在今天这个人才竞争的时代，职业生涯规划已经成为在人才争夺战中的另一重要利器。对企业而言，如何体现公司"以人为本"的人才理念，关注员工的持续成长，职业生涯规划是一种有效的手段；而对每个人而言，职业生命是有限的，如果不进行有效的规划，势必会造成生命和时间的浪费。作为当代大学生，若是带着一脸茫然地踏入这个拥挤的社会，怎能满足社会的需要，使自己占有一席之地？所以我们要对自己的职业生涯进行规划，给自己的梦想插上翅膀。远大的理想总是建立在坚实的土地之上，青春短暂，从现在起，就力争主动，好好规划一下未来的路，去描绘这张生命的白纸吧！

二、个人资料

姓名：杨×× 　　性别：女　　出生年月：××××年××月
学历：本科　　　毕业学校：××××大学
座右铭：认真对待每一件事，做好每一件事！

三、自我分析

（一）性格类型

根据人格测试结果显示，最符合的性格类型是主人型——热情主动地帮别人把事情做好。

非常重视与别人的关系，易觉察出他人的需要，并善于给他人实际关怀，待人友好、善解人意并有很强的责任心。看到周围的人舒适和快乐，也会感到快乐和满足，很健谈，因此非常受欢迎。

热情、有活力、乐于合作、有同情心、机敏、希望得到别人的赞同和鼓励。需要和睦的人际关系，对于批评和漠视非常敏感，对于竞争和冲突会感觉到不愉快，因此尽力避免发生这样的事情。

很实际、有条理，对细节和事实有出色的记忆力，并且希望别人也如此。着眼于目前，在经验和事实之上做出决策，将事情安排妥当，喜欢自己成为活跃而有用的人物。能很好地适应日常的常规工作和活动，不喜欢做需要掌握抽象观点或客观分析的工作。

喜欢组织众人和控制形势，能与他人友好地合作又按时地完成任务。喜欢安全和稳定的环境，支持现存制度，注重并很好地遵守社会约定/规范。忠于自己的职责，并愿意超出自己的责任范围而做一些对别人有帮助或有益处的事情，不论在遇到困难和取得成功时，都能很积极活跃，希望付出能得到回报或赞扬。

可能的盲点：过分在意别人的情感和想法，以致总是给予别人额外的关心和帮助，有时态度强硬，容易侵占别人的空间，有时缺乏考虑自己提供的帮助是不是他人的需要。当遇到冲突时，为了保持和睦的人际关系，通常采取回避或是妥协的方式。

敏感的是在做事时总是希望得到别人的鼓励和赞赏，担心被忽视。总是容易陷入情感和细节中，很难从问题中跳出来更宏观、更客观地对待和分析；由于经常取悦或帮助他人，导致容易忽视自己的需求，难以说出"不"，担心让别人失望。有时很难变通，习惯根据经验做出决定，以致由于收集信息不足造成决策的草率。

（二）自我盘点

（1）兴趣爱好：打羽毛球、打排球、打乒乓球、看书、练字、听音乐、看电影。

（2）优势：吃苦耐劳，对职业抱敬业精神，做事细心。
（3）劣势：见识较少，工作经验、生活经历少，各类荣誉证书获得也少。
（4）优点：积极乐观、热情开朗、乐于助人、勤奋刻苦。
（5）缺点：做事情缺乏胆量、不够自信、演讲能力较低。

（三）解决自我盘点中的劣势和缺点

当劣势和缺点成为前进道路上的障碍时，就应充分利用自己的优点，让其为自己扫除障碍。清楚了解自己之后，就采取措施来补救。只要有恒心，凭借那份积极向上的热情鞭策自己，久而久之，就会慢慢改变自己的缺点。此外，真心向老师、同学、朋友请教，及时指出自己存在的不足并制定出相应计划以针对改正，把握每次机会，勇于说出自己的想法，敢于尝试。

四、社会、学校、家庭环境分析

（1）社会环境：我国政治稳定，经济持续发展。同时，人才的竞争也日益激烈，企业工作单位对应聘者的要求也越来越高。目前应届毕业生很多趋向于自主创业。

（2）学校环境：校园有着浓厚的学习氛围，学校的硬件设施很完备，师资质量也很高。校园内的生活环境很优美，绿树成荫，有足够的运动场所供同学们锻炼身体。本校有八大系，三十三个本科专业，涉及就业方面的知识广泛。每年学校都会举办一到两次的大型招聘会，为在校学生提供应聘机会。此外，每一学年都会在多方面设立奖学金，鼓励学生努力学习，还设立勤工俭学部，为贫困的学生提供帮助。在校的学生每年都会组团参加省或国家的大型比赛，而且每年在科研方面获奖，学校还提供寒暑假社会实践活动的机会。不过校内也存有一定的竞争压力，还有周围环境太过于热闹有时会影响学习的心态。

（3）家庭环境：家中有四名成员，分别是爸爸，妈妈，弟弟和我。爸爸在本地的单位工作，妈妈是一名家庭主妇，弟弟还是一名高中生。我家的经济环境还算处于中等水平。父母的要求并不高，在各方面也不会过分地给予我们压力，通常情况都不干涉自己的选择，只会在身边提供意见和帮助。和弟弟的相处也很融洽，时时会互相帮助。家族中有很多哥哥、姐姐在学习上树立着榜样，伯叔对后辈的期望很高，比较看重学历和能力方面的培养，但是亲朋好友间的期望有时过高会造成一定的压力。

五、角色建议

父亲：目前必须搞好学习，最好考研，为以后找工作奠定基础，要多锻炼自己，但不要有太大的压力。

母亲：要认真学习，好好照顾身体。

伯父：有能力就继续读下去，做一个对社会有贡献的人。

哥哥：好好享受大学生活，但不要荒废学业。

老师：努力，认真，不要后悔。

同学：培养自己的能力，提高胆量。

朋友：处理好学习和生活的关系，使二者达到平衡。

六、职业取向分析测试

经过测试结果分析，我在工作中的优势、劣势及适合的岗位特质如下。

（1）在工作中的优势：有很大的精力和动力来完成任务、创造成果。能够有效地和别人协作，并且和他人建立起友好的人际关系，处理事情和细节问题时，能够记住并利用各种事实。具有客观的态度和得天独厚的天资才能。善于组织，有灵活的组织能力和明确的道德观念，信奉工作至上，组织里能够体现自身的优点和长处，有非常强的责任意识。乐意遵循已制定的工作制度和工作程序，通情达理，不论工作还是消遣时间，都愿意为团体贡献自己的力量。有稳定平和的心态，在困境中不轻易放弃。

（2）在工作中的劣势：不愿意尝试、接受新的和未经考验的观点和想法，没有得到表扬和欣赏的时候可能会变得失望、泄气，对长远利益重视不够，难以适应新情况。在不同的工作任务之间来回切换有时会困难，容易表现得过于敏感，逃避难堪的场合，不喜欢在紧张的气氛中工作，不愿意长时间独自工作，极其想要和别人在一起合作。会轻易把个人的喜好表露出来，可能由于情感方面的负担而疲惫不堪，在掌握的信息和资料还不够的情况下，容易固执己见、武断地做出决定。对失败和没有把握的事情感到紧张和压力，在面对较强的对手时，会容易感到自卑，不敢在公众前表达自己的意见和看法。

（3）适合的岗位特质：在友好的环境中工作，与他人充分合作并能协调一致，能够感受到大家的赞赏和支持，并可以把同事当作朋友。工作制度完善，内容要求明确且易于理解，能有固定的、清晰的评价标准，工作成果能够给人们带来实际的帮助。能够让自己组织安排并督促自己和他人的工作，以确保事情尽可能顺利、有效地进行。能够与别人建立温暖、坦诚的关系，通过有形或无形的方式帮助他人提高生活质量。做常规的项目或工作，有一定的自主权，不要有太强的压力和应变要求。

七、未来职业生涯规划

（1）学习生活规划：在这个充满高科技的社会，化学和生物技术已成为日常生活中不可缺少的一部分，而英语更让我们无处不体会到它的重要性，因此，在大学的学习规划上，我会将这三科作为学习的重中之重。在学习的同时，还努力提高自己各方面的能力。

1）大一：了解大学生活，了解专业知识，了解专业前景，了解大学期间应该掌握的技能以及以后就业所需要的证书，积极参加社会活动。

2）大二：要通过大学英语四级考试；通过计算机应用二级考试；熟悉掌握专业课知识；在能力范围内考取其他证书。

3）大三：着重提高自己的工作能力、交际能力、动手能力和环境适应能力，同时积极锻炼自己以提升独立解决问题的能力和创造性；尽量多体验兼职，积累工作经验。

4）大四：目标应锁定在工作申请及成功就业上，积极参加招聘活动，在实践中检验自己的积累和准备。积极利用学校提供的条件，强化求职技巧，进行模拟面试等训练，尽可能地做出充分准备。

（2）近15年的目标：

2018～2022年：在这4年的时间里，努力学习，珍惜在校读书的机会，顺利毕业。

2023～2025年：利用这2年时间，努力工作，不断的尝试，初步找到适合自身发展的工作环境、岗位。

2026～2030年：用5年的时间勤奋苦干，贮备资金，积累经验，同时了解市场行情。

2032年：筹划资金，寻找合适位置，设计装修店铺，办理相关的手续，准备开展自己的生意。

2033年：正式拥有自己的店铺和生意。

（3）求职计划

1）学位证书、资格证书，是求职的敲门砖，是一个公司招聘人才的首要条件，因此在大学期间要拿到相关的证书。

2）公司招聘人才看的不仅是学历和证书，更注重个人的能力与素质，所以在大学学习的同时，还要注重个人素质的提高和能力的培养。

3）通过兼职在大学生活中积累更多的工作经验，而且在这过程中，要懂得总结经验。

4）一定要在大四之前把简历制作好，留下更多的时间来找工作。

5）要时刻关注招聘信息，积极参加招聘活动，在被公司选择的同时也选择一个适合自己的公司。

八、计划实施

（1）时间安排

1）每天6:30起床，7:00吃早餐。

2）有晨读时，7:30到课室进行早读；若无，7:30找安静的地方读英语。

3）每天8:00～11:40，若这段时间没有课到图书馆自习，看专业知识的书，或者读课外书增长知识，扩大知识面，又或者阅读报纸了解时事，增强信息交流。

4）中午12:30～13:30进行午睡，补充睡眠。

5）下午14:00开始去上课。

6）每天下午14:30～18:00，若该时间段不用上课，就到图书馆学习，或者参加活动，又或者去运动。

7）晚上19:00～22:30，在宿舍或者图书馆学习，阅读，同时要充分与同学交流彼此的想法。

8）每晚22:30后，睡觉，补充体力和精神，为明天的学习和工作做好准备。

（2）付出行动

1）按照时间表进行作息。

2）努力学习，勤奋刻苦，坚持每个计划的实施。

3）积极参加班级活动，社团活动和学校的活动。

4）善于与同学和老师交流，积极主动做事。

5）敢于表达自己的想法，勇于尝试新事物。

6）培养耐心，认真对待每一件事情和工作。

7）乐观，善于接受别人的批评，改正别人指出的缺点和不足。

8）多看书和新闻，提高自己的综合素质，增加文学知识，扩大知识面。

九、规划调整

职业生涯规划是一个动态的过程，必须根据实际结果的情况及变化进行及时的评估与修正。

（1）评估的内容

1）职业目标评估：假如一直没有达到我的规划目标，那么我将按实际情况做出改变，或另制订计划和目标。

2）职业路径评估：当出现就业困难的情况，或者长时间找不到工作的时候，我就降低要求，或者尝试其他的职业。

3）实施策略评估：如果不能把计划坚持下来时，我就改变行动策略或找身边的人帮忙，请求他们指点。

4）其他因素评估（身体、家庭、经济状况以及机遇、意外情况的及时评估）：随时了解情况，当问题出现时，做出适当的选择。

（2）规划调整的原则：要按照自己的实际情况，针对出现问题的情况进行调整，避免主观或者没有目的随意调整原来的计划。必要时，可以咨询身边的朋友或同学，了解别人的看法，倾听他人的意见。

十、结　束　语

一个人，若要获得成功，必须拿出勇气，付出努力、拼搏、奋斗。成功，不相信眼泪；未来，要靠自己去打拼！实现目标的历程需要付出艰辛的汗水和不懈的追求，不要因为挫折而畏缩不前，不要因为失败而一蹶不振；要有屡败屡战的精神，要有越挫越勇的气魄；成功最终会属于我们的，既然选择了，就要一直走下去。既然我们的目标建立了，就让我们的计划行动起来吧！

【本章要点】

1. 大学生职业生涯规划从职业定位开始探索，职业定位是一个理性审视自我的过程，是在了解自我表现的基础上确定自己的职业方向与目标，并制定相关计划，避免就业的盲目性，降低就业失败率，为个人走向职业成功提供最有效的途径和方法。从职业定位的原则、方法和注意事项几个方面引领大学生客观准确的职业定位。

2. 大学生职业生涯规划着眼于大学生的生存和一生的发展，促使大学生对职业生涯规划有明确的认识，从而确立职业发展目标，以及为实现职业目标而制定系统的实施规划，其中包括大学期间的学业规划、提高和培养自身的职业能力、未来职业发展所需要的职业素养，做好职业生涯规划进而实现由大学生向社会人的过渡。

3. 大学生深入客观的自我认知是制定科学的职业生涯规划的前提，自我认知从兴趣、性格、技能、价值观四个方面入手，从客观的自我认知开始，以自我认知为基础的职业生涯规划才是科学的生涯规划。

4. 兴趣是指人们以特定的事物或者活动为对象，所产生的积极的、带有倾向性和选择性的态度和情绪。

5. 性格是人对现实的稳定态度和习惯化行为方式的总和，表现为个体独特的心理特征。性格是在社会生活中逐渐形成的，同时也受个体的生物学因素影响。在职业生涯规划中性格不同，个体对待职业的态度也会有所不同。

6. 技能是通过练习形成的。在技能形成的过程中，社会生活条件具有明显的影响作用，社会生活条件不同，技能的发展也可能不同。

7. 价值观是人们在做选择、判断时最为看重的原则、标准和品质。价值观是关于事物、行为的好坏与优劣的最基本的判断与信念。

8. 大学生职业生涯规划在探索自我的基础上还要进行职业世界的认知，职业世界受到职场所处的总体背景与现实态势的影响，它是由各种"组织"构成的，是为执行一定的社会职能、完成特定的社会目标而建构的、中间的、相对独立的社会工作单位。通过进入职业世界的途径探索职业世界，促进大学生尽早地了解职业世界，有利于合理利用大学时光为职业生涯做更加充分的准备。

9. 职业决策是在规划职业发展的过程中，个体需要结合自身的兴趣、性格、技能、价值观和职业世界等多方面因素而做出的自己的选择。从决策的特点、要素、方法以及职业决策常见问题、决策风格测试等几个方面进行分析，有利于大学生了解决策和自我决策风格，从而为自己的职业决策做出合理选择。

10. 制定职业生涯规划方案是大学生在大学期间结合个人自身情况和环境状况，为实现人生的职业理想而确定的行动方向、时间和方案，自我实现目标职业采取一系列的行动计划并加以实施的过程。制定职业生涯规划的目的主要是提高大学生个体综合素质和就业能力，为未来的就业、择业或创业奠定良好的基础。职业生涯规划书的结构和制定原则可以帮助大学生在大学期间做好职业生涯的长期规划和近期规划，并运用发展的视角做出合理评估，对职业生涯规划书做出适当的调整。

【思考与练习】

1. 简述大学生职业定位的必要性。
2. 试述大学生在职业定位过程中容易出现的问题。
3. 谈谈大学生职业定位的原则和方法。
4. 美国心理学家霍兰德的职业理论，把人的兴趣分成了哪六类？霍兰德的职业兴趣理论给你哪些启示？
5. 试述大学生毕业进入职业世界的主要途径有哪些？
6. 你对自身的决策风格有什么认识？
7. 请根据自己的实际情况，书写一份职业生涯规划书。

第三章　就业观念与就业心理

【学习目标】

　　熟悉大学生就业观念的概述和现状，了解大学生应树立的正确的就业观念。明确大学生应具备的就业心理素质，理解大学生常见的就业心理问题及问题出现的原因，学会从多方面入手，运用多种心理调适方法控制不良情绪的产生，调节自己的就业心态，培育积极的就业心理，从容、冷静地面对就业这一人生中的重大课题，并最终做出正确、理性的抉择。

第一节　就业概念

【案例分析3-1】

　　1989年，陆步轩于北京大学中文系毕业，被分配到长安县的柴油机厂工作，但是陆步轩的事业发展并不一帆风顺。他曾经先后经历过多种职业，办过化工厂，也做过不少小生意。

　　陆步轩迷茫过、消沉过，但他并没有因此自甘堕落。在34岁即将步入中年的年纪，他为生计所困操起了"杀猪刀"，开始了杀猪剁肉的买卖。2003年，陆步轩开始以"眼镜肉店"老板的身份售卖猪肉，被媒体所广泛关注，也被推到了广大舆论的风口浪尖。

　　因为当屠夫并不需要什么专业知识和技术含量，一个没有接受过高等教育的人照样能做，很多人认为作为一位高考状元、北京大学学子去杀猪卖肉，对知识和智力都是一种极大的浪费。

　　不过在这个人生的低谷时期，陆步轩却把卖猪肉这件事做到了"北大水准"。他讲究诚信，从来不卖注过水的猪肉，一个档口他就能卖出十二头猪。他依然严肃认真地对待他的人生、他的生意，他笔耕不辍，还写了一本《屠夫看世界》的书。

　　在陆步轩卖猪肉的同时，有一个和他极为相似的人，向他伸出橄榄枝。他就是陆步轩的师兄——陈生，陈生于1984年从北京大学毕业，曾就职于政府部门。然而不安现状的他在亲朋的反对声中毅然辞职下海，摆过地摊、种过菜、做过房地产、卖过酒和饮料，成为了一名商人。

　　在媒体曝光陆步轩以后，陈生决定和陆步轩联手卖肉，做符合高端猪肉需求的品牌猪肉——"壹号土猪"。

　　2015年，两人联手打造的"壹号土猪"销量超过十亿，成为国内响当当的土猪肉第一品牌。

　　那些年里命运给他的磨难非但没有把他击倒，反而成了他人生中的一笔宝贵财富。陆步轩说："将卖猪肉做到极致，应该也不算给母校丢人了。"

　　2016年，这位北京大学屠夫又放大招了！陆步轩赶上了互联网的大潮，把"壹号土猪"放在网上销售，成为第一个"出栏"面向大众消费者的互联网+猪肉品牌。

　　专家点评　陆步轩的成功经验向我们说明灵活的学习能力强过单纯的知识掌握，职业不分高低贵贱，勇于改变传统思维，成功会向你打开大门。大学生利用专业知识的优势进行创业，并在创业中不断创新，打破世俗的障碍，突破传统的束缚，是能够成就自己的事业的。当代大学毕业生同样要有"物竞天择，适者生存"的理性就业观念，具备"条条大路通罗马""三百六十行,行行出状元"的良好就业心态。当前,我国劳动力供大于求的局面没有改变,就业压力依然巨大。大学生要及时调整就业观念,不管是就职于政府部门、事业单位,还是自己创业,不管是工作于一线城市、二线城市,还是基层农村,都会有施展个人才华的舞台。

一、大学生就业观念概述与现状

(一) 大学生就业观念的含义

大学生就业观念是指大学生在选择职业时所持有的观点、认识和心态。它由认知、情感和行为倾向三个因素组成,是大学生对待就业问题时的反应性倾向。大学生就业观念是对大学生世界观、人生观和价值观的深层次反映,它的形成与发展是一种建立在人生观形成基础之上的多种因素融合在一起的动态过程。

因为就业不只是意味着找到一份谋生工作,还决定着这个人在一段时间,甚至是一生的谋生手段,同他的理想目标的形成和人生道路的发展密不可分。从宏观上讲,大学生就业观念是其世界观、人生观和价值观的重要表现;从微观上讲,大学生就业观念是其职业的理想和目标、就业的观点和心态、从业的素质和修养。大学生就业观念在其思想体系中保持着非常重要的地位,发挥着非常重要的作用。大学生在高校的学习、工作、生活和实践活动中逐渐确立了较为清晰及相对稳定的就业观念。思想是行为的先导,观念是行动的导向。大学生就业观念作为基础的因素,不仅影响着大学生的整个从业过程,更会对大学生整个职业生涯产生深刻和长远的影响。就业绝不只是意味着找到一份工作,还决定了大学生在一段时期,甚至是一生的发展历程。只有树立科学的就业观念,大学生才能建立正确的就业理想和目标,才能努力构建全面的知识结构和优秀的从业能力;才能更好地在工作岗位上发挥聪明才能,才能为新时代中国特色社会主义建设奉献自己的一份力量。

(二) 大学生就业观念的变迁

随着我国政策和高校教育制度的不断改革和发展,大学生的就业观念也随之改变,共经历了人才统包统分时期的就业观念、向市场导向过渡的就业观念和市场导向时期的就业观念三个阶段。

1. 人才统包统分时期的就业观念 在新中国成立以后,大学生的就业分配制度主要由国家来主导和执行,实行的是指令性计划分配就业制度,直至20世纪中期。在国家统包统分的就业政策下,大学生一进入大学校门就等于有了出路,基本上无须考虑就业问题,大学生的就业观念在当时比较单一和被动。

2. 向市场导向过渡的就业观念 我国经济体制从20世纪80年代后发生变化,由计划经济体制向社会主义市场经济体制过渡。大学生的就业分配制度也随之发生改革,进入到由以前国家统筹分配向双向选择的过渡阶段。从1989年开始,国家对大学生实行双向选择的就业制度。1993年,《中国教育改革和发展纲要》再次明确了毕业生的就业制度,改变了大学生"统包统分"和"包当干部"的就业制度,实行少数大学生由国家统一安排,大部分大学生经由建设中的人才市场,采取"自主择业"的就业途径。大部分大学生涌进了市场经济的浪潮中。经历了市场经济体制浪潮的震荡与沉浮,大学生逐渐学会与具备了市场化特点的价值选择和价值判断,进而依据市场经济的规律对自我价值进行重新塑造。在这个过程中,大学生的就业主动性明显加强。但此时"自主择业"只是中间的过渡阶段,"坐""等""靠"的就业观念占据上风,真正意义上的自主就业观念还没真正确立。

3. 市场导向时期的就业观念 20世纪90年代末至今,我国大学生的就业政策进入以市场为主导,双向选择、自主择业为核心的时期。大学生的就业已经不再由国家统一分配,而是与人才市场实际需要相结合,大学生和用人单位双方通过市场实现自主选择。大学生就业政策的完全市场化致使大学生以市场为导向的就业方式和与其相应的现代大学生就业观逐渐形成、发展和成熟。就业前景、工作待遇、性格、爱好和综合素质等个人因素成为大学生择业的主要和重要标准,大学生的总体就业观念有史以来呈现出务实、个性化和多元化的特征。大学生的自主创业也成为这一时期大学生就业的新出路,成为高校中一条亮丽的风景线。

(三)大学生就业观念的现状

大学生就业问题是国家、社会和高校高度关注的热点问题之一。随着高等教育由精英教育向大众化教育的转变,大学生就业模式也发生着相应的变化。如果在现实生活中,就业观念不能适应这一变化,不能随之进行调整,那么在应对大学生就业的问题时,思想上的碰撞就会接踵而来。解决就业的关键就是要及时转变就业观念,如何树立正确的就业观念是大学生成功就业的关键。

1. 大学生积极正面的就业观念 美国成功学学者拿破仑·希尔说:"人与人之间只有很小的差异,但是这种很小的差异却造成了巨大的差异!很小的差异就是所具备的心态是积极的还是消极的,巨大的差异就是成功和失败。"也就是说,一个人面对失败和挫折时所持有的心态和所具备的观念通常决定了其终生的命运。

伴随着我国高等教育普及化时代的发展,历经市场化就业过程的洗礼,大学生也逐步开始理性冷静地面对现实,并调整改变他们的就业观念,把自己定位为普通劳动者中的一员。因此他们的就业观念也表现出来很多积极正向的方面。

(1)认同"双向选择,自主择业",提升了风险和竞争意识:随着我国政治、经济和文化日新月异的发展和变化,大学生的就业制度随之经历了发展和完善的过程。伴随着就业制度的改革和就业形势的改变,绝大多数大学生都能够认同"双向选择,自主择业"的就业模式,"铁饭碗""职业终身化"的意识逐渐淡化。摆在大学生面前的就业形势是大学生在择业过程中更加注重职业发展前途和工资福利待遇等因素。俗话说"穷则思变",人生活在一个恶劣的环境中会激发他想方设法摆脱这种困境以获得更佳的环境。现实种种,许多大学生已经意识到"大学生"这个名词已不再是天之骄子的代名词。面对就业中所遭遇到的各种风险和挑战,大学生更加注重的是弥补自身的缺点,不断完善自我和提升自己的竞争力,而不会怨天尤人。这表现出大学生的风险和竞争意识已经越来越强烈,就业观念也日趋成熟和理性。

(2)自我评价日趋理性化:大多数大学生在就业前已经认识到自我评价的重要性,他们通常有较强的自我意识,自我评价从"以自我为中心"转变为日趋理性化。当今的大学生已经意识到大学生的价值已今时不同往日。在择业期,大学生能够冷静面对现实,会静下心来思考,相信自己的判断能力,经得起社会实践的检验。即使历经几次挫折,也不会自暴自弃,反而会更努力地去包装自己,调整自己的心态,降低自己的身份以积极的精神面貌去迎接挑战。他们已经把就业看成是自我实现的重要过程,而不仅仅是停留在养家糊口的谋生层面上。大多数大学生都能意识到目前高学历人才泛滥,但社会对人才的需求依然很多,只要自己有实力,肯吃苦,找到一份工作还是可以的。他们敢于竞争,未雨绸缪,不断增长才干,在实践中锤炼,在磨炼中成长,为日后的职业发展做更好的打算。在毕业即失业和先就业再择业的问题选择上,许多大学生勇敢地选择了后者,这证明很多大学生面对迷茫挫折的时候已变得成熟和理智。年轻就有机会,尝试也是学习。他们不再被动地等待就业,而是主动出击寻找就业机会。面对着社会上如此严峻的就业形势,很多大学生能够及时地改变以往的就业定终身的观念,接受先就业再择业的观念。多数大学生对暂时性失业和职业的流动性已经见怪不怪,将此看作是常态化,没有找到工作就丢人的心态,也没有因此自暴自弃,反而以积极的心态更努力地去武装自己。在他们眼里只要工作就会有收获,第一份工作只是暂时的,在年轻的时候就该多尝试,不能被动地等待就业。先找个工作锻炼,为以后做更好的打算与准备。同时,大学生也已经意识到当前社会工作的流动性不断地在增强,很多大学生也有这样的心理预期,只是把第一份工作当作是一次尝试的锻炼机会。

(3) 就业自主意识增强,就业观念趋向多元化:当代大学生在面对社会经济的转型和就业方式改变的严峻挑战时,他们在就业过程中的自主意识显著增强,能够积极主动地参与到激烈的就业大军的竞争中来,学会利用一切所能利用的社会资源和渠道,能够有针对性地采取多种多样的就业方式以满足自己的就业意愿。多数大学生能够转变就业观念,可以接受把灵活就业作为主要的就业方式。一部分大学生也能够积极参与到创业活动中来,把被动变为主动,以创业带动就业,多元化的就业观念使得大学生就业的主观能动性和创造性得到了充分的发挥。大学生就业自主意识的增强,同样也进一步推动了他们的就业观念不断趋向多元化。我国对于大学生就业政策的调整,为他们单一化就业观念的转变与多元化就业观念的确立创造了良好的支持环境。越来越多的大学生明确认识到在就业时要把个人利益与社会利益相统一,自我需要和社会需要相统一,自我价值和社会价值相统一。大学生在择业过程中面临的就业问题和社会对人才需求的多元化趋势,使得他们在思想与理念上不断调整与整合,逐步建立了多元化的就业观念。表现为在当前形势下,有些大学生在就业时把个人利益同社会利益与国家利益结合起来;很多大学生考虑更多的是能否充分发挥自身价值,从事的职业是否有良好的发展前景;还有相当多的大学生在择业时不去计较职业地位的高低贵贱,而更多的是从经济收入、福利待遇和生活条件等方面入手。这些都在一种程度上反映了当代大学生就业价值取向的多元化倾向。

2. 大学生消极负面的就业观念

(1) 就业能力不足,缺乏就业自信心:由于大学生的就业是一种双向选择,自主择业的过程,为了选拔优秀的人才,各行各业都存在着激烈的行业之间的就业竞争。在这种严峻的形势下,大学生普遍具有强烈的就业意愿,都想要在毕业后尽快找到一份满意的工作,从而实现自我发展。在此期间,大学生通常会具有迷茫的心态和较大的就业压力,他们或觉得自己的能力不足,缺乏工作经验,或觉得学历不够,学校、专业不够好等,缺乏就业自信心,缺少拼搏奋斗的精神,从而处于竞争劣势,难以达到理想用人单位的诸多要求。

(2) 就业期望值不切实际:当前一些大学生在就业过程中不能正确客观地认识自我,而是脱离社会需要、超越个人能力去追求所谓理想的工作岗位。大学生希望找到一个好的工作岗位是正常的,问题是现在部分大学生的就业期望值偏高,存在脱离社会和个人实际的倾向,盲目追求理想化的工作岗位,趋向于高收入、高地位、高层次的工作。在就业地域的选择上,很多大学生向往"北上广"等大城市,因为这些地区的经济较发达,待遇相对高,发展机会多,就业前景好,而不愿选择落后的贫困地区和偏远的西部地区。在这种就业现实的情况下,大学生在就业过程中必须做好准确的就业定位,根据自身的实际,确定符合实际情况的就业期望值，才不会在就业的大潮大浪中迷失方向，迷失自我。

（3）依靠关系就业的观念较为严重：部分大学生习惯了依靠父母，在就业问题上也指望着父母和家人能帮忙托关系找工作，许多家庭更为了给子女安排一个体面的工作不惜花费重金、疏通关系"买"一个工作。这种错误的爱子观念不仅造成金钱的损失，更影响子女的健康成长。而这种家庭下成长的大学生，长此以往就会养成依靠别人的不良习惯，在家靠父母，工作不努力，在单位靠家庭打点各种关系。这种通过不正当手段获得工作的方式不仅阻碍那些真正优秀的大学生就业，也对自己一生的个人发展不利。当代大学生，应该从自身做起，摒弃依靠关系就业的不健康的就业观念，依靠自身真正能力，发扬自强不息的精神，养成积极健康的就业观念。

（4）就业价值功利化：部分大学生的就业价值观念扭曲变形，个人利益最大化原则已经成为他们就业价值取向的最高标准。除了就业价值观念中更看重个人价值实现以外，多数大学生将就业价值集中体现在个人的发展空间和收获的物质利益上的价值，追逐个人的短期利益和眼前利益，忽略了社会需求和国家利益等长期利益，就业价值功利化和狭隘化现象突显。就业价值的功利化使得大学生将国家、社会和人民的利益抛之脑后，难以履行对国家、社会和人民的责任，偏离正确的政治方向和政治轨道，失去教育的最终意义。这说明当代部分大学生的世界观、人生观和价值观还不够科学与完善，急须进一步加强教育和引导。

（5）缺乏基层就业意识：在近几年中，我国相继开展了"三支一扶""大学生志愿服务西部计划"等一系列基层就业政策，鼓励大学生积极投身到有广大发挥空间的基层去实现人生理想，但收到的实际效果不佳。当代部分大学生的人生价值观发生了严重的偏差。当前仍有一部分大学生坚持认为在经济发达的大城市才能充分地发挥自己的能力。这部分大学生缺乏对社会和人民的奉献精神，没有真正考虑国家和集体的利益，选择工作功利化。他们无法理解自身价值和社会价值的取舍与统一，一味地追求表面和肤浅的东西，忽视了应有的社会责任感和正确的价值观。他们缺乏致力于基层的思想观念，就业意识不明确，甚至将职业划分为三六九等，致使找工作困难重重，发挥不出自身价值，而真正需要人才的基层地区却无人问津。这就造成人才结构在地区和部门之间出现不平衡，也导致了人才资源的浪费。

（6）创业意识淡薄：一部分大学生深受传统观念的影响，对创业还保持着观望的保守态度，缺乏创业的勇气和信心，也不愿承担创业的风险和辛苦。没到万不得已，决不会铤而走险。甚至有的大学生认为，创业就像一场游戏，就是一场赌博；白手起家的创业就像是一场童话。大学生不应当只是被动的求职者，在条件成熟的情况下，也可以成为主动的创业者。这种就业观念，在保守的成年人眼中难免会被一些人说成是初生牛犊不怕虎、不知天高地厚之类。但是现实证明这的确是一种很可取的就业观念，在高等教育发达的国家，大学生的就业意识非常淡薄，更多的人都选择"自己干"。"励志照亮人生，创业改变命运"，创业不是大学生们走出校园的一场家庭历险记。虽然大学生在创业的过程中会遇到许多未知的困难，如果空有一腔热血的话，大学生创业很难取得成功。但是，如果坚持不懈、百折不挠，大学生在经历风雨的洗礼过后，一定会看到希望的曙光和成功的彩虹。

二、大学生应树立正确的就业观念

就业观念是一个人的世界观、人生观和价值观在就业问题上的综合反映，是大学生对于就业选择的基本看法和根本态度。对自身进行客观评价，全面分析就业形势，及时调整自身的就业观，建立正确的就业观念是大学生能够顺利找到理想工作岗位的关键所在。这就要求大学生自身应积极调整观念，提高自身素质，科学规划职业，合理规划人生。

（一）增强就业主动性

现今，自主择业已经成为大学生就业的唯一模式。大学生要摒弃传统的就业观念，牢固树立自主就业的观念，此种观念已经成为当前大学生就业取向的主要标志。大学生从思想上和心理上已经完全接受了这种思维模式，就业取向较之前的单一被动变得更加主动、灵活和务实。

1. 科学地进行职业生涯规划 凡事预则立，不预则废。做任何事情之前都应该有一个计划或者规划，然后执行和落实。大学生在就读大学期间，要积极、科学地进行职业生涯规划。合理定位是大学生规划职业目标、顺利就业的前提和基础。大学生要想合理地进行职业定位，一方面，要具有正确的自我认知。大学生应该对自身的兴趣爱好、个性特长、专业素养和综合能力等进行全面的评价，大学生只有正确地认识和准确地评价自我，才能知道自己能够从事什么样的职业以及适合什么样的职业。另一方面，大学生要充分地了解社会需求。大学生在择业时综合考虑各方面的因素是值得肯定的，但重要的前提是这种选择是否与社会需求相吻合。因为个人对社会职业、社会职业对个人的选择是双向的，而非单向的。大学生自身的职业规划若不能与社会实际相结合，就会难以实现，成为空中楼阁。就业机会方面，应该积极主动，既不可以期望过高，又不能过分追求完美，也不要过多追求一次就业成功，要善于把握机会，否则会失去良机，不能实现有效就业。因此，大学生在就业过程中要客观地认识社会，全面分析就业形势，理性地正视自我，审视自身能力，从而合理定位，科学地规划职业发展目标，制定出切实可行的职业生涯规划，为未来的就业做好充分的准备。

2. 主动出击，扩大就业信息和渠道 随着我国就业制度和有关政策的深化改革，大学生就业时"坐""等""靠"的思想要消除，要依靠自身力量和有利条件主动出击选择理想岗位。大学生要积极参加各种宣讲会和招聘会，主动进入人才市场推销自己，参加现场面试、网络面试等，寻求合适的就业岗位。大学生要努力夯实专业基础、提高专业实践能力，不断储备自主择业的本领，提高自身的含金量。在择业期，要通过网络、人脉等渠道广泛了解和收集就业信息，利用一切可以利用的力量扩大就业渠道，对自己正确定位，大胆推销，而不能被动地等待用人单位单项选择。大学生激发主动参与的竞争意识，注重自我意愿的充分表达和选择权利，实质上更有利于维护大学生的个人利益。

（二）调整就业期望值

【案例分析3-2】

要想成为大牌，首先要做小卒

袁×，法医学专业，本科生，理想是做一名司法鉴定专家，成为法律界的"大牌"。毕业后，他和同学结伴来到北京，认为此处会有发展机会，放弃了家中父母为其找好的工作。北京的工作机会自然多，但是人才济济，竞争也更激烈。起初，袁宇和同学开玩笑，要比赛看看谁能找到心仪的工作。两个月过去了，他简历投出30多份，收到面试通知的只有3份，面试后又无回音。袁×开始着急了。想在北京找到一份满意的工作这么难吗？回到家中，如何向父母和亲戚们交代？不离开北京的话得等到什么时候？

专家点评 理想的实现需要具备能力。

多数大学生认为自己在求职过程中具备很多的优势条件，如政治素质过硬，学习成绩优异，毕业于名牌学校，出自热门专业，因而盲目乐观，择业标准很高，甚至不切实际，容易产生骄傲、自满、浮躁、焦虑等情绪。在求职面试过程中，他们给人以盛气凌人、非我莫属的感觉。但是实际上，面试考官对于此类自持甚高、急功近利的求职者很是反感。这样的结果通常是由于盲目自信，对自己的优势预估过高，对自己的劣势预估不够而在求职中受挫，心态失望至极，跌落谷底。

用人单位往往会选择品质过硬、有丰富经验和发展潜力的员工。对于大学生来说，清楚地认识到用人单位的实际需求，趋利避害，做出一个合理化的职业规划，你就向成功又迈进了一大步。

1. 要树立先就业后择业的就业观念 每个人都渴望拥有一份称心如意的工作。大学生经过16年甚至更长时间的寒窗苦读，希望谋求自己心中理想的工作无可厚非，但要使理想转变为现实就要准确地把握好就业期望值。过犹不及，如果就业期望值过高，不考虑自身能力是否与所选职业相匹配，盲目追求待遇高、发展机会多等过于理想化的工作，可能会导致就业不成功，自我价值也难以实现。先就业后择业的就业观念就是让大学生理性地降低自己的就业期望值，先从认识上接受自己的就业选择。真正做到正确认识自我，科学评价自我，准确定位自我，这是促进大学生成功就业，最终成为高精尖人才的关键因素。

2. 要树立大众化的就业观念 大学生的就业模式已经由精英化教育阶段转变为大众化教育阶段的就业模式。这种转变主要包括四个方面：一是从精英向大众的转变。在大众化教育阶段，大学生要通过自身的辛勤劳动为社会创造价值的过程中，也实现自我价值。二是从大中城市向偏远地区的转变。随着大中城市人才竞争的日趋激烈，大学生要把目光转向基层和西部等地区。通过深入基层、了解社会、增长阅历，丰富与完善自我。三是从"铁饭碗"的国有企事业单位向民办私有企业的转变。随着改革开放的深入和社会保障机制的健全，民办私有单位如雨后春笋般建立起来，大学生也越来越能够接受到非公有制单位就职。四是从专业人才向通用人才的转变。部分具有创新精神的大学生，看好行业和自身的发展前景，他们敢于转变自己的就业方向，勇于选择与自己专业相关的职业，扩展就业领域，增强职业阅历，提高自身的职业适应性。随着大学生劳工化的社会发展趋势，大学生要以一名普通劳动者的合理定位和理性心态选择职业，适应时代和社会需要，降低就业期望值，树立大众化的就业观。

3. 要树立动态发展的就业观念 马克思主义认为"自然界、人类社会和思维领域中的一切现象都是作为一个过程而向前发展的"。大学生在就业时，要用动态发展的眼光看问题。随着现代职业日新月异的变化和信息化社会的到来，大学生必须不断学习新的知识才能适应社会发展变化的需要，否则就会被社会和职业所淘汰。大学毕业之后的延伸学习和终身学习，对于重新择业和取得成就，具有重要的意义。而且，大学生可以有的放矢地选择有利于发挥自己才能的职业，有良好发展前途的工作岗位，树立动态发展的就业观念，不要因为地域、收入等因素的束缚，限制自己成长，窄化发展空间。

（三）摆正就业价值观

【知识拓展】

霍兰德职业倾向量表

该测验能够帮助被试者发现和确定自己的职业兴趣和能力特长，进而做出科学的求职决定。霍兰德提出具备某一特殊人格的人，会对同一类型的工作产生兴趣，实现人格与工作环境的匹配。量表包括七部分，分别为：您心目中的理想职业、您感兴趣的活动、您擅长获胜的活动、您喜欢的职业、您的能力类型简评、统计和确定您的职业倾向、您看重的东西——职业价值观。其中，第七部分（职业价值观）列举出了人在择业时考虑的九种因素：①工资高、福利好；②工作环境舒适；③人际关系良好；④工作稳定有保障；⑤能提供较好的受教育机会；⑥有较高的社会地位；⑦工作不太紧张、外部压力少；⑧能充分发挥自己的能力特长；⑨社会需要和社会贡献大。

1. 大学生应树立正确的人生观、价值观和世界观 　大学生的人生观、价值观和世界观对其就业起到至关重要的作用。大学生对职业的看法和评价就是大学生的职业价值观。在当今复杂多变的社会现实中，不正确的人生观、价值观和世界观会导致大学生产生消极错误的就业观念，被物欲横流、唯利是图的社会不良现象所侵蚀。所以大学生只有树立正确的人生观、价值观和世界观，才能坚定信念、端正思想，对其摆正就业价值观起到积极促进作用。大学生要不断提高自身修养和综合素质，在择业方面打好理论基础，积累实践经验，力争使自己成为政治立场坚定、高素质复合型应用型的优秀人才。

大学生应将作为国家社会主义建设的主流价值观——社会主义核心价值观融入到自身的就业价值观中去。社会主义核心价值观的内容是"富强""民主""文明""和谐"（是国家层面的价值目标），"自由""平等""公正""法治"（是社会层面的价值取向），"爱国""敬业""诚信""友善"（是公民个人层面的价值准则）。从个人层次来说，爱国、敬业、诚信、友善的价值观对大学生就业指导的意义更大。从求职择业方面来看，首先要爱国，因为有国才有家，大学生在择业的时候务必要准备为国家的发展奉献自己的青春和力量，将个人的需要同国家的需要结合起来。其次要敬业，无论在哪个工作岗位上，都要讲究高尚的职业道德。再次要诚信，"人无信不立"，诚信是一种宝贵的品质，尤其在工作中，诚信显得尤为重要。最后要友善，在职场中要时刻注意与己为善，与人为善。社会主义核心价值观对大学生正确就业观的形成有积极指导作用，所以大学生要将社会主义核心价值观有效融入自身的就业观中去。

2. 坚持正确的就业价值观 　当代大学生在择业方面非常注重自我价值的实现，希望在工作中有所建树，得到心灵上的升华和物质上的满足。但任何事情都有正反两个面，积极的一面能促进事情的发展，如大学生重视实现自身价值，会在一定程度上促进其在工作上的发展。同理，消极的一面会阻碍事情的发展，如大学生在重视自身价值实现的同时，会在一定程度上产生以自我为中心的本位主义思想。在自身利益得到满足的时候，可能会损害到他人的利益，甚至是集体的利益、国家的利益。所以，当代大学生应该秉持正确的理想和信念，培养高尚的职业道德，树立崇高的职业理想，避免出现个人利己主义，务必坚决抵制享乐主义，妥善处理好个人利益与国家和社会之间的关系。只有坚持自我价值和社会价值相结合，才能找到既与自身职业理想和职业发展相匹配，又与价值规律和社会发展相符合的工作。当代大学生要坚持正确的就业价值观，在追求实现自我、超越自我的同时也要从大局出发，站在一定的高度上去实现自我价值，争做新时期"有理想，有道德，有知识，有纪律"的"四有"新人。

第二节　就业心理

大学时期是大学生就业心理形成与发展变化的关键时期,也是从自然人向社会人转变的重要时段。就业作为人生的一次重要抉择,是对大学生综合素质(包括心理素质在内)的一次重要考验。心理健康不仅是大学生正常学习与生活的基本要求,也是促进大学生德、智、体、美、劳全面发展的重要保证,是提高大学生就业竞争力的必要条件。就业心理是指大学生在就业期间所产生的心理状态,是影响其顺利就业的主要因素。从现实情况来看,大学生的就业心理实则存在着多种冲突和矛盾。然而,有部分大学生并未意识到这点,在校期间,只注重专业知识和专业技能的积累,而忽视心理素质的提高,尤其是就业心理的健康。这使得部分大学生在面对困难和挫折时茫然无知、不知所措,尤其在择业过程中,一旦身陷逆境,便萎靡不振,没有招架能力。因此,在校期间大学生应高度重视心理素质的提高,培养自己坚忍果敢、积极自信的性格,既做到正确评估自我,又要有长远规划。在择业时,大学生要充分认识社会,全面了解就业信息,在求职过程中做好充分的心理准备,以健康的心理状态面对就业竞争、选择工作岗位,理性应对各种困难,积极扫除不利因素,最终找到理想的工作。

一、大学生应具备的就业心理素质

随着社会主义市场经济的发展和高校毕业分配制度改革的推进,一部分大学生面对人才市场的激烈竞争,常常会产生各种心理冲突,导致心理上的不平衡,甚至是出现心理危机。在就业过程中应该具备良好的心理素质,才能确保自己在就业时不会随波逐流,具备较强的抗打压能力,在竞争激烈的就业过程中立于不败之地。

(一)就业心理素质的含义

1. 心理素质　是以自然素质为基础条件,在社会环境、教育和实践活动等因素的影响下逐步发展起来的,是对个体的活动产生影响的较稳定的心理品质。它是人经过长期的修养,逐步内化出来的一种心理结果,是人的整体素质的重要组成部分。

2. 就业心理素质　是指以先天生理素质为基础条件,在个体与社会环境和教育相互作用的过程中形成的对个体就业活动具有影响作用的心理品质的总和。它是大学生实现职业适应、取得就业成功以及各种就业心态等综合作用下形成的心理基础。

(二)大学生就业应具备的心理素质

大学生在就业过程中,会面对选拔考试、职位竞争等考验,会遇到地域选择、专业对口等矛盾,还可能会遭遇各种挑战与失败。能否自信地应对考验,勇敢地处理矛盾,正视就业过程中的挑战与失败,是大学生是否具备良好的就业心理素质的重要体现。一名具有良好就业心理素质的大学生能够充分发挥自己的优势,消除自身的劣势,取长补短,拼搏进取,实现职业理想,登上人生巅峰。大学生应具备如下的就业心理素质:

1. 自我肯定,增强自信　"知人为聪,知己为明;知人不易,知己更难。"大学生要能够充分认可自己的价值,对自己的特长、能力等各个方面都给予客观肯定的评价,永远充满自信。自信作为一种精神力量,是一个人实现理想、获得成功的重要保证,自信能够使人充满激情和勇气,激发斗志和雄心,是大学生成长成才过程中一种重要的心理品质。

在当代社会，人们的学业、事业和生活的方方面面无时无刻不存在着竞争，在就业求职上的竞争尤其激烈。大学生在正确自我评价的基础上，要充分肯定自我，增强自信，坚定"天生我材必有用"，坚信"是金子总会发光"的积极乐观心态。有了自我肯定和自信心，才能够毛遂自荐，勇敢地展示自我，在这种积极的精神作用下自己的潜力才能发挥出来，才能在众多人才中脱颖而出。当前相当一部分大学生在面对用人单位的面试时能够不卑不亢，不忙不乱，从容应对，即便是遭遇求职失败，也能把它当作是一次经历和历练，一次反省和提高的机会。如前所述，就业是一种双向选择，大学生在就业前要做到知己知彼，知己就是客观公正地评价自己，对自己的长处和短处、对自己的爱好和特长等方面有正确地认识。知彼就是要充分了解社会的客观环境，全面掌握当前的总体就业形势以及所欲从事专业的行业需求。做到知己知彼，方能百战不殆，最终才能找到心仪的工作。

2. 不畏困难，善于竞争　困难是试金石，遇到困难，要认真分析产生困难的原因以及解决困难的方法，是主观努力不够还是主观条件不具备？是客观要求太高还是客观条件苛刻？认真分析其中原因，理智地寻求解决问题的办法，才是应对困难的正确方式，才能更好地调节心理状态。大学生在求职就业的过程中，遇到困难在所难免，要保持健康的心理。具备充分的心理准备，尤其是做好遭受困难的心理准备。心理健康的人，面对困难百折不挠；心理不健康的人，面对困难知难而退，严重者甚至会出现行为异常和精神疾病。

人们通常把当前称之为竞争的时代，大到国家间的对抗，小到个人间的竞争。竞争充斥在人们的生活中，冲击着人们的思想和心理。在步入复杂的社会之前，强化竞争意识应该是大学生最基本的心理准备。大学生如果想获得理想的职位，在校期间就要努力培养自己的竞争意识，提高自己的竞争能力。具有正确而强烈竞争意识的大学生，往往会不畏困难、奋发图强、积聚力量、厚积薄发，在拼搏进取中实现人生价值。

3. 学会独立，准确定位　部分大学生们在就业中缺乏主动参与的积极性与主动性，在竞争激烈的就业市场中他们不知该如何主动适应社会现实需求，也不知道如何主动地去争取有限的岗位，不会与用人单位去沟通交流为自己加分。在社会人才招聘会的现场，我们会看到有家长带着孩子去应聘的画面，家长们拿着简历在拥挤的人流中穿梭，比较用人单位的各项招聘条件，在用人单位面前推销自己的孩子，而大学生们却坐在远离人群的椅子上不耐烦地等待，形成强烈的对比和讽刺。自立是中华民族的优秀品质，是中国传统文化推崇倡导的人格品质，对于促进社会的全面发展具有重大意义。大学生自立精神的培育是他们成长成才和心理成熟的重要反映，是高校教育目标的必然要求。大学生是国家未来发展和建设的主力军，他们的精神风貌如何，直接关系到国家的前途和命运。学会独立，做一个有独立人格的人，大学生们应该对自己负责，对家庭负责，让生活更有意义，让生命更有价值。

面对当下竞争激烈的就业形势，大学生不要忽视职业生涯规划理论的学习，准确定位要依据职业生涯规划理论的指导，加强对自身的认识与了解，确定自己的优势所在，清晰自己切入社会的始点，明确自我人生目标，即自我定位。准确定位，就是要明确自己"我能干什么？""我适合什么样的岗位？""我的职业发展之路会怎么样？"等问题，使理想具体化、可操作化，让理想落地生根，为梦想插上翅膀，为自己介入社会提供明确的目标和方向。通过自己客观、全面和准确地分析与衡量，要确定自己应该选择什么职业方向，也就是要解决"我要做什么？"的问题，这才是职业生涯规划的中心点。

【案例分析3-3】

一名大学毕业生接连辞职带给我们的思考

很多毕业生在就业过程中,没有明确的求职定位,简历乱投一气,然后忙于面试、试工、辞职。小杨从陕西来杭州找工作,在不到4个月的时间内换了几份工作,他告诉记者:"我是学计算机专业的,因为销售门槛低,要求也不高,就去做了,可我并不喜欢做销售,业绩也就出不来,没办法就辞职了。"

很多业界人士指出,现实生活中像小杨这种类似的情况还是很多的。在求职时,大学生盲目应聘,不仅给自己造成损失,也给用人单位留下不佳的印象。如果小杨选择了做销售,理应沉下心来做下去,在这个过程中磨炼意志,提升技能。大学生择业不要急于求成,在求职前要先根据自己的爱好、能力和价值观做好职业规划,准确定位,有一个既定的求职目标。在投递简历前,要从用人单位的发展目标、单位文化和单位价值观等多方面入手做初步的把握,然后选择比较适合的用人单位和求职岗位参加应聘,在单位入职后,要踏踏实实地从基层做起,不骄不躁,才会有所收获。

专家点评 小杨的故事告诉我们,大学生没有准确科学的求职定位,就会盲目地求职、面试、试用和辞职,浪费人力、物力和财力,得不偿失。理性的做法是:给自己时间,从基层做起。

4. 脚踏实地,放眼未来 基层是锻炼人、培养人的好地方,为大学生施展才华,大展拳脚提供了有利的机会。我们应该看到,西部地区、边远地区采取了很多吸引人才的利好政策,它们与发达地区的差距也在逐渐缩小。大学生要想出人头地,没有捷径可走,更没有后门为自己敞开,只有立足于基层,扎根于基层,才能有所作为。大学生在工作中需要具备淡泊名利、"俯首甘为孺子牛"的奉献精神,需要具有脚踏实地、艰苦奋斗的实干精神,需要沉下心、低下头、全身心投入的忘我精神,怀揣青春梦想和家国情怀的大学生应该到祖国最需要的地方去建功立业,为祖国和人民做贡献。

尽管国家和社会为大学生就业提供了"双向选择"的机会,但是由于一些条件的限制及各方面原因,现实生活中一些大学生的求职愿望并不能实现。大学生要有充分的预判,要用发展的眼光看待就业问题,既要适应现实,脚踏实地,又要志存高远,放眼未来。从事一份职业是自己步入社会的新起点,是人生的新征程,要让自己真正地成人、成长、成熟、成才,获得充实与发展,才能实现人生的圆满,实现为社会服务,为国家做贡献的目标和责任。在追逐梦想的道路上,大学生要开足马力、扬帆起航,让青春在为祖国、为人民的奉献中熠熠生辉。

【实践活动3-1】

选择你的职业

请同学们根据自己所学的专业,用发散思维的方法,列举出你的专业所对应的相关行业及其具体职位,分析出每个岗位的社会需求程度、你能获得岗位的可能性,详细写出你的心得体会。

二、大学生就业中常见的心理问题

(一)紧张焦虑心理

面对着日趋激烈的就业竞争,面临着种种剧烈的心理冲突,大学生们该如何做出正确的选择，缺乏社会经验的他们对此困惑不已。择业期间是大学生面对的一个特殊时期。在这个特殊时期，有下述表现的大学生会出现紧张焦虑的心理。一种表现为部分大学生在面对各种选择和诱惑时，表现为无所适从或就业期望值过高；另一种表现为部分大学生急于求成，想要尽快确定工作或希望无须付出太多的努力就能得到满意的工作，但实际上往往事与愿违。因而在新形势下，现实生活中的各种冲突更是加剧了大学生的心理矛盾。他们轻言自信，却甚易自卑；他们乐于自主择业，却又怕承担风险；他们渴望公平公正的竞争，又缺乏百折不挠的勇气；他们空有远大理想，却不愿面对现实条件；他们崇尚自我实现，但却有较强的依赖心理；等等。

【案例分析3-4】
　　毕业生李×起初向一些用人单位投放简历，但是大多数都石沉大海，没有接到任何面试的通知，他自我感觉找工作太难了，常常感到压力很大。投简历一个月后，才收到了第一份面试通知，非常紧张，面试的时候手脚冰凉，大脑一片空白，单位人事负责人问问题的时候回答得结结巴巴，明显让人感到他非常紧张。马上要毕业了，他仍然没有找到工作，周围很多同学都确定工作了，他非常着急，想找工作又无从下手，没有方向感和目标，很迷茫，很焦虑，更不想跟其他同学交流这个情况。

　　在种种心理矛盾的综合作用下，大学生在这个特殊时期成为矛盾的结合体。这段时间，有的大学生会产生紧张焦虑的不良情绪，甚至会产生一种就业恐惧感。紧张焦虑是指大学生在就业过程中遭遇挫折或产生压力，从而体验到紧张和焦虑等的不良情绪，主要表现为无力感、心跳加快、呼吸急促、注意力不集中等，严重者会消沉压抑、失眠多梦等。相关的心理学研究表明，适度的焦虑情绪可以让人产生动力，但持续焦虑或过度焦虑会打乱正常的生活秩序，甚至想逃避现实，缺乏调节自身情绪和心态的能力，就会造成心理困境的出现。

（二）自卑胆怯心理

　　自卑是一种性格上的缺陷，是对自己缺乏应有的自信心理，是自我情绪体验的一种形式，是一种担心失去他人尊重以及得不到社会认可的心理状态。过度低估自己的能力，觉得自己各方面都差强人意，事事不如人，同时会表现出胆小、畏缩、失望、自责、忧郁等不良情绪。有些人自己轻视自己，自惭形秽，甘居人下，只看到自己的不足，而看不到自己的长处，使自身的优势无法正常发挥，自觉前途渺茫，极端厌世，个别人甚至会一蹶不振。一个人自卑，为人处世就缺乏胆量和勇气，容易随声附和，缺乏主见。过度自卑，可能会磨损人的胆识和魄力，在心理防线上采用退缩性的自我防御，还会产生精神不振、悲观厌世等心理现象，长此以往还可能导致自卑型问题人格的发生。胆怯是一种胆小、脆弱的性格特征。胆怯心理主要表现在涉世较浅、性格内向、不善言谈或抑郁气质类型的人身上，由于胆怯，即使自己认为正确的事也不敢表达出来。

【案例分析3-5】
　　有自卑胆怯心理的大学生在求职过程中，自怨自艾，自信心严重不足，尤其是面试时回答问题答非所问，以至于自己不多的闪光点也被埋没。有一位来自农村的经济困难的女大学生林××，平时不善言辞，性格内向，自觉自己的学校不是名校，专业不热，学历不高，既没有合适的关系可以利用，也没有金钱可以打点，认为自己一无是处。当她收到一份用人单位的面试通知时，内心充满害怕与担忧，彻夜失眠，导致在第二天面试时，手忙脚乱，语无伦次，辛辛苦苦准备的讲话材料在一急之下，忘得一干二净，终因自卑胆怯心理错失良机。

经分析，自卑胆怯心理问题主要出现在下列三类学生群体当中。

1. 非重点大学或非热门专业的学生群体 这部分学生将文凭与工作能力画等号，存在片面的认识，再加之社会上一些错误的评价和言论的误导，觉得自己的学校或专业让他们在面对用人单位时抬不起头来，底气不足，从而产生自卑胆怯的心理。

2. 来自贫困家庭的学生群体 家庭的经济条件有限甚至非常贫困，导致此类大学生在生活上存在不同程度的困难，更有甚者连缴纳的学费都来自生源地贷款，在社会上更没有相应的人际关系和社会支持体系。由于受一些不良社会风气的影响，使这部分学生产生或轻或重的自卑胆怯心理，错误地认为获得岗位的好坏与自身能力的高低之间并无关系。

3. 专科和高职学历的学生群体 因为学历是专科，学历较低，这类大学生群体在就业过程中，容易被一些门槛较高、招聘条件设置高的用人单位直接拒之门外。他们觉得自身的起点低，专业知识基础不如本科生和研究生，容易对自身的能力产生怀疑，从而陷入自卑胆怯情绪当中。

（三）自负自大心理

古代有一个佛学造诣很深的人，听闻某个寺庙里有位德高望重的老禅师，便去拜访。老禅师的徒弟接待他时，他很傲慢、很蛮横，心中想：我是佛学造诣很深的人，你又算什么？后来老禅师又十分尊敬地接待他，为他沏茶倒水时，杯子已经满了，老禅师却还不停地倒。他很不解地问："禅师，杯子已经装满了，为什么你还要往里倒？"老禅师说："是啊，既然已经满了，干什么还要倒呢？"

老禅师的言外之意是，既然你这么有学识，为什么要找我求教呢？这就是"空杯心态"故事的哲理所在。它的含义是一个装满水的杯子不能再容纳新的东西，要将心中之"杯子"倒空，将自己珍视的东西和曾经引以为傲的过去从心中清空，只有心中有空间，去容纳更多的东西，才可能拥有之后的成功。它告诉人们一个哲理：做好工作的前提是先要有良好的心态。要先把自己想象成"一个空着的杯子"，而不是骄傲自满，这样才能学到和得到更多的知识。这也应该是每位想在职场有所发展的人必须拥有的重要心态。

很多大学生，在刚进入职场时经常吹嘘自己。这种行为万不可取。优秀的人都有极高的综合素养，他们虚怀若谷，大智若愚，有能包容一切的胸怀，有了这样的胸怀，在职场上就会获得别人的尊重，就会获得更多的发展机会。

自负自大心理与自卑胆怯心理一体两面，是一种对自我评价过高的心理倾向。有自负自大心理的大学生对自我感觉良好，为人处世高调张扬，自以为高人一等。部分大学生凭借自身的优势，认为自己才学出众，才华横溢，内心深处便存在夜郎自大、坐井观天的自负狭隘心理，更有甚者以自身学校和专业的名牌优势藐视同行应聘者、蔑视招聘工作者。有自负自大心理的大学生表现为择业期望值过高，往往脱离客观实际，他们华而不实、好高骛远、心高气傲，经常制定不切实际的就业目标，这个单位看不上眼，那个岗位也不称心，导致错失很多好的工作机会。有自负自大心理的大学生缺乏客观的自我剖析和自我评价，会使自己的择业标准和实际情况之间产生极大的落差，进而表现出孤独、烦躁、易怒、抑郁等情绪。目前在大学生中，先就业后择业的观念还没有完全深入人心，很多大学生想一蹴而就地找到一份令人羡慕的工作，这种心理会导致这类大学生在择业时挑精拣肥，得陇望蜀，不能心平气和地正确评价自己，从而在就业的大潮中迷失方向，与很多合适的岗位失之交臂，导致出现就业困难的进退两难局面。

经分析，自负自大心理问题主要出现在下列三类学生群体当中。

1. 学习成绩优异的优秀学生群体　这类学生群体在求学阶段，学习成绩突出，有一定的科研能力和创新能力。但是，他们通常将学习、科研和创新能力与就职能力混为一谈，眼高手低，或缺乏社会适应能力、抗挫折能力和吃苦耐劳精神，或存在人际沟通能力和团队合作能力较差，以自我为中心等现象，容易产生自负自大的情绪。

2. 在学校中曾担任过一定工作职务、获得过各级各类奖项的学生干部群体　这类学生干部群体在从事工作、为同学们提供服务的过程中表现出了某一方面较强的个人能力，认为获得的奖项是对自己某方面能力和特长的社会证明和肯定，从而容易将在学校中表现出来的社会工作能力和特长与就职能力画上等号，进而产生自负自大的心理。

3. 家庭条件优渥的学生群体　这类学生通常来自城市家庭，其父母或具有一定的社会地位，或工作岗位较为理想，或经济收入较为可观，从而因具有强大的经济后盾，而产生心理上的优势。一方面是来自长辈和家庭的期望较高，另一方面是自身的眼光和要求较高。这类学生容易错误地将家庭条件与就职环境等同起来，对自身能力产生过高的期待，设置过高的标准，进而产生了自负自大的情绪。

（四）求便依赖心理

一部分大学生缺乏进取精神和自主择业意识，不主动出击，不愿参与市场竞争，消极逃避就业市场，抱着"等""靠""要"的求便依赖心理，将找工作的负担寄托于父母与亲朋好友，怀着"车到山前必有路"的思想，超然于求职之外，表现为在一些事情面前毫无主见，独立决策能力不强，缺乏应有的果断处事和办事能力，甚至有个别大学生择业时总喜欢拉上父母、同学和朋友做伴，希望能给自己壮胆，相互照应，提供决策帮助。在确定用人单位的取舍过程中，往往不根据自身思考来判断，反而听从父母之意或者听取朋友之言来选择岗位，以致贻误择业时机。

（五）盲目从众心理

盲目从众心理就是我们平时所说的"随大流"。由于大学生正处于人格逐渐完善和成熟的阶段，容易受到社会风气和社会思潮的影响，盲从和从众心理较为严重。现实社会中物欲横流的特点决定了很多大学生毕业后追求优越的物质生活，追求在大城市发展，追求政府机关等事业单位，其实这不一定是最佳的选择，不一定适合每个人的职业发展需要。择业时不去考虑和比较自身的性格特点、专业背景、职业兴趣与综合素质等条件，在就业过程中盲目从众，这样的心理会让大学生失去很多合适的就业机会。

【案例分析3-6】

大学毕业生朱××的专业是机械自动化，毕业前一直在准备国家公务员的考试，主要是因为她父母朋友家小孩都在考，她也想考，大家都觉得在体制内工作比较稳定，每天穿着时装，坐在办公室里很光鲜，尤其适合女生。她也没想那么多，先考着试试吧，考不上再说。因为就业目标不明确，就业意愿不强烈，最终她的公务员考试也败北了。

专家点评　可以看出这类大学生自己没有明确的目标，没有切实可行的计划，不从自身实际条件出发，别人找什么工作，自己就想找什么工作，盲目追求所谓的"铁饭碗"，缺乏挖掘自身优势和潜力的能力。

(六)急躁偏执心理

急躁偏执心理表现为大学生在择业过程中烦躁不安、自控力差、抗压能力弱;对自身缺乏正确认知,自我定位不合理。急躁心理导致人不冷静,容易出现情绪高涨或低落。大学生在找到最终工作之前,常常会有急躁心理,没有经过仔细斟酌和慎重思考,看到差不多的岗位就直接签约,草率地决定之后往往会后悔不已。如果在毕业之前还没有找到心仪的工作岗位,心理会更为急躁不安。这样的心理状态会导致出现异常的生理反应,如头晕、失眠,甚至消化不良等。偏执心理表现为大学生在择业过程中偏执于某一自己心仪的单位或者岗位,即使自己的各方面条件不能满足用人单位的要求,也一意孤行。表现为大学生或对专业对口高要求的偏执,或对用人单位高要求的偏执,或对心仪岗位高要求的偏执等方面。个别大学生在面对就业抉择时,不愿意自觉降低各方面的要求和就业期望值,固执己见,这样偏执的心理注定会导致就业机会的丧失。急躁偏执是不良的心境,使人缺乏自我控制能力和对自身的正确估量,会导致事倍功半甚至事与愿违的后果。

(七)攀比嫉妒心理

攀比嫉妒心理是指不从自身实际出发,盲目地与他人比高低,发现自己在能力、地位、境遇等方面不如他人而产生的抱怨、生气、憎恨等病态心理。古希腊斯葛多派的哲学家认为:"嫉妒是对别人幸运的一种烦恼。"攀比嫉妒心理具有明确指向性、显著对抗性、持续发展的发泄性和善于伪装的隐蔽性,总是与不满、苦闷、怨恨、恐惧等消极情绪联系在一起,构成攀比嫉妒心理的独特情绪。这种心理具有很大的破坏力和杀伤力,是一种有害的心理满足方式,所采用的方式通常是消极悲观的,很有可能会造成严重的影响和后果。由于大学生在家庭背景、成长经历、性格特点、个人际遇、综合能力、社会资本和价值观念等各方面均不尽相同,所以在择业目标定位、择业价值选择上很难达成一致。但是大学生在就业过程中及确定就业岗位后较易与同学们攀比工作地点、工作环境、工资待遇等条件的好坏与高低,攀比的结果可能会导致个别大学生不愿签约或单方面毁约,从而延误或丧失就业机会。极端攀比心理就会导致嫉妒心理的产生。这类大学生往往不在主观上找原因,而是在客观上找理由、找借口,表现为把别人的长处视为自己的威胁,心理失衡,甚至会采取打击报复等恶劣的手段。部分大学生看到学习成绩不如自己的同学找到了好工作时,会产生嫉妒情绪。特别是看到有同学依靠其他途径,通过"走关系"获得一份好工作时,内心极度不平衡,产生嫉妒心理。尽管嫉妒心理在大学生就业过程中不具有普遍性,但这种负面情绪在得不到有效疏导的时候,就会给大学生就业带来较严重的不良影响。

(八)急功近利心理

在大学生就业市场化的整体影响下,部分大学生价值取向表现出趋利性的发展态势,一部分大学生存在着急功近利心理。大学生在毕业时已经基本确定人生观、价值观和世界观,就业是大学生施展自身才华、实现人生价值的好途径,倾向于一份地位高、收入高、起点高的好工作是人之常情。大学生追求优越条件和美好生活无可指责,但是有些大学生对职业的要求过于理想化,他们把优厚的经济收入、良好的工作环境和地区环境作为确定工作的最高标准,争先恐后到机关企事业单位、沿海经济发达地区和外资企业发展,而不去有针对性地考虑自己的专业特长、发展方向和事业前景,容易导致拜金主义和享乐主义的产生,而且抛开自己的专业优势与兴趣爱好去竞争,更容易直接导致在就业市场上四处碰壁、就业失败的后果,从而产生怀才不遇、心灰意冷的抵触情绪。即使个别大学生的眼前物质利益获得了满足,但从个人长远的人生价值与社会价值的实现上来看,这些做法并不是明智之举。

1. 虚荣心理 很多大学生以自我为中心,贪图物质享受,导致在择业过程中把名利双收的岗位作为自己的职业追求,希望自己成为人人艳羡的对象,成为旁人口中的成功人士。有这样虚荣心理的大学生,思想游离于现实之外,脱离社会现实的需要,一旦虚荣心理得不到满足,就会灰心丧气、士气挫败。这类大学生单方面考虑自己的就业期望,考虑用人单位的综合条件,导致自我评价与社会现实相脱节,使得择业理想难以实现。在当今社会急需高素质复合型应用型人才的现实情况下,用人单位对大学生自身综合素质的总体要求比较高,如果大学生不能正视自身现实条件、不重视综合素质的提高,一味地强调物质条件,那么在虚荣心理的作怪下,就会遗憾地失去很多的就业机会。

2. 冷漠心理 面对激烈的就业市场竞争,由于大学生社会经验不足,心理承受能力差,即使空有满腔的热情,达不到自己的心理预期,受到挫折后就会感到无能为力、无法掌控、失去信心和勇气,也会产生情感淡漠、漠不关心、意志麻木等心理反应。他们不思进取,安于一隅,无所作为,对生活失去了希望。冷漠就是大学生遭遇挫败后的一种心理反应,是缺乏斗志、逃避现实的消极表现。

三、造成大学生就业中心理问题的原因分析

(一)客观因素

大学生就业过程中心理问题频发,从宏观上来说,社会价值的错误导向、用人单位招聘的不公正、来自家庭的不合理教育和就业大环境的影响,这些因素都会影响毕业生的就业状况,使其不能正常享有相应的资源,缺少利用资源的有效渠道,间接地导致各种负面心理问题的出现。

1. 社会价值的错误导向 社会价值导向对大学生择业价值取向的影响是深刻而长远的。市场经济条件下,倡导等价交换和公平竞争的规则,这两条规则在激发人们的主动性与积极性的同时,也极大地推动着人们最大限度地追求个人的物质利益,从而实现他们所信奉的人生价值。在这种社会价值导向的影响下,一部分大学生群体普遍认为拥有一份高薪的工作岗位即等同于实现了自身的人生价值,岗位待遇的优厚与否成为衡量大学生人生价值的标尺,使得大学生在择业过程中出现了明显的个人主义和功利主义的不良倾向。

2. 用人单位招聘不合理 用人单位是人才资源的需求方,同时也是大学生就业的最主要影响方。招聘实施的制度和企业社会的责任都在很大程度上成为大学生就业市场正常运行的影响因素。市场经济倡导"公平竞争""优胜劣汰",但用人单位招聘仍然存在不合理的现象。第一,用人单位的用人标准出现偏差,盲目地追求所谓的符号化。用人单位在用人观念上出现的偏差主要包括对大学生的学历、性别、就读高校和生源地域方面的限制。有的用人单位无节制地提高用人规格和标准,明明大专生就可以胜任的工作却要求招收本科生、研究生,造成了人才上的浪费;有的用人单位明确规定要男生或者男生优先,从而把女生排挤在门外;有的用人单位盲目地要求大学生要来自名牌大学,而不去权衡比较他们的综合能力;有的用人单位从人才的稳定性或其他原因去考虑,注重生源,本地生源的毕业生会优先考虑;等等。这些用人单位完全忽视了专业技能和工作能力的考量,给大学生就业造成了巨大的心理压力和心理阴影。第二,部分用人单位最为看重的是经济利益,缺乏社会责任感和使命感,大部分的校企合作并没有给大学生提供充分的实习和就业

机会，校企之间难以形成深层次的合作机制。校企合作多停留于名企与名校之间，双方均出于宣传和利益的目的，这在一定程度上不利于大学生的切身利益，更不利于人才市场的有序秩序。

3. 就业大环境形势严峻　　首先，随着各大高校连年扩招，每年的大学生人数在持续增长。大学生数量连创新高，使得大学生的个体价值度降低，竞争对手也随之增加，在一定程度上造成了大学生出现就业困难的情况。其次，从政府方面增加的就业岗位来看，政府每年都会为大学生提供一定的就业岗位，但相对于人数众多的大学生来说，这些极为有限岗位难以消化掉庞大的大学生群体。在社会经济整体快速增长的新形势下，社会需求与人才供给存在偏差，匹配度不够，人才市场出现供过于求的状态，对大学生的就业产生巨大冲击力。此外，传统观念对一些职业的青睐，以及在当下功利主义的充斥下，大学生择业时会有盲目追逐的现象。综合以上原因，大学生的就业形势依然不容乐观。严峻的就业形势就会导致紧张焦虑、盲目从众、攀比嫉妒这些不良心理问题也随之增多。

4. 高校教育方面的原因

（1）我国相对封闭的高等教育使大学生对各种职业的特点了解得不充分：我国高等学校教育同国外大学相比相对封闭，大学生在"象牙塔"中过着教室-寝室-食堂"三点一线"的生活，社会阅历不够丰富，实践经验明显不足，这种教育模式使得大学生学与做严重脱节，对各种职业的特点了解得不够充分和翔实，对社会各行各业的把握也不够全面和具体，这就使得部分大学生在面临择业的时候是盲目和迷茫的，出现自卑胆怯、求便依赖等心理也就不足为奇了。

（2）高校就业指导工作理论的薄弱使大学生缺乏择业基本实践能力训练：当前，我国高校普遍设置就业指导课程，但很多高校课程内容陈旧，课程形式单调，过气的、说教式的就业指导课程不能吸引大学生的目光，使得就业指导课程流于形式。就业指导工作理论的薄弱造成了实践上的弊端，不仅使就业信息不能及时有效地传达给大学生，也使得大学生对自己的个性特点、长处短处都没有正确和充分的认识，最重要的是缺乏择业基本实践能力的训练，更不用提丰富的择业实践能力的培养了。在理论和能力上都没有万全准备的情况下，大学生的负面心理情绪就会油然而生。

（3）高校就业心理辅导机制不健全使大学生的心理问题缺乏专业的指导：大部分高校往往忽视对大学生择业中出现的心理问题的疏导，设置的心理健康教育课程几乎不涉及心理指向性，对就业观念和就业心理缺乏相应的关注和专门的指导，容易导致部分大学生面对激烈严峻的社会竞争毫无招架之力。由学校层面提供的相关心理辅导帮助实属有限，就业指导工作通常是由学院辅导员层面提供的，辅导员一方面要忙于思想政治教育、事务等管理性工作，另一方面又缺乏心理辅导的专业性，就业指导工作和心理健康教育没有有效的融合。高校心理辅导机制的不健全，使得大学生在择业过程中出现心理问题的时候无法得到及时正确的疏导，很难有专门的渠道去解决心理问题。

5. 个体家庭方面的因素　　家庭是孩子成长的第一空间，原生家庭对孩子的影响都是潜移默化、深远持久的。父母对孩子的行为表现、思想观念会产生深刻长远的影响，其主要影响因素表现在父母期望、教育方式和家庭观念上。父母对孩子的过高期望会让孩子对就业问题产生很大的心理压力，导致大学毕业生出现就业心理问题。父母的教育方式与孩子的抗挫折能力呈现明显的关联性，孩子抗挫折能力低下的主要原因之一就是父母过分溺爱的教育方式，使子女在面对压力和挫折时，缺乏足够的应对能力。在家庭观念上，父母普遍存在着"望子成龙，望女成凤"的思想，几乎倾尽毕生的心血、举全家之力培养孩子成长成才,把改变自己人生命运的希望都寄托在孩子身上。他们期望孩子找到一份报酬优厚、体面的工作,而不希望孩子无所事事、平平庸庸、碌碌无为。这些因素导致孩子内心始终没有真正的成熟,在无形中给孩子在择业过程中带来心理上的压力和负担,如不能正确及时地调整心态,就会出现各种各样的心理问题。

【案例分析3-7】

王同学,虽然家在农村,但是从小就是被全家人疼大的,父母把她培养出来不容易,对她也有很大的期望,也会表达出他们的想法。希望她毕业后能回家乡找个工作,最好能找个轻松稳定、待遇较高、有较好发展前景的好工作。王同学也不想让父母失望,而且她的弟弟马上也要高考了,她非常希望能找到一份理想的工作,帮助父母减轻家里的负担,也能让父母在亲戚面前有面子。可是,她面试了很多离家乡很近的工作单位,要不就是工作节奏较快,要不就是工资待遇较低,要不就是发展空间较小。毕业半年了却一直赋闲在家,父母经常在她旁边絮絮叨叨,弄得她心情很低迷,情绪非常烦躁,尤其是看到同届的同学们都开始在工作岗位上崭露头角,于是她的心理负担就更重了。

专家点评 父母普遍存在着"望子成龙,望女成凤"的思想,盼望子女找到工资、工作环境和社会地位都体面的工作让他们脸上有光,攀比心和虚荣心强,却忽视了孩子究竟喜欢什么,想往什么方向发展,特别是农村家庭几乎将全部希望都放在子女身上。这些都有形或者无形地给了孩子很大的心理压力,更不用说在孩子遇到困难时能够给予适当的帮助和疏导。

(二)主观因素

1. 自我认知不清晰准确 人贵有自知之明。大学生在择业中出现心理问题,究其根本是对自我没有一个正确地认识,包括对求职目标、自身优劣等方面的认识,没有看到各种主客观条件对人的发展的制约作用。个别大学生对自身优缺点没有足够的正确地认识,求职很盲目,缺乏清晰的求职方向和准确定位的能力,对预料之外的挫折也毫无心理准备,不可避免地会陷入迷茫,深陷困境。遭遇就业困境的大学生的自我认知会逐渐转变成为"习得性无助感",造成大学生的身心出现不适应等消极表现,产生紧张焦虑、盲目从众等心理状态。

【知识拓展】

认识自我的十一种方法

近年来,发达国家的职业规划专家主张用更开放与多元的视角看待生涯问题。自我评估也开始使用更多的定性研究。主要如下。

(1)个人简历:个人的成长经历,包括学历、特长、工作经历、自己身边重要的人和事、生活中的重要转折点、对未来的规划等。

(2)记录生活方式:形象地记载个人的生活情况。

(3)全天记日记:按照时间顺序描述一天之中发生的事情,共计二天,分为一天工作日和一天周末。

(4)分析生活中的高峰和低谷。

(5)对重要的工作价值观进行依次排序。

(6)对近期的工作全面分析,找出满意与不满意之处。

(7)职业家庭树:此种方法的作用是通过刺激来访者评估家族的影响,来促进职业上的认知。

(8)描绘一种理想的生活状态。

(9)想象未来的生活状态。

(10)叙事方法:此种方法的目的是促进来访者对世界的认知和感受,是还原与释放自我经历的过程。

(11)自传方法:此种方法的倡导者认为"对我过去经历的组织能够告知我:我现在在哪里,我将要到哪里去"。

2. 职业规划的能力缺乏 职业生涯规划是个人根据自身的职业倾向性,确定其最佳的职业奋斗目标,并为实现这一奋斗目标做出行之有效的设计与安排,有了明确详尽的计划才能有针对性地顺利开启职场之路。在择业时很大一部分大学生很少真正地去提前制定规划,即使在参加学校举办的类似比赛或活动时制定过相关规划,有的规划也流于形式,仅停留在纸面上。他们中的一些人对于用人单位要求的岗位条件缺少详细了解,抱有随大流的心态,没有明确的目的性和倾向性,直到就业时才发现自身规划能力的欠缺,在这种情况下与用人单位双向选择,不是仓促慌张、手忙脚乱,就是不切实际、脱离现实。

3. 人际关系层面的失能 人际关系层面的失能表现在个人与个人、个人与社会互动过程中产生的负面体验。大学生在就业过程中陷入各种心理困境的原因与其所处的周围环境是密不可分的,在大学生的人际关系中与之最为密切的就是家庭、朋友此类群体。朋友是大学生朝夕相处的群体,朋友之间既可以提供情感支持,也会产生负面影响。大学生在求职过程中必定会受到朋友的双重影响,但是过度看重朋友此类群体的影响因素,就会对自身求职的视野范围和求职条件产生一定程度的限制,增加了就业的难度。如虚荣、盲目从众、互相攀比嫉妒等心理情绪的出现,相互影响下难免会陷入心理困境。

4. 功利主义意识的凸显 大学生普遍具有独特的心理结构和人格特点。大学生有强烈的自主意识,主张"自我选择""自我发展",在奉献和索取之间,大学生的功利主义意识日益突显,功利主义色彩越发浓厚,聚焦在择业问题上,则表现为追求个人的价值实现,看重眼前的工作环境、福利待遇、社会地位,不想通过自己的艰苦奋斗干出一番事业出来,总希望能尽快找到实现自我发展的岗位。面对就业环节中的各种压力和挫折,他们不善于调整自己,眼高手低,容易出现心理失衡与心理障碍。

【案例分析3-8】

应届毕业生成为职场中的"老跳蚤"

张同学,药学专业,本科毕业后就来到一家制药厂做医药代表。在工作了两个月之后,个人觉得单位销售业务量小,于是跳槽到另外一家制药企业工作。在新的企业,企业老板觉得他的专业知识和销售技巧都不能胜任工作的需要,销售业绩不好,于是把他炒掉了。之后,张同学联系到一家搞药物研发的企业从事药物合成外包工作,但是紧张的工作节奏、微薄的薪资待遇和重复单调的实验操作,让张同学又有了想跳槽的想法。

专家点评 职业新人要从人岗匹配、提升自身综合素质做起。

很多大学应届毕业生自恃学历高、能力强,觉得自己目前从事的工作屈才了,总想着要跳槽。这种时候,要保持一种稳定的心态,要学会自己平衡心理。良好的心理状态很重要,要怀揣一颗平常心，理智地选择与自己相匹配的职位，做到人岗匹配，既不能高攀，也不应该低就。职业规划是挖掘人岗对接的最佳匹配点，以及计划在未来各个时段的发展舞台。培养良好的心态也要从提升自身素质做起，用人单位录用员工的标准既有个性化，会根据岗位需要招聘，又具有共性，会选择具备扎实的专业知识和实践技能，有一定组织管理能力、沟通能力并善于与人合作，智商与情商兼具的人才。所以大学应届毕业生要从任职之日起，不怕苦不怕累，在基层中锻炼提高，不断提升自身的综合素质，为自己的下一份工作、为迎接职场中的下一个挑战做好充分的准备。得到用人单位的肯定和欣赏，你的心态也会更加积极和阳光，也会相应地促进工作态度、工作技能和工作质量向着良性的轨道发展。

5. 个人综合素质的不足　　大学生综合素质的全面提高是社会发展的一般要求和趋势，大学生综合素质的高低直接决定着就业顺利与否，所以在当前提高大学生的综合素质尤为迫切。当代大学生整体综合素质较高，但是仍有不足之处。有的大学生一心关注专业知识的学习，而忽视全面发展；有的大学生只热爱文化体育活动，而厌恶知识和技能的掌握；有的大学生实践动手能力和开拓创新意识较差；有的大学生缺乏独立解决问题的能力，人际交往与沟通能力较差；等等。综合素质的不足，发展得不够全面均是大学生就业的不利因素，均会对大学生心理造成有害的影响。

四、大学生应培养积极的就业心理

（一）正视现实，合理定位综合评估自我

1. 正确认识现实就业环境　　大学生是社会中人，是现实中人。现实是客观存在的，既有有利于大学生的一面，又有不利于大学生的一面。我国社会越来越尊重劳动、尊重知识、尊重人才、尊重创造。当今，大学生的就业期望值较高也使得在就业市场上存在着用人单位找不到合适的人、大批毕业生无处可去的尴尬局面。大学生就业市场的不规范和不成熟，导致不正之风仍有存在的市场。所以大学生要正确分析就业形势，充分认识外部就业环境，对择业的整个过程有比较详细的了解。大学生要学会适应当前的就业环境，提升应对就业竞争的各项能力，努力改变陈旧落后的就业观念，积极整合资源，拓宽自身的就业渠道，并尝试寻求自主创业的机会。

2. 合理定位，综合评估自我　　只有正确认识自我，合理自我定位的人才能正确地为人处世，才能把客观条件和主观愿望有机地结合起来。每个人的性格爱好、思想表现、身心素质、综合能力都存在着差异，适合的工作岗位也不尽相同。大学生在择业时要对自己的专业、能力、爱好和优缺点有一个广泛全面、准确深入的认知，发挥优势，取长补短，酌盈剂虚，确定量体裁衣的就业目标，使就业目标与自身的总体情况相吻合，并在择业过程中根据现实情况，不断进行改变与调整。为了能够更好地应对外部就业环境对大学生就业造成的心理负担，大学生应该在充分地掌握当前就业形势与准确评价自我的基础上进一步提升综合素质，应该以社会需求为导向，加强专业知识和实践技能的培养，要在职业生涯规划和职业发展观念的基础上重新确定自己的人生轨迹，树立科学长远的职业发展理念，这样才能有效地应对就业竞争，为就业心理压力减负。

（二）全面发展，努力提升自身综合素质

虽然在当前社会上就业竞争激烈，但就业市场的竞争还是相对公平公正的。大学生的综

合素质是成功就业的决定性因素,大学生应该全面提升综合素质,着重提高在思想道德、科学文化和身心健康等方面的素养,强化创新意识、竞争意识和团队合作意识。要保持充分自信,善于展示自我,不盲目自负和自卑,努力拓宽知识的广度和深度,使自己对择业满怀激情和热情,充满信心和力量。

1. 提升思想道德修养 正确的思想道德修养是大学生能够顺利就业的思想道德层面上的有力保障,有利于推进大学生树立正确合理的就业观念。思想是人通过社会实践活动产生的对客观世界的理性认识和判断,思想道德修养会将法律法规和道德品质转化为外显的道德行为,人的内在心理活动是受思想意识支配的,正确的思想意识能够引导人的心理活动沿着正确的轨道前进。因此,提高大学生的思想道德修养,有利于培育大学生积极正向的就业心理。大学生要认真学习和虚心接受高校思想道德方面的德育教育,努力提升自身的思想道德水平和明辨是非善恶的辨别能力。大学生在择业过程中要非常重视自己的言谈举止,严格要求和约束自我,磨炼出坚强的意志、良好的品质,自觉抵制社会上不良思想的腐蚀,严格遵守职业道德规范,并将其转化为外在的道德行为,协调好道德的内化与外化,不做违背道德准则的事情。在求职时不弄虚作假,严格避免如制作虚假文凭、制作虚假的干部履历和荣誉证明、制作虚假的大学英语四六级证书等不道德的行为,秉承诚实守信的道德品质,真诚坦然地面对就业。大学生还要积极到基层、到第一线、到祖国最需要的地方去,在艰苦复杂的环境中,在重重困难面前坚定个人理想信念,养成良好的道德行为习惯,在择业中把握住良好宝贵的就业机会,承担起对国家、对社会的责任,这对培育大学生积极正向的就业心理起着基础性的决定作用。

2. 提高科学文化素养 科学文化知识是大学生提高自身综合素质的最根本的基础,扎实的科学文化素质是大学生顺利就业的前提性条件,对大学生积极乐观就业心理状态的形成有促进性的作用。新时代需要高素质的复合型、应用型人才,这对大学生的科学文化素质提出了新的更高要求。"读书长宜放眼量",大学生对专业知识的学习除了学校所教的书本上的知识外,还应该充分利用线上和线下的途径增加和扩展专业知识的广度和深度,使自身具有丰富深厚的专业理论知识,为顺利就业做好知识上的储备和心理上的准备。同时,大学生应根据自身优势、特点、特长等开展拓展性学习,如辅修第二专业、考取各种职业资格证书等,构建多样化的知识结构和培养多方面的兴趣爱好,从而提高就业竞争力。还要多参加各种实践活动,尤其是与专业相关的实践活动,将理论知识与社会实际相结合,掌握操作技能,提高实践能力,将知识融会贯通,做到知行合一。除此之外,大学生还应竭尽所能学习各方面的科学文化知识,用先进的理论武装头脑,提高自身的科学文化素养,夯实自身的专业水平和实践能力。要知道,读书与学习带给我们的不是投桃报李的小功利,而是建筑精神大厦的大功利,是真正意义上的功利,能够陶冶我们的心灵和情操,从而提高就业自信心,形成良好的就业心理素质。

3. 培育健康身心素质 身心健康是大学生提高自身综合素质的必备条件。健康的身体是革命的本钱,健康的心态是人生宝贵的财富,良好的身心素质是大学生实现顺利就业的基础性前提。一方面,大学生要积极参与体育活动,加强体育锻炼,重视增强自身的身体素质。另一方面,大学生要注重培养健康的心理素质,学会运用科学的方法进行就业心理调适,肯定自己并悦纳自我。在择业过程中,大学生要在挫折面前不抛弃自己,不放弃自我,学会用客观理智的态度应对择业过程中遭遇的挫折,理性地分析自身所获得和遭受的成功与失败,积极主动地去调节自身的心理状态,增强应对各种事件的心理承受能力。大学生要学会自我激励,坚定就业意志,克服就业困难。要坚信,失败是成功之母这句话在就业的过程中也是适用的。多积累择业的经验和教训，就能够为就业成功打下坚实的基础。在现实社会，大学生在就业过程中会产生各种各样的负面情绪，大学生要学会积极乐观地面对就业问题，放松身心，及时阻碍负面心理情绪的蔓延。大学生在就业时要不断充实和完善自己，相信自己有能力解决就业过程中所产生的不良心理，并促进自我的身心朝着健康的轨道发展。

（三）开拓进取，发扬艰苦奋斗的优良作风

艰苦奋斗是中华民族的传统美德，是党和国家倡导的优良作风，更是大学生在改变现状、开创未来的过程中所表现出来的不畏困难、开拓进取的意志与品格。当代大学生是有理想、有抱负、有担当、有创新精神的新时代青年学子，是最具青春活力与热血激情的社会优势劳动者。面对就业的强大压力，大学生务必要继承老一辈无产阶级革命家艰苦奋斗的优良作风，发扬开拓进取、自强不息的精神风貌。在这种优秀传统美德和永不过时精神的鼓舞与鞭策下，要敢于创新、敢为人先，力争上游，创造一片属于自己的广阔天地。在大学期间，大学生要加强自身的爱国主义教育，重视人生观、价值观和世界观的教育，树立科学的成才观念，遵循正确的成功途径，坚守远大的理想抱负，提升为国家、社会和人民无私奉献的精神境界，有效促进个人价值和社会价值的共同实现。

（四）运用科学的方法进行就业心理调适

情绪对身心健康的发展起到重要作用，乐观积极的情绪可以使人充满朝气和激情；悲观消极的情绪则会给人带来消沉和抑郁。大学生要运用科学的方法来调节和控制自己的情绪，保持心态的平衡和情绪的平和。大学生要合理进行就业过程中的心理调适，使不良的情绪得到宣泄和疏导。

第一，倾诉法。就业中遭遇挫折时，不要封闭和压抑自己，应该通过倾诉宣泄，可以向家长、老师寻求建议；可以向朋友、同学倾诉；也可以通过日记、自媒体的方式，把心中的烦躁、郁闷、疑惑、迷茫等消极情绪发泄出来。

第二，自我静思法。在求职就业过程中，大学生会遇到或多或少的困难。要学会控制好情绪，冷静思考，全面分析问题的原因，努力寻求解决的办法。

第三，转移法。生活中可以采用的转移法有很多种，可以因人而异，"因地制宜"。

第四，自我安慰法。面对社会现实和就业现状，大学生要学会接纳无法改变的既定事实和自觉接受现实生活中的既有条件，要以积极的坚强的心理应对挫折，勇敢战胜困难。运用自我安慰法，大学生可以适度地调节好自己的心理状态，以积极的心态发现、获得适合自身发展的就业岗位。

第五，语言暗示法。心理暗示的力量很强大，积极的心理暗示可以适度地缓解人的紧张情绪，释放人的心理压力，使身心得到放松。通过积极的语言暗示和正向的精神激励进行调节，可以使大学生以健康的心理状态，勇敢、自信地面对就业的竞争和压力。

第六，自我激励法。大学生在就业过程中遭遇困难和失败不可避免地导致不良的就业心理产生。大学生要善于用格言警句、榜样事迹、人生哲理鼓舞和鞭策自己，要有解决困难和应对失败的勇气和信心。

第七，情绪放松法。大学生在就业过程中产生的心理问题，多是由紧张、焦虑等不良情绪造成的，根本上是由找不到满意的工作引起的。在日常的学习和生活中，紧张与焦虑的不良情绪可以使用以下方法加以调适。一是深呼吸放松法。深呼吸放松法是将胸式呼吸变成腹

式慢呼吸，日常生活中经常使用。此法可让紧张心理得以舒缓，降低人对焦虑的易感度。二是想象放松法。想象放松法是运用对一些宁静、舒缓情景的想象从而达到身心放松的目的。此法要求尽可能调动起各种感官，犹如身临其境，置身其中。此法的运用要先使身体放松，保持一种舒服的状态，摒弃杂念，集中注意力去想象一些让人放松舒适的景象。三是肌肉放松法。肌肉的放松则是一种深度的放松。此种方法要先紧张后放松，在先感受紧张感之后再体验放松的感觉。肌肉放松法的操作一般是从头到脚，依次分别进行。

（五）积极乐观，主动寻求外部社会辅导

大学生就业心理问题是大学生心理问题的重要组成部分，大学生积极乐观地主动寻求就业心理的辅导对培养大学生积极健康的心态十分必要。大学毕业生在求职择业中出现的心理问题，与毕业生的自我认知能力、社会实践经历、心理承受能力等有密切的关系。这就需要大学生认真学习就业指导课程，不要轻视甚至忽视此类课程，将课程内容流于形式，要积极参加有关求职应聘的系统专业培训，熟悉掌握求职技巧。当大学生在就业过程中不可避免地出现各种心理障碍时，要积极寻求外部的帮助，善于借助外部的社会辅导力量及时进行心理干预，参与心理测试和心理疏导，帮助自身客观现实地认识自我，学会自我心理调适，进一步提高社会适应和心理承受能力，培养良好的就业心态。

【思考与练习】

1. 大学生如何树立正确的就业观念？
2. 大学生应具备哪些就业心理素质？
3. 造成大学生出现就业心理问题的原因有什么？
4. 大学生如何培育积极的就业心理？
5. 分析题：

某医科大学护理学专业大学生韩同学从毕业前一年的10月末就开始参加各地的招聘会，经过大半年的求职历程，她仍然没有成功签订就业协议书。她给自己定的求职标准为：用人单位为省属公立三级甲等医院、有事业编制、岗位稳定、工资高、福利好、工作压力小。近日，她参加了一场公立三甲医院的面试，单位的条件均符合她心中的标准，但是在经过多番笔试、面试和操作考核后，让她意外的是她落选了。她抛下自尊，询问缘由。单位人事部门坦诚地说："我们单位需要的人才是专业基础知识扎实，具备临床护理责任心、爱岗敬业、吃苦耐劳的大学生，你虽然笔试成绩优异，但是缺乏脚踏实地、吃苦耐劳的工作态度，并不是我们理想中的优秀护理人才。"在历经求职失败的痛苦后，她来到一家市立医院，该医院的办院规模自然不如省级三甲医院，单位还在筹建新的病区。此次韩同学顺利地通过了一系列的考试与考核，招聘人员对她的专业知识很满意，决定聘用她。但是当她得知这家医院在试用阶段的工资为1000元，需要正式录用后才能到新病区工作，工资待遇才能提高时，她果断地拒绝了。理由是目前工作的单位环境不好，工资太低。临近毕业，她面试了一家外企的养老机构，这家外企单位给予员工的待遇很好，工作环境很是不错。但是韩同学觉得自己学了四年的护理学专业，知识与能力兼具，去照顾老年人的确是一个费力不讨好的工作，怕脏怕累，最终放弃了就业机会。

你认为韩同学在就业中具体存在什么心理问题？你觉得在就业过程中应该如何调适心理从而实现成功就业？

第四章　求职准备与择业技巧

【学习目标】

了解就业信息的内容；掌握就业信息的分析和处理；了解求职信和简历的基本结构、内容和要求；撰写并完善求职信和简历，做好求职材料的准备；了解面试的类型及应对策略；掌握面试技巧和礼仪规范；了解笔试的类型及应对策略。

第一节　就业信息的准备

【案例分析4-1】

某高校女毕业生小艾平时自视甚高，在就业问题上高不成低不就，毕业后一直在家待业。一日小艾在招聘网站上看到了一则著名外企的招聘信息，月薪过万。小艾马上与对方取得联系，对方询问了小艾的情况后对她非常满意，并要其尽快参加面试。小艾到了约定地点，经面试后被录用，但面试人员称要先交5000元保证金，在入职手续办完后再返还给她。小艾与家人协商后交了5000元，第二天小艾兴冲冲去"上班"，却发现那个所谓的公司早已人去屋空，找不到一个人。

专家点评　大学生的信息素养是一种对信息社会的适应能力，它涉及信息的意识、信息的能力和信息的应用。信息素养能力的培养，不论对大学生的学业还是职业生涯都具有重要作用。在求职过程中，提高信息的综合处理能力，对于能否求职成功至关重要。

就业信息是指通过媒介传递，经过加工处理，能被求职者接受并具有一定价值的有关就业的资料和情报。就业信息可分为广义就业信息和狭义就业信息。广义的就业信息包括毕业生就业的总体形势、社会对人才的需求、就业政策、就业活动等。狭义就业信息主要指用人单位的具体需求信息，如需求单位性质、单位的特色、专业要求、行业现状及发展前景、岗位描述、岗位的薪资状况、工作内容等。

就业信息在毕业生求职过程中起着非常重要的作用，是毕业生求职择业的基础，是求职者通向用人单位的桥梁，是做出择业决策的重要依据，更是顺利就业的可靠保证。就业信息可以帮助求职的毕业生：了解就业政策，以便更好地掌握、运用；了解就业市场和就业需求，以便更好地了解自我；增加更多就业机会，提高就业成功率。

一、就业信息的特点

（一）时效性

就业信息是有一定期限的，效用期很短暂。就业信息一旦过期，其效用就会丧失。一则招聘信息的发布，一般3～5天即自行失效。单位越好，招聘人才的数量可能越少，招聘信息的时效性越强。可能一天甚至几个小时应聘者就会蜂拥而至。对应聘者来说，过时失效的信息，不仅没有什么使用价值而且还会使应聘者浪费精力、时间和金钱，徒劳一场。

（二）共享性

就业信息可以通过不同的载体进行传播，为社会各方共有、共享。所到之处，就会被众多使用者共用。例如，一则招聘信息在校园发布，就会迅速地传播到各个班级和各位同学之中。同学们根据得到的这则招聘信息，纷纷报名应聘，甚至所有的同学都可以前往应聘，这就是就业信息的"共享性"。

在现代信息技术高度发达、信息传播速度极为快捷的条件下，共享就业信息也意味着大学生就业的竞争对手，并不仅限于本班、本校同学，还有全国其他高校的同学，特别是许许多多名牌院校的毕业生。因此，要及早准备，"该出手时就出手"。

（三）有限性

每天都会有许多就业信息被发布，就业信息的数量是庞大的，就业信息涉及的面也是很广的，但求职者获取信息的渠道却是有限的。例如，上海市发出的招聘信息，西宁市的求职者就远不如上海市的求职者得到该信息快。其原因就在于远在青海的求职者与近在上海的求职者获取信息的渠道是不同的。求职者要主动拓宽获取就业信息的渠道，从多方面、多角度获得就业信息，以增加自己的择业机会。

（四）失真性和虚假性

就业信息本身虽然是客观存在的，但由于它的传播渠道、宣传媒介不同，在传播的过程中就会出现偏差。例如，某单位招聘男生这一信息，在传播的过程中可能会被写成只招女生；每月工资 3000 元，写成 300 元；等等。求职者要仔细分析和研究就业信息，善于提问和求证，不要被失真的就业信息所误导。

二、就业信息的搜集

就业信息的搜集是准备求职的同学们做好就业准备的主要工作，也是一个相对漫长的过程。对于一般院校的毕业生来说，搜集就业信息的时间从毕业前一年的下半年就已经开始，可能会一直持续到毕业以后。从某种意义上讲，毕业生掌握了更多、更准确的就业信息，就能赢得更多选择用人单位的主动权。

（一）就业信息的搜集方向

1. 国家就业方针、原则和政策及相关就业法律法规　　如《中华人民共和国劳动法》《中华人民共和国劳动合同法》《中华人民共和国反不正当竞争法》《中华人民共和国公务员法》等。随着毕业生数量的逐年递增，国家面向毕业生的相关就业方针、原则和政策也在逐年改变。近年来，国家出台多项政策，采取多种措施，鼓励和引导毕业生到边远地区、艰苦行业和国家急需人才的地方就业，鼓励大学生自主创新、创业。如教育部《关于做好2022届全国普通高等学校毕业生就业创业工作的通知》（教学〔2021〕5号）文件中针对毕业生到基层就业和自主创业，提出了进一步完善并落实毕业生到基层就业学费补偿贷款代偿、考研加分等优惠政策。《普通高等学校学生管理规定》要求，细化创新创业学分积累与转换、弹性学制管理、保留学籍休学创业、支持创新创业学生复学后转入相关专业学习。

2. 地方的就业、创业政策　　如辽宁省各个地级市及各乡镇的招聘政策、人事代理政策、落户政策等。如沈阳市实施了大学生来沈倍增工程，对新落户并在沈阳工作的全日制博士、硕士和本科毕业生,"在沈首次购买商品住房的,分别给予6万元、3万元和1万元购房补贴。首次在沈就业创业的全日制博士、硕士和创业的本科毕业生,在沈阳市无任何形式自有住房的,分别按每月800元、400元和200元标准,给予最多3年租房补贴。"沈阳"引博"工程对引进的博士提供为期3年、每月2000元的人才资助。

3. 各地举办"双选"活动的信息 求职大学生可以从各级毕业生就业主管部门、人才服务机构组织的各类定期和不定期招聘活动中获取就业信息。

前三种就业信息属于宏观的就业信息,涵盖了毕业生就业的总体形势、国家和地方政府对于毕业生就业创业的相关政策、社会对人才的需求趋势、就业活动等。

了解宏观的就业信息,对于求职者了解未来产业、职业发展趋势,选择就业区域、就业行业与岗位起着重要的指导作用。例如,2020年初,在全国范围内新型冠状病毒肺炎疫情的影响下,交通运输、消费服务、旅游业受到很大冲击,而对于远程办公、在线教育、游戏、视频、医药医疗行业则带来了很多的发展空间。疫情的出现,进一步促进了互联网行业的发展,大量的行业企业将加速网络化改造的步伐,这个过程也释放出了大量的岗位需求。医护人员纷纷奔赴抗击疫情最前线,公共卫生专业类人才的需求激增。

4. 用人单位的相关信息 这类信息属于狭义的就业信息,一般应包括准确的单位名称、经济性质、隶属关系、地理位置、职位名称、招聘人数、岗位要求、薪酬福利、组织结构、用人理念、文化氛围、发展前景、详细地址、联系方式等。完整的用人信息一般包括三个方面:一是关于职业的信息,如职业岗位的名称、岗位数量、职业工作内容、性质或特点、职业待遇、工作地点与环境、发展前途等。二是应聘条件的信息,如对从业者的知识、能力、年龄、性别、身高、体力、外貌等条件的要求。三是程序方面的信息,如报名手续、联络方法、考核内容、面试与录用程序等。

(二)搜集就业信息的途径

对于大学生而言,寻找自己感兴趣、心仪的就业信息的方式有很多种,主要可通过以下六个渠道。

1. 本校的毕业生就业主管部门 学校毕业生就业主管部门既与毕业生就业工作所涉及的各级主管部门之间保持着密切联系,同时也是用人单位选录毕业生所依赖的一个主要窗口。他们在与用人单位的长期合作中,建立了广泛而稳定的工作关系,使他们对就业信息占有量和信息的准确性、权威性,没有任何一个部门可以相比。而且,他们接触到的所有信息都是用人单位针对本校的专业设置、设定的,可信度最高。实践证明,毕业生通过学校就业主管部门发布的就业信息求职的成功率是最高的。因此学校就业主管部门是毕业生收集就业信息的主要渠道,也是毕业生成功就业所依赖的主要对象。

2. 各级毕业生就业主管部门和就业指导机构 教育部在各省、自治区、直辖市主管毕业生的就业指导机构,每年都要根据不同省份、自治区、直辖市的不同情况,制定关于毕业生就业的有关方针、政策。教育部及各省市的就业指导机构也要开展信息共享、信息发布、信息交流和咨询、解答、反馈服务。毕业生通过这一重要渠道会获取大量相关的有效就业信息。

3. 各种类型的大学生就业市场 毕业生就业市场是毕业生与用人单位供需双方进行双向选择,实现求职和招聘的必要场所,是专门以高校毕业生为主要对象的初次就业市场。毕业生就业市场通过收集和整理各种就业信息,并通过适当的方式对所有毕业生公开,供毕业生了解和进行选择。这些就业信息既包括国家宏观的政治、经济形势,也包括有关的就业政策、规定。还包括各用人单位的基本情况和具体的用人需求，是各种与毕业生就业有关信息的集合。同时，市场也要向用人单位提供各个高校的专业介绍和生源情况，提供具体的求职者的应聘信息，方便用人单位进行招聘。目前，有形的毕业生就业市场主要有以下几种形式。

（1）高等学校举办的毕业生就业市场：是高等学校针对本学校毕业生的特点、特征，有针对性地邀请与学校有长期密切合作的用人单位选聘毕业生。它是为本校毕业生服务的专门性就业市场。

（2）各高等学校联合举办的毕业生就业市场：是指两所或两所以上高校联合举办的毕业生就业市场，主要是为了避免单个学校的毕业生就业市场单位少、规模小，进而进行强强联合、资源互补的毕业生就业市场。如辽宁省医药高校每年都会联合举办"东北医药类高校就业工作协作体"和"辽宁医药高校就业工作协作体"大型招聘会。

（3）分科类毕业生就业市场：是地方毕业生就业主管部门为了方便用人单位和各高校，从细化市场的角度出发，把农、医、理、工、师范等科类的毕业生单独集中起来，与相应的用人单位进行双向选择。

（4）层次性毕业生就业市场：是由区域性毕业生就业市场举办的为区域性毕业生和用人单位服务的毕业生就业市场。其特点是辐射性强，区域性专一，对用人单位和毕业生都有较大的吸引力。

（5）行业性毕业生就业市场：是由中央部委主管毕业生就业部门主办的主要为本系统、本行业毕业生和用人单位服务的就业市场。

（6）企业毕业生就业市场：是由大型企业和集团举办的以招聘到本企业就业的毕业生而举办的就业市场。

4. 家庭和各种社会关系　　每年有不少毕业生是通过家庭和各种社会关系落实就业单位的。每个人都有父母等亲人，而且这些亲人还有自己的朋友和熟人，以此延展下去，就会变成一个"关系"网络。毕业生从幼儿园、小学、中学、高中直至大学，都有许多同伴、同学和师长，而他们也各自有许多师友和同学等。通过这些社会资源，毕业生所获取的信息量将大大激增，并且针对性较强。毕业生要特别注意利用师长和校友这一"门路"。尤其是本专业的老师和校友，他们比一般人更了解本专业毕业生适合就业的方向和范围，对一些对口单位的人才需求信息了解得比较详细。通过他们获取就业信息和推荐机会，就业成功率也很高。毕业生要充分挖掘以上的人脉资源，为自己成功求职增加更多可能。

5. 社会实践、毕业实习或业余兼职　　在校大学生可以通过课余时间、假期与社会的接触加强与有关用人单位的联系和沟通，互相增进对彼此的了解，这样做有利于毕业生直接掌握第一手就业信息。如果在毕业前双方互有好感，就很有可能签约成功，直接解决就业问题。

6. 各种网络资源和媒介　　网络的发展为当代大学生就业开创了一片无比广阔的天地，通过网络获取就业信息是毕业生在信息时代搜集就业信息的一种高效、便利的途径。毕业生可以从各式各样的就业服务网站得到诸多有益信息，如国家的中国就业网，或者辽宁省就业网、智联招聘、中华英才网、赶集网、58同城等。

随着高校就业工作信息化建设的推进，微信平台、云就业平台等成为就业服务的新阵地。毕业生应该充分利用学校搭建的就业网络平台获取信息，提高求职成功率（图4-1）。

图 4-1　锦州医科大学云就业创业平台

（三）就业信息的甄别

毕业生在求职择业过程中会获取到大量的就业信息。从不同渠道、以不同方式获得的信息，从形式到内容，从信息的真实程度到信息的有效性都有很大差距，这就要求毕业生根据自身的实际情况，对通过各种途径搜集到的需求信息，结合自己的实际情况，加以筛选处理，去粗取精，去伪存真，有目的、有针对性地进行排列、整理和分析，只有这样才能使需求信息具有准确性、科学性和有效性，使之能够更好地为自己求职择业服务。甄别就业信息时，应注意以下问题。

1. 分析就业信息的真实性　就业信息最大的价值在于它的真实性，因此，分析就业信息首先要确定它的真实性。一般来说，高校就业主管部门为毕业生提供的就业信息可信度都是比较高的。一方面很多用人单位和学校都已连续多年合作，形成了相对固定的就业市场。另一方面，各高校就业部门发布用人单位的就业信息前，都会对用人单位的资质和就业信息进行仔细审查，保证了为学生提供的就业信息是真实有效的。对于从其他途径获取的就业信息，都应该进一步加以甄别和证实，全面了解就业信息内容，不要盲目相信。

如果收集到下列信息内容，毕业生要慎重考虑，认真识别它的真实性。

（1）信息中提供的工资待遇非常优厚，明显高于一般毕业生。

（2）用人单位的资质不全，其地理位置、注册资金等信息不符合实际。

（3）信息中的相关要求宽泛、不专业，与岗位需求不一致。

（4）信息中提及入职前要缴纳面试费、培训费等费用。

还有一些用人单位利用当前许多学生急于找工作、社会经验不足的心理，挖掘大学生充当廉价劳动力，通过延长实习期、哄骗工作机会等手段欺骗求职者。毕业生要把好求职关，认真辨识就业信息，提高警惕，破解职场"陷阱"。

【案例分析 4-2】

毕业生小林在大学时学的专业是会计学，毕业的时候她去应聘某房地产中介公司的会计，招聘广告上写明了是招聘会计。经过简单面试后，小林被录取了。但当她去报到时，却被告知，按照公司的规定，所有员工必须在一线锻炼一段时间，熟悉整个公司的运作流程后方可回到本职岗位。于是小林就被分派到街区做业务员，每天的工作十分烦琐，而且公司迟迟不肯确定何时让小林回到会计工作岗位上。一段时间之后，小林无法忍受，只好提出辞职。公司以违反合约为由，要求小林支付违约金。

专家点评 小林的经历提醒正在求职的大学生，在求职时一定要搞清楚职位的具体内容，仔细分析，询问工作细节。一些招聘单位在发布招聘信息时，经常对招聘职位的工作内容做模糊化处理，玩弄"文字游戏"，用一些听起来职位很高的虚职招聘大学生做业务员。

2. 分析就业信息的实用性 获取就业信息后还要对信息进行效度分析，以判断此就业信息能否为己所用。比如，就业信息是否过期？是否符合政策要求？自己是否符合就业信息所要求的生源状况条件？该职位对求职者有哪些要求？自己是否满足了这些要求等，这些需要毕业生认真斟酌，反复思考后得出答案。在大学生就业市场上，每年总有两三个月是就业信息相对集中的时期，这段时间找工作也最有效，毕业生如果能把握好这段时间，主动出击，就能抓住机遇，找到理想工作。

3. 分析就业信息的内涵 信息的内涵包括用人单位的性质、规模、地理位置；职业的性质、职业素质的要求，职位的学历要求、经验要求以及一些特殊的限定条件，如年龄、性别等。随着社会分工的进一步细化，用人单位所要求人才的层次、专业、性别、能力等方面千差万别、五花八门。就业信息本身必须能够说明它所适用的对象，以及该对象所应具备的具体条件。否则就会让每个毕业生都产生自己都能适合、都能胜任的错觉。因此，必须注意就业信息的内涵，不能盲目追求大多数人看好的职业。

（四）就业信息的收集原则

要想收集到高质、高效的就业信息，需要掌握五大原则。

（1）计划性原则：要制定行之有效的信息收集计划，明确信息收集的目的和内容及收集方法。做到广泛收集与兼顾重点相结合，线上线下收集相结合，信息收集的计划实施与调整相结合。

（2）针对性原则：求职者要在众多的就业信息中筛选出真实、有价值的信息，特别是要与所学专业或所定的职业目标相吻合。毕业生要针对自己需要的就业信息进行收集和整理，不能好高骛远。

（3）准确性原则：就业信息必须真实、可信，不存在虚假成分，才能为己所用。

（4）时效性原则。

（5）系统性原则。

三、就业信息的整理

在搜集、甄别就业信息后，经过对就业信息的相关分析，毕业生将过时的信息、虚假的信息剔除出去之后，把与自己的专业及兴趣有关的信息提取出来给予科学地排序，将与专业、兴趣无关或关系不大的排到一边，仅作参考。经过分类整理，重点掌握对自己来说价值较大的信息。就业信息对自己是否重要，其依据就是是否适合自己。需要特别注意的是，许多信息的价值往往不是浮在表面上的，必须经过深入挖掘才能发现。

就业信息不仅仅只是用人单位的需求信息，它还涉及更广的范围，主要需要认真整理以下三个方面的信息。

（一）关于就业方针、政策方面的信息

毕业生应该熟悉了解毕业当年国家的相关就业方针、政策，以便做到选择适合自己的择业道路，一般来说面向毕业生的相关就业方针政策有如下几种。

1. 鼓励和支持高校毕业生到农村基层"三支一扶"和"选聘高效毕业生到村任职工作"的政策 "当村官"，即经中共中央同意，中央组织部等有关部门决定，从2008年开始，每年选聘10万名高校毕业生到村任职。有关部门研究制定了多项激励和保障政策（具体内容可在网上查询），以引导和鼓励高校毕业生积极应聘到村任职。

2. 鼓励和支持高校毕业生到西部地区或欠发达地区工作的方针 对原籍在中、东部或发达地区的毕业生到西部或欠发达地区工作的，实行来去自由的政策，户口可迁到工作地区，也可以迁回原籍。

（二）鼓励和支持高校毕业生到非公有制单位就业的优惠政策

到非公有制单位就业的高校毕业生，公安机关将积极放宽建立集体户口的审批条件，即时、便捷地办理落户手续。

用人单位将按照国家有关规定与所聘高校毕业生签订劳动合同，为其办理社会保险手续，缴纳社会保险费，保障其合法权益。

劳动、人事部门所属人才服务机构，将为到非公有制单位就业的高校毕业生办理人事关系接转、人事档案管理、转正定级、党团关系、专业技术职务任职资格申报评审、社会保险金缴纳等服务，实行全方位的人事代理服务，解除应聘者的后顾之忧。

（三）鼓励和支持高校毕业生自主创业的优惠政策

自主创业是毕业生一种新的就业途径，毕业生通过科技创新、社会服务或发挥在某一方面的特长，利用所学的知识，自己或与他人合伙创办公司。大学生自主创业不仅可以解决自身的就业问题，而且也可以为他人创造就业机会。国家和地方政府都在积极支持和鼓励毕业生自主创业，现已出台了一系列的扶持政策，对于自主创业的毕业生，工商和税收部门均简化了审批手续，并给予税收等方面的照顾和支持。具体的相应政策要根据所在省份的有关规定。

在整理就业信息时应注意以下几点。

一是掌握重点。信息可以全面收集，但在比较筛选之后，应把重点信息选出、标明并注意留存，一般信息则仅作参考。

二是善于对比。从不同的渠道收集到大量的需求信息后，可用对比鉴别的办法，确定其对自己的用处。

三是不耻下问。为弄清收集到的需求信息的可靠性，应当通过各种方式和途径去打听、澄清，以确定信息的可靠程度。

四是了解透彻。对于重要的信息要顺藤摸瓜、寻根究底，务求了解透彻，不能一知半解。要全面掌握情况，全面了解信息的中心内容。

五是避免盲从。获取用人信息以后，不要未经筛选就轻率地做出选择，这样往往会错过良机或耽误时间。

六是适合自己。一切信息都要用来对照衡量一下，看是否适合自己。千万不要好高骛远，挑选不适合自己的工作岗位。

【知识拓展】

常用的职位检索引擎

智联招聘：https://landing.zhaopin.com/（每日更新实习、就业单位信息）

国家大学生就业服务平台：https://www.ncss.cn/（教育部大学生就业网）

前程无忧（51job）：https://www.51job.com/（每日更新实习、就业单位信息）

58同城：https://bj.58.com/（每日更新本地就业信息）

辽宁省大学生智慧就业创业平台：http://bys.lnrc.com.cn/index.do（针对辽宁省大学毕业生的就业信息专栏）

锦州医科大学云就业创业平台：http://jy.jzmu.edu.cn/（针对本校大学毕业生的就业信息专栏）

【实践活动4-1】

分析以下招聘广告：

×××大学附属第二医院心血管病医院招聘信息

职位：医生

招聘科室：心内科、普外科、皮肤科、放射科、急诊科、重症医学科

职位要求：

1. 本科及以上学历，临床医学相关专业；

2. 在上级医师指导下，认真做好各项医疗工作，具有良好的服务意识和服务态度；

3. 医学知识扎实，熟悉疾病病因、病理及临床表现和治疗方案；

4. 认真写好书面文书，熟练操作医疗系统；

5. 认真执行各项规章制度和技术操作常规，不断提高服务质量和医疗质量，严防医疗差错事故的发生。

福利待遇：

1. 极具市场竞争力的薪酬福利体系；

2. 七险二金、年度体检；

3. 与×××大学附属第二医院优秀专家团队共同工作、学习和科研合作机会；

4. 高端的工作环境及先进的诊疗设备设施。

联系方式：

联系人：×××老师

联系电话：0411-×××××××

联系邮箱：×××@×××××.com

请做如下分析：

1. 分析上述招聘信息前，你认为还应对招聘单位做哪些了解？

2. 对照职位要求，你觉得是否与自身条件吻合？

3. 对照职位要求，你觉得是否能够胜任？

4. 如果去应聘该岗位，为了确保成功，你还需要搜集的信息有_____。

5. 结合招聘广告，你会通过综合自身各个方面的分析，确定你的竞争优势是_____。

6. 为了提高求职成功率，你会如何做？让自己在众多竞争者中显得与众不同。

7. 为进一步了解岗位的具体信息，如果要电话咨询该医院招聘负责人，你准备咨询哪些问题？

四、就业信息的利用

就业信息的时效性较强，信息一旦选定，要不失时机地主动与用人单位的主管人员联系，询问应聘的方式、时间、地点和要求，并准备好完整的求职材料，使求职尽快成行。要根据筛选出来的就业信息的招聘条件、岗位要求来对照检查自己的不足，想办法及时弥补。这一做法尽管在毕业前的有限时间内较为仓促，但却是有效的。

1. 细化查询目标单位信息　在对就业信息经过查阅、分类分析后，对自己将要重点落实的单位要进行以下方面的调查了解。

（1）用人单位的准确全称、性质及上级主管部门。

（2）用人单位的联系方式，如人事部门联系人、电话、通信地址、邮政编码等。

（3）用人单位需要的专业、具体工作岗位。

（4）用人单位对所需人才的具体要求。

（5）用人单位的地点、工作环境及待遇，包括工资、福利、住房、奖金等。

（6）用人单位的现有综合实力，规模，效益，主营业务及远景规划，在行业中的竞争地位。

（7）利用企业生命周期原理进行分析。生命周期是指该单位生存大致经历的四个阶段，即投入期、成长期、成熟期、衰退期。

对这些信息的查询方法，应从以下几个方面入手：一是通过查阅号码簿黄页，抄录用人单位的全称、地址、邮编、电话号码、负责人姓名等备用；二是通过网站、图书馆、广告宣传材料和信息发布等渠道阅览查找企业的详细资料；三是找已经在该单位工作的亲友、同学或其他关系，向他们直接了解本单位的详细情况。采取这种方式所获得的用人单位的信息是最直接、也是最可靠的。

2. 认真研究目标单位信息　尽量深入地了解、分析目标单位的经营范围、经济效益、产品构成、生产规模、分支机构的设置及业务范围、企业文化、发展前途等基本情况。

由于就业信息较多，有些毕业生常感到眼花缭乱、无从下手，可以将类似的信息进行比照和分析。

（1）将不同用人单位的相同招聘岗位进行对比：在搜集、鉴别完就业信息后，把不同用人单位的相同岗位单独列举出来，把不同用人单位的福利待遇、薪资水平、工作环境、企业文化、有无继续学习的机会（研修经历）等逐条对比整理，得出每个用人单位的优缺点，毕业生可根据自身条件、对工作条件及工作环境等因素的需求不同，理性地选择出最适合自己发展的用人单位提供的工作岗位。

（2）将相同用人单位的不同招聘岗位进行对比：对于求职的毕业生而言，同一家用人单位可能会出现好几个适合自己的不同岗位，选择了不同的职位，以后的事业走向也会有很大不同。求职毕业生要把相同用人单位的不同岗位需求对比列出，详细分析各个职位在目前的社会需求情况、未来发展情况、同行业及同单位竞争情况、有无通过继续学习深造上升的空间等切实问题。再联系求职毕业生本身对待职业的兴趣、个人的特点进行综合考虑，进而做出理性的选择。

3. 根据目标单位特点准备应聘

（1）掌握用人单位的招聘程序：了解用人单位的招聘程序，并把自己的择业活动调整到与用人单位的招聘活动较为一致的步调，有利于择业活动的有效进行。用人单位的招聘程序一般有以下几个环节：确定需求和招聘计划，发布需求信息；举办单位招聘说明会；搜集生源信息，分析生源资料，组织笔试、面试，签订协议；上岗培训。

（2）制定针对目标单位应聘的策略计划：即将去应聘的大学生要做好如下具体的准备。

1）制定相应策略：要针对用人单位的特点，根据自身的优势、劣势制定相应的策略，扬长避短。因为不同用人单位有不同的价值取向和用人偏好。

2）调动有效资源：在可能的情况下，搜寻外援（社会关系、亲朋好友、老师、校友，等等），有时候会有很大的帮助，这一点在国内的用人单位中尤其突出。

3）制订详尽计划：要制订详尽的应聘计划、日程。当距离应聘单位较远时，日程安排更需要周全，以免误事。当面临多个应聘单位时，要做出统筹安排，时间冲突时，就要果断做出取舍。

在对就业信息进行整理和利用的过程中，还要注意防范虚假的招聘信息。对提供的待遇十分优厚即明显高于平均值的就业信息，单位相关资质不全、简介信息不符合实际的就业信息，入职前要缴纳诸如培训费、推荐费之类的就业信息要加强甄别和判断，防止受骗上当。在各种就业信息面前，要做到不轻信、不盲从；动手动口动脚，全面深入了解；面对虚假信息，坚决予以剔除。

综上所述，就业信息的处理过程包括：全面搜集信息 → 鉴别获取的信息 → 把握重点信息 → 挖掘潜在信息 → 及时反馈信息 → 合理利用信息。

毕业生在求职之前，应该建立起自己的就业信息库（表 4-1），将通过各种渠道和方法搜集来的与个人求职目标符合的就业信息记录下来，并以电子表格或求职记录本的形式保存下来，便于自身就业信息的积累和利用。

表 4-1　就业信息库

项目	1	2	3	4	5	6
招聘岗位						
信息来源						
发布时间						
单位名称						
单位性质						
工作地点						
工作环境						
企业文化						
发展前景						
用人制度						
工作职责						
专业要求						
学历要求						
生源要求						

续表

项目	1	2	3	4	5	6
性别要求						
外语水平要求						
计算机能力要求						
专业知识要求						
专业技能要求						
薪资待遇						
应聘流程						
联系方式						
其他信息						

第二节 求职材料的准备

求职材料主要包括求职信和求职简历。求职信反映的是求职者的求职意向和主观情况，求职简历反映的是求职者的客观情况。求职简历还是用人单位了解求职者基本情况的重要资料，是证实求职者适合应聘岗位的重要工具。求职信与求职简历的共同任务是帮助求职者获得面试机会。对于每一个求职者来说，写好求职材料将成为求职中的一个十分重要的环节，是踏上求职成功的第一步。

一、求 职 信

求职信又称自荐信，是有目的地针对不同用人单位的一种书面自我介绍，是求职者向用人单位表达自己求职意向的一种方式。其意义在于引起用人单位的兴趣，让对方了解自己，帮助求职者推销自己，概括求职者的能力、想要什么、能做什么，等等。求职信是毕业生向用人单位自我推荐的书面材料，其写作质量直接关系到毕业生择业的成功与否。求职信来源于简历，又高于简历，是对简历内容进行综合、补充说明和深入拓展。简历可以一稿多投，但好的求职信必须量身定做。尤其是应聘一些知名企业，一封出色的求职信是必不可少的。

（一）求职信的撰写内容

求职信属于商业信函，格式一般分为称呼及问候、正文、结束语、附件、落款五部分。重在内容真实，特色鲜明，措辞得当，简明扼要。应针对求职者自身的情况和用人单位的具体要求来撰写。

1. 称呼及问候 这是对主送单位或收件人的称呼语。如用人单位明确，可直接写上单位名称，前用"尊敬的"加以修饰，后以领导职务或统称"领导"落笔，如单位不明确，则用统称"尊敬的贵单位（公司或学校）领导"领起，最好不要直接冠以最高领导职务，这样容易引起第一读者的反感，反而难达目的。

2. 正文 是求职信的核心，一般包括简介、自荐目的、自我条件展示、愿望决心四项内容。
简介是对求职者身份的说明，包括自荐人姓名、性别、民族、年龄、籍贯、政治面貌、文化程度、校系专业、家庭住址、任职情况等要素。自荐目的是要针对自己的求职目的做简单说明，无须冗长烦琐。自我条件展示是求职信的关键内容，主要应写清自己的才能和优势、特长，要针对所求工作的应知应会去写，充分展示求职的条件，从基本条件和特殊条件两个方面解决凭什么求的问题，基本条件应写清政治表现和学习活动两个方面的内容。愿望决心部分要表示加盟对方的热切愿望，展望单位的美好前景，期望得到认可和接纳，自然恳切，不卑不亢。

3. 结束语 一般在正文之后按书信格式写上祝语或"此致，敬礼""恭候佳音"之类的语句，还要写清电话预约面试的可能时间范围，或表明希望迅速得到回音，感谢对方阅读并考虑应聘请求。

4. 附件 求职信附件主要包括个人简历，证书及文章复制件。需要附录说明的材料也可作为附件一一列出。

5. 落款 落款处要写上"求职人"的字样，并标注规范体公元纪年和月日。随文处要说明回函的联系方式、邮政编码、地址、邮箱、电话号码及微信号等。署名处如打印复制件则要留下空白，由求职人亲自签名，以示郑重和敬意。

一封好的求职信应该认真说明以下三个问题：一是求职意愿；二是自己与应聘职位相匹配的优势及工作经历；三是请求对方阅读简历，并给予面试机会。

（二）撰写求职信的注意事项

1. 要有一个新奇、出其不意的开头，这样容易引起对方的重视和爱好，达到先入为主的良好效果。

2. 求职信的内容应特色鲜明，内容精练，直奔主题，切忌太短或太长，500～600字为宜。

3. 内容务必真实，既不过于谦虚，也不要过于夸大。应客观真实地反映自己的优点和才能，以及对用人单位的真情实感。

4. 求职信最好自己手写，字迹工整，杜绝错别字。给人一种亲切、实在的感觉。

（三）动笔前应该考虑的问题

1. 未来雇主需要的是什么？
2. 你的目标是什么？
3. 你能列举哪些与这份工作相关的自身优势？
4. 如何把你的经历与此职位挂钩？
5. 你为什么想为此机构或雇主服务？

（四）一封好的求职信应该具备的要素

1. 告诉对方为什么要应聘这项工作 求职者要在求职信中列举用人单位的优点及吸引人之处，要表达自己对加入到该用人单位的渴望和对该单位真诚的关心。你对用人单位的历史、现状、未来的认识或对领导的关心，将为你赢得对方对你的好感。不过，描述要得体、中肯，语句中不要显露过分吹捧或有意讨好之嫌，以免对方厌恶，反而不利于求职。

2. 清楚地表述自己希望承担的职责 在这一部分，你应说明你想应聘的行业与职位，但无须描述过于具体，太具体了容易缩小你的求职范围，或者与用人单位的要求对不上口径。你在行文时要留有一定的回旋余地，以便使职责同近的岗位也有选中你的可能。

3. 凸显自身条件和能力，表达自己胜任工作的信心 在这一部分，你可以列举自己的专长和曾经获得过的成绩、荣誉等，以表明你具备应聘所需的条件。这样能增强用人单位对你的信任。

4. 措辞得体，突出个性 写求职信时，既要正确地评价自己，对自己的特长、优势、能力做具体而充分的介绍，也要保持态度谦虚、语气委婉，做到自信而不妄自尊大，自谦而不妄自菲薄。用词一定要显得诚恳、充满热情、有人情味，切不可枯燥、呆板、教条化。一份成功的求职信，往往是在真实的基础上，通过独具匠心、巧妙构思的包装，达到不同凡响的效果。另外，运用好的修辞手法，也可使你的求职信文采飞扬。

（五）求职信范文

尊敬的领导：

您好！感谢您在百忙之中审阅我的求职信。

我是××大学××学院麻醉专业 2022 年应届毕业生，面临择业，我满怀憧憬和期待，坦诚地向贵院自荐，并将我的材料呈上，敬请审阅。

大学生活是我人生中最重要的一个阶段，是我探索人生、实践价值、走向更加成熟的过程。在这期间我不但学习了课本上的知识，如计算机、形势与政策、中国近现代史纲要、外语、法律基础等公共课程，解剖学、病理学、生理学、诊断学、生物化学、药理学、麻醉生理学、麻醉学、麻醉设备学等专业课程，以及经济管理基础、逻辑思维与方法、西方哲学智慧和自然辩证法、大学生礼仪等选修课程，还真正懂得了人生的意义和人生的价值。在以后的工作中，我希望自己能够从事临床麻醉、疼痛治疗、重症监护治疗、急救医学、医学教学和研究等相关工作。

几年来，我立志做一个学好麻醉专业的优秀大学生，不仅掌握了扎实的理论基础，而且有一定的实际操作能力以及吃苦耐劳的团队合作精神。出生于农村家庭使我具备了勤奋、吃苦、务实、向上的精神和作风。农村生活铸就了我淳朴、诚实、善良的性格，培养了我不怕困难挫折、不服输的奋斗精神。大学期间，我不断完善自己的知识结构，提高自己的综合素质。系统地学习并掌握了本专业开设的所有课程，掌握了各种常见病、多发病的诊治，能熟练地独立处治一般患者及抢救危重症患者；基本掌握了疼痛学的要领，并且能熟练操作如骨穿、胸穿、腰穿、腹穿、心肺复苏术等。在大学期间多次参加社会实践活动，检验自己所学的知识的同时，使自己具备了较强的分析问题和解决问题的动手能力，同时院学生会主席一职更增强了我的组织和领导及管理能力，特别是在演讲台上更增强了我的胆略和自信。自信和执着是我的原则，沉着和乐观是我处事的态度，爱好广泛使我更加充实。

回首过去，是我勇于探索、勤于求学的知识蕴积之路；展望未来，将是我乐于奉献于业务的事业开拓之途。尊敬的院领导，贵院开创的业绩和远大的发展前景我仰慕已久。深信我会用自己勤勉的汗水与同仁一道为医院的锦绣前程奋斗不息，奉献我的热忱和才智！我真诚希望成为贵院的其中一员。我将以高尚的医德、热情的服务，倾我所能，不断学习，为贵院事业发展贡献一份力量，实现"救死扶伤、恪尽职守、一生济世"的夙愿。相信贵院的信任和我实力的结合将会为我们带来共同的成功！

此致

敬礼！

求职人：×××
2022 年 × 月 × 日

二、简　历

求职简历是自己生活、学习、工作、经历、成绩的概括集锦。它的主要任务是争取让招聘方和求职者取得联系，主要目的是争取到面试的机会。据相关调查发现，招聘者平均在每份简历上只花费 1.4 分钟。每次招聘会结束，都会有大堆式样各异的求职简历被无情地扔进垃圾桶。有的求职者对自己的简历过于包装，有些简历千篇一律，这些也很轻易被应聘单位拒之门外。如何让自己的简历脱颖而出，顺利进入面试阶段，是每个准备就业的大学生的必修课。

简历其实就是求职者的"产品说明书"，是对个人经历的归纳与整理（表 4-2）。

表 4-2　求职"产品说明书"

		产品	求职者
产品说明书	广告部分	产品名称	基本信息
		产品使用方向	求职意向
		产品性能	个人能力
		产品优势	荣誉奖励
	说明部分	产品使用历程	工作/实践经历
		产品更新历程	教育/培训经历

（一）一份好的简历的标准

1. 以优良的人品感动人　是否具有非凡的经历、优秀的人格品质及良好的性格，已经成为当今许多用人单位在录用人员时要考虑的一项重要条件和内容。求职者假如能在这方面进行挖掘，做些文章，无疑会给自己增添一些优势。

2. 以明显的优势说服人　对于那些在大学阶段成绩优异和能力出众的求职者，在写求职简历时，就要善于突出和反映自己的优势，优点尽可能具体化。如写"成绩优异"就不如写"成绩排在年级或专业的第几名，通过了国家大学英语四、六级考试，被评为校三好学生"等，这样写更具有分量。

3. 以独特的见解征服人　求职者在写求职简历时，假如能够自然地写出对一些与自己相关问题的看法，也可让用人单位对自己熟悉事物的能力和水平有所了解。

4. 以出众的特长吸引人　用人单位都希望被录用者具备一定的特长才能与所聘岗位相符，因此，在写求职简历时，一定要根据应聘岗位突出自己的特长。如应聘的是行政、人事治理类的岗位，简历中可突出自己在计算机应用、沟通、协调、组织等方面的能力。应聘营销类职位时则要突出自己的策划、社会活动、创新和表达能力等。

（二）简历的主要内容

一份简历通常应包含"一个中心、两个基本点、三个主要要素"，即以求职意向为中心；以个人信息、教育背景两个与求职意向有关的基本点；包含个人工作实习经历、项目经历和社会实践经历三个主要要素。具体包括下列内容：

1. 求职意向　有些同学在撰写简历时往往忽略写上求职意向，它是简历的核心内容，要出现在简历的前部分。求职意向不能过于空泛，一般可以直接写职位，如内科医生、行政文员、康复治疗师等，或者写出在某方面具备的技能和经验，想要在哪些领域实现自身价值。

求职意向不能太多，最多两到三个，而且是相近的职位。如果有多个职业目标，就要分别撰写不同简历，不能让用人单位觉得你什么都能干，什么都想干。求职意向要有针对性，越具体越吸引招聘人员，从侧面反映想应聘本岗位的诚意。简历具体内容的书写也要以求职意向为目标。

2. 个人信息 包括姓名、性别、出生年月、联系方式、住址、户口状况、照片等。这部分内容是为了方便用人单位知道求职者是谁，如果感兴趣，能够很容易联系上求职者。因此，个人信息部分应该简单并完整。

在填写个人信息时要注意几个问题：名字要用真名，不能用"李先生""王小姐"等字样；联系方式中的固定电话号码要加上区号；如果是党员或其他民主党派人士，可以填写政治面貌，否则不必写上；精心打扮，拍摄精良的正装照比较合适，不要用艺术照或自拍照。出生年月、籍贯、政治面貌、婚姻状况、身体状况、兴趣爱好等内容视个人以及应聘的岗位情况，可有可无。

3. 教育背景 要按照时间逆序和学历降序来写清就读的时间段、就读学校、所学专业、学历、相关课程、研究项目、成绩排名，等等。

（1）就读的时间段：要写上起止时间，并且能够衔接。

（2）就读学校：如果学校是用人单位非常认可的，可以加粗表示。

（3）所学专业：如果所学专业与求职岗位对口，可加粗显示。如果是跨专业，要写出双学位或辅修专业。

（4）相关课程：把与应聘岗位对应的课程写在最显眼处，列出三四门即可。

（5）成绩排名：学习成绩较好的同学，可用"排名在全年级前三分之一""排名在年级前10%"等表示。成绩一般的同学可省略此内容。

4. 工作实习经历 这是简历的核心部分，也是用人单位了解求职者对于应聘工作最直接的部分。应交代清楚所在部门和所担任的职务。这两项内容要在"单位名称"后另起一段开始写，如果想介绍工作单位情况，则职务与部门应在"单位简介"后另起一段。职务与部门都应用黑体，如"学生会文体部干事""妇产科护士""研发部分析员""人伤调查及核损员"等。主要介绍一下求职者以往的工作内容以及在这个过程中的成果。

实习经历这部分不一定要强调工作内容，主要强调实习期间从工作中学到的技能和素质，得到的收获和体会。根据所投职位的相关职能将自己的实习经历进行重点突出介绍，其他不相关的则可以一笔带过，甚至省略，忌按照时间顺序写流水账。因为，将相关的实习经历放在最前面并突出自己在实习中的工作亮点，比较容易引起人力资源主管的兴趣。

5. 项目经历 反映求职者在某些方面的科研或动手能力以及对某个领域或某种技能的掌握程度。比如负责或参与大学生创新创业训练计划，担任科研助理，参加各类大学生创新创业大赛及技能大赛，协助老师从事某些方面的实验研究，等等。这部分经历也属于工作经历的一部分，要按照工作实习经历的要求来写，着重强调项目取得的成果及在项目中承担的角色、运用的技能。

6. 社会实践经历 在描述社会实践的时候，也应参照"与职位相关"的原则，将与职位要求相关的社会实践重点描写，写在前面，与职位不相关的轻描淡写或者不写。不能简单地写哪段时间做过什么，而要写出做过之后你有什么收获。与工作实习经历描述类似，除了描述工作内容以外，还要重点描述工作所取得的成果，并辅以具体数字来证明。这才是面试官想要看到的。

有些大学生在校期间参与了不少社会实践，例如，到企业实习，参加学生会、志愿者活动,参加支教、支医、暑期三下乡活动等。在书写简历时应重点突出在这些实践中得到了哪些锻炼、提高了哪些能力。比如有的同学在校期间曾经在肯德基餐厅打工,如果写成"××××年××月××日,在肯德基做服务员,工作是点餐送餐",将时间、地点、事情表达得虽然很清楚。可是看不出能体现出求职者的什么技能。要学会提升和总结自己的实践能力,比如改成"在肯德基餐厅做服务员期间,通过对用餐高峰期客户需求的分析,协调接待员,优化了点菜的流程,提高了效率",这样就能看出求职者的组织和团队协作能力。

7. 获得的奖励和资质 几乎所有求职者的简历上面都会罗列各种奖励,招聘单位对此早已司空见惯。因此,仅仅写上一大串奖励没有太大意义,要用数字或获奖范围表示所获奖励,往往会增加奖励的含金量。要按照求职目标的重要性或奖项难得性排序。例如,获得"辽宁省优秀毕业生"称号(全省××名,全校仅××名);连续三年获得校级奖学金(前5%)。如果获奖性质和类别类似,要按照类别分别描述。对于一些能够反映某些方面技能和学识的奖励,如"挑战杯"、"互联网+"创业大赛、动植物标本制作大赛、临床技能大赛等要写在简历靠上部分,也可在教育背景中单独体现。

(三)简历书写的技巧

1. 将"个人简历"几个字换成自己的姓名 建议求职者将简历上方的"个人简历"四个字换成自己的姓名和联系方式。招聘者在挑选求职者进入下一轮笔试或面试时,经常会遇到人数不够的情况。他们不可能再重新从上千份简历中找出符合条件的求职者,他们一般只会凭第一遍看简历时的印象进行筛选。如果求职者的简历上最明显的位置上写的是自己的姓名和联系方式而非毫无用处的"个人简历"四个字的话,人力资源主管就能轻松地记住该求职者的姓名,并找到他的简历。

2. 简历的内容有一、两页纸即可 一般来说,简历有两页纸就足够了,不仅可以节约求职成本,还方便人力资源主管翻阅。第一页可以描述本人的基本概况,第二页再具体介绍自己丰富的实践经验及兴趣、特长等内容。

3. 简历不宜过于花哨 用人单位一般会喜欢简洁明了、条理清晰的简历。有些求职者简历制作得不错,但太花哨,全都是密密麻麻的粗体字、斜体字和艺术字,或者洋洋洒洒几十页不能让招聘单位一目了然。一部分应聘者为了能得到更好的工作将自己的个人简历编写得过于优秀,从而想获得面试机会,但是这样过分的润色只会让用人单位反感,那种花哨的简历模板虽然能够起到吸睛的效果,但是也会让招聘人员认为其虚有其表,好的简历模板只需要适当地增加一些设计感即可。

4. 用优质纸张打印简历 许多求职者为了节约成本,会选择便宜而粗糙的纸张打印简历。求职者的简历到了招聘单位后,一般还会进行多次复印,以供多位不同的人力资源主管或上层领导查看。用粗糙的纸张打印出来的简历可能最初效果还不错,但经过多次复印后就会模糊不清了。所以,简历最好选用优质纸张打印,以示应聘的诚意。

5. 简历上最好不写薪水要求 许多刚刚毕业的大学生对行业和应聘岗位的薪酬情况不是十分了解,导致提出的待遇与应聘单位实际不符。那些高于求职者期望薪资的单位会觉得求职者水平不够,所以才要求比较低,进而不通知求职者面试,从而丧失了机会。而部分待遇低于求职者期望薪资的单位又会因为觉得达不到求职者的要求而不通知面试。因此,如果用人单位在招聘启事中没有明确要求求职者写明期望薪资,而你对行业内外的薪资水平又真的不了解,建议还是选择不写,或者写"面议"。如果用人单位在招聘广告中已经提到了要写明薪资,求职者可在填写前先对自己的目标职业在行业内的薪资范围做一个了解。

在简历上填写的期望薪资最好不要只写一个数字,应该写成一个区间,这样在面试过程中还可以增加更多谈判空间。

6. 突出对求职有用的兴趣和特长　无论是机关事业单位还是私营企业的人力资源主管,都十分重视员工的兴趣和特长,因为一个人的兴趣和特长不仅能体现一个人的性格特点,而且在必要的时候,如单位举办的球赛、演出等活动中能起到重要作用。因此,求职者一定要重视该项内容的填写。不建议写自己的爱好,而应写自己的强项和特长。同时,还应该注意突出对求职有利的兴趣、特长,围绕求职意向来写,避免对求职造成不利影响。

如应聘电子商务相关的工作可以写一些"网虫""网上冲浪"的兴趣;要应聘销售人员,就要突出能反映自己口才好,思维敏捷,涉猎广泛的兴趣爱好特点。下面是一些简历中的兴趣爱好及让人联想到的特征,可以作为借鉴。篮球、足球、排球:团队精神,适用大多数岗位;围棋、国际象棋:战略意识,应聘市场类或者高端职位比较适宜;旅游:适应不同环境的能力,快速学习的能力,特别是某些工作职位需要经常出差,有这方面爱好的求职者无疑有一定优势,适用于销售业务类职位;演讲、辩论:沟通能力强,适用于市场类、销售业务类职位。

7. 实践经验应具体明确　招聘单位都非常重视求职者的实践经验,因此,在描述实践经历时切忌含糊不清,一定要将自己的具体工作描述清楚。描述工作实习经历和社会实践经历都可以使用 STAR 法则。

（1）situation（S,情境）:相关经历及任务的背景是什么类型的,怎样产生的,当时情况是怎样的。

（2）task（T,任务）:在相关经历及任务中要达到什么目标,完成过程中涉及什么环节及流程。

（3）action（A,行动）:针对这样的情况进行的分析,决定的行动方式及采取的步骤。

（4）result（R,结果）:描述结果怎样。

比如对参加学院大一新生辩论比赛,代表班级组队参赛并获得冠军,本人获得最佳辩手称号。参赛经历就可以这样来设计。

situation:学院大一新生辩论比赛共有 10 支队伍参赛,各队伍实力相当,我们小组有 4 名成员……

task:熟悉辩论流程,掌握辩论技巧,获得辩论冠军。

action:作为小组组长,主动收集、编辑、整理辩论资料,组织小组学习流程,编制训练题,进行小组模拟训练,根据每个人的特点,分配任务（说明:应尽量详细描述,包括当中遇到的困难及问题,自己是怎么解决的）。

result:自己领导的辩论小组从 10 支参赛队伍中脱颖而出,最终获得辩论赛冠军,同时和另外一名队员获得最佳辩手称号。

8. 通信方式通畅　一定要在提交简历后确保自己所留通信方式的畅通性,避免在用人单位通知面试时,联系不到求职者,失去来之不易的求职机会。建议毕业生同学在求职简历中除了填写自己的通信方式外,额外填写一个备用的联络方式,以备不时之需。

（四）书写求职简历的注意事项

第一,不要"遍地开花"。不要因找工作心切,随便找一些单位发出求职简历,这种四处撒网的做法,没有针对性,缺乏对用人单位的了解,工作之后才发现不理想,悔之晚矣。

第二，不要长篇大论、夸夸其谈。简历，顾名思义是简练的经历，切不可篇幅过长，洋洋洒洒十几页，写的人费力，看的人费神。简历要精练，使看的人一目了然，印象深刻，否则，结果往往事与愿违，反而影响效果。

第三，不能主次不分，眉毛胡子一把抓。语言表达的逻辑性、条理性、明确性是写求职简历最起码的要求。把自己的最闪光的部分重点表达，人人都有的就一般陈述，甚至不提。撰写简历切不可轻率行事、信手拈来，应再三斟酌、反复推敲，该写的写清，不该写的删除，扬长避短，做到写的简历合适、合格、合理、合意。

第四，忌笔迹潦草、错字别字。有的人写简历为了图快，字写得龙飞凤舞，尽情发挥，看这样的简历如同看天书，看都很费力还有何兴趣可言？有的是在打印、复印时不注意质量，掉行漏字，而漏、掉的恰恰又是关键的字句。因为粗心大意而痛失良机那真是太不合算了。

第五，忌虚假不实、前后矛盾。简历是较真实地反映自己学历、经历、技能和成就的重要自述，如果凭空捏造，或有夸张、虚假的成分，与本人真实情况不符，即使一时得逞，也总会露出马脚，前功尽弃不算，还可能封闭其他应聘的成功通道，那就太得不偿失了。

第六，不要稀奇怪异、生僻花哨。有的求职者为了给自己的简历生辉、增色，把大量的花哨、华丽的词句堆砌在一起，或大量地使用成语、俗语，有的人甚至自己去创造成语，却不知会弄巧成拙，给人有画蛇添足之嫌。还有些人喜欢在简历中用些生僻字、句或喜欢用些繁体字，有时会适得其反。

总之，求职是一个自我推销的过程，写求职信或简历，只能适度推销，而不可夸大其词。书写应工整、规范，要有理有节，不卑不亢，做好"一颗红心，两种准备"。

（五）简历的投递

求职简历投递要本着"利他"的原则，即有利于招聘单位的工作和查阅。投递方式主要有以下几种。

1. 直接送达 是指按照用人单位指定的时间将自己的简历送达给招聘者。采用此种方式能使求职者利用与招聘者初次面谈的机会展示自己，为自己在众多求职者中脱颖而出创造机会。送达的地点一般为用人单位参加的招聘会现场和单位所在的人力资源部门。

2. 邮寄送达 是指按照指定时间、地点将自己的个人简历用快递的方式寄送到用人单位。采取此种方式最好在快递单上写清"应聘"字样和应聘职位，字迹要清楚工整。

3. 网络送达 是指通过电子邮件的形式将个人简历发送至用人单位的邮箱。这种方式省时省力，节约招聘成本，是目前求职毕业生的主流简历投送方式。通过邮箱发送简历时要注意以下几点。

（1）邮件标题明确。如果你的标题只写了"应聘"或是"求职"或是"简历"等，可以想象一下简历的被关注程度一定不会高。所以至少要写上应聘的职位而且最好在标题中就写上自己的名字，便于人力资源主管审核。

标题一般要用中文写，除非应聘时要求用英文。每天人力资源主管不仅会收到大量的简历，还会收到大量的垃圾邮件，这些邮件很多都是英文标题的，如果用英文做标题，反倒有可能就被当成垃圾邮件删除了。如果想证明自己的英语水平高，可在简历中发挥，不用在题目上做文章。也不要用一些奇怪的符号，比如"～～～""&""#""****"，都有被当作垃圾邮件的可能。

一个标准的标题应该是：申请的职位-姓名-职位要求的工作地点。这样能保证所发邮件被阅读。如果有比较明显的优势，或是工作经验丰富，或是学校比较出名等，这些自己觉得可以增加求职含金量的项目，都可以写在标题中。例如，申请的职位-姓名-××年工作经验；申请的职位-姓名-××大学。在邮件主题上做点文章，可以突出自己的应聘优势。

（2）发送附件要慎重。要了解招聘信息中对简历投递的要求，是否注明了采用正文发送简历还是附件发送简历，应严格按照招聘信息中的要求投递简历。如果招聘信息中没有注明投递要求，要查看接收简历的电子邮箱类型，是单位系统邮箱还是163、yahoo、sina等公共邮箱？如果是单位系统邮箱，则采用正文发送简历；如果是163等公共邮箱，建议采用附件发送简历。

采用附件发送简历时，要注意以下事项：

一是采用附件发送简历的同时要在正文中附求职信，一定不能在邮件正文中留空或者只是注明"附件是我的简历"等，一定要在正文中写上求职信，说明应聘的职位名称、为什么适合这个职位及自己的技能素质等优点。这样做的目的就是在人力资源主管没有下载附件简历前将自己的最大优势呈现出来。

二是要起好附件名称，便于人力资源主管直接下载保存。切勿用"我的简历""简历3"等字眼，这样的形式命名被人力资源主管直接下载保存后无法区分。附件的名称最好为"应聘的职位＋自己的姓名"，方便人力资源主管直接下载保存，而后又能方便地查阅到你的简历。如果用人单位还要求发送其他作品、证明之类的附件，那么这些附件的名称最好是"作品名称＋姓名"。这样也能显示出求职者的专业性。

三是要注意附件的文件格式。最好使用Office的Word制作简历，如招聘信息中没有特别注明，建议不要转成pdf格式或使用其他非Word格式的简历。因为不是每个用人单位的电脑都安装能打开pdf文件的软件。在用Word制作简历时，同时要注意保存的Office Word版本格式。如果是采用最新版的Word软件，在保存文件时，一定要保存为低版本的格式，使得低版本的Word软件能够正常打开（如Office 2003）。因为招聘单位的电脑，其Office软件未必是最新版本，如果简历保存的是Word高版本格式（如docx格式），则Office低版本是无法正常打开的。

四是附件不宜过大。以附件发送简历，只需要发送简历即可，无须发送成绩单、证书等其他附件。除非招聘信息中明确注明要提供这些材料。附件文件不要过于庞大，因为不是每个单位的网络连接外网都很快。

有些招聘单位的邮箱容量比较小，且为了防止电脑病毒传播，不允许邮件中带附件。带附件的邮件要么是被直接删除，要么就是附件被删除。如果是不能接收附件的单位邮箱，就需要应聘者将简历以正文的形式发送。

正文发送简历的优点是无须下载附件，人力资源主管打开邮件正文即可看到简历内容；纯文本格式，容易查看，不会因为电脑没安装某种软件而打不开文档简历文件（如doc、pdf、excel等格式）。

（3）使用附言传达针对性信息。可以简要勾勒自己的合格"背景"，引起人力资源主管的注意；也可使用温情的结语，如"敬候您的佳音""五一假期将至，提前祝您节日愉快"。要注意简历是一份很正规、严谨的文件，任何卖萌、搞怪都可能直接断送应聘者的求职前途。比如，在附言中写上"我的简历在附件中，希望得到各位大神的喜爱啦"，这样的求职一定会被扣分，如果改成"我的求职简历见附件。请查收，希望得到您的垂青！"更合适一些。

【实践活动 4-2】

×××简历

个人信息

姓名：×××	性别：男
出生日期：××××年××月××日	年龄：××岁
民族：×族	学历：本科
政治面貌：中共党员	毕业院校：××大学
专业：临床医学	英语能力：英语六级
健康状况：良好	身高：179cm

联系方式：138××××××××（手机）　×××××××@qq.com（邮箱）

联系地址：××省××市××××××××

求职意向：在骨科、皮肤科等相关科室从事临床工作

实践经验与工作经历

专业实践经验
2021.3～2021.7：××大学附属××医院（三甲）见习医生
2021.7～2022.6：×××中心医院（三甲）实习医生
在校工作经历
2018.10～2018.12：××大学临床学院团委学生会办公室委员
2018.12～2019.12：××大学临床学院团委副书记

教育经历

2018.9～2022.6：就读于××大学临床学院

获得奖励

省级奖励
2018～2019年度：××省暑期社会实践先进个人
2019～2020年度：××省优秀学生干部
校级奖励
2018～2019年度：××大学优秀学生干部
2019～2020年度：××大学优秀共青团干部、优秀青年志愿者
2020～2021年度：××大学优秀学生干部、优秀共青团干部

职业技能

专业技能：在医院实习期间，先后轮转了内科（呼吸、消化、心血管、内分泌和神经内科等），外科（骨科、普外科、泌尿外科、神经外科、心胸外科等）等科室。熟悉了解临床科室的常见病和多发病的诊断和治疗，熟悉掌握了规范书写病历、病程记录、手术记录等，熟练掌握了伤口清创缝合术、换药术、导尿术、体表异物取出术等临床基本操作技能
计算机技能：熟悉掌握Office办公软件及基本电脑维护操作
外语技能：英语通过国家四、六级考试，阅读和翻译能力较强
普通话：二级甲等

自我评价：责任心强，热情踏实，思维活跃，有目标有理想，追求完美，上进心强！

【知识拓展】

工作经验少的简历怎么写？

刚刚走出校门的毕业生，面临的是和有着相似学历但却有更多工作经历、更丰富工作经验的竞争对手，你要做的只能是下面几点。

1. 突出实习 实际上，实习工作的性质和内容同许多工作相似，它们都需要自律以完成多项任务。你也有可能早已学习过许多不和你应聘工作有直接关联的事物。这些事物必须在工作经历栏目体现出来。这些实习工作同样要求高度自律的特性、完成不同任务的能力以及其他方面的个人素质，而这些素质也正是许多工作需要的。

2. 突出社团 比方说，在社团中曾经担任过社长（或是创立社团）有时就代表着一定的领导能力，独立或经由团队合作安排跨校联谊、建教合作等活动，可能代表着一定的协调力、谈判力、团队重视程度，或是开发市场的能力，利用社团经验的填写形式，可以有效帮助主管猜测你的个人特质和个性，也是另类彰显能力与评估发展性的指针。不过，在这里要注意的是，并不是每项社团经历对求职者都有帮助，也不是每一次的校内活动都有正面的意义，建议毕业生在处理这部分的时候要稍微做一番整理和选择。

3. 学习至上 可将学业看成工作经历，应该强调自己极强的学习能力能够有效地弥补所欠缺的工作经验，同时辅佐以大量真实、详细的例子作为补充。在简历中着重强调最近的教育和培训，包括学过的特别课程和所参加的一切与新工作有关的活动。在简历中也可以有效地陈述出那些你在其他行业的工作技巧，尽管看上去和你应聘的工作没有直接的关系，那些工作经验同样提供可适用、可转移运用技术来支持你应聘的工作。

4. 勤能补"拙" 你应该在简历中的工作技能部分强调"勤奋苦干""可适应的技术来弥补你所欠缺的工作经验"，等等。这样就可以给你未来的雇主留下较深的印象。同时，你也必须考虑表达接受困难条件的意愿以实现转行和增加工作经验的目的，例如，"愿意在周末和晚上加班"或"能够出差或外派"，也许这样就能为你获取工作的机会。

自身的劣势在简历中怎么写？

1. 成绩一般 突出与专业相关的、高分数的课程；突出工作实习、社会实践经历。
2. 英语没有等级证 用相关活动和英语工作环境证明。
3. 非名校毕业 展示学术活动、培训计划，强调从事高学历者负责的工作经历。
4. 工作经验不足 突出实习和兼职经历、社团活动，强调取得的成绩和快速学习能力。
5. 专业不相关 寻找对专业背景要求不高的工作。强调辅修、选修课程，突出个人技能。
6. 年纪太轻 不刻意要求薪水、工作条件、工作量，敢于挑战和承担工作。
7. 应届毕业生 强调最近的教育与培训，相关课程与实践活动，研究相关工作技能和最新知识，制作功能性简历。

三、其他求职材料

学习成绩单、外语等级证书、技术等级证书、职业资格证书、荣誉证书的复印件、社会实践、毕业实习的鉴定材料、科研成果证明及在报刊发表的文章复印件、学校推荐表或推荐信等都可作为求职材料递交给招聘单位，用以补充求职信和简历的内容，提供佐证。

> 【知识拓展】
>
> 怎么看待求职需要的证书？
>
> 　　大学生考证热由来已久，被很多大学生认为是求职的必备法宝。证书并不是能力，但它能代表一个人的某些能力。证书可以代表求职者在大学期间没有虚度时光，代表求职者追求上进的学习和生活态度。证书可以成为求职应聘的加分项，但并不是所有的证书都适合求职者，要根据自己的实际情况有选择地考取证书。
>
> 　　首先，大学生要慎重、理性地选择考取证书，不能滥考。每年应聘的大学毕业生中手持各种证书的不少，但真正被用人单位看中的却是少数。主要原因在于大学毕业生手中的各种证书与用人单位的要求脱节，证书与要应聘的职位没有什么相关性。
>
> 　　其次，要认真选择认证机构，根据自己的实际情况决定。一般来说，由国家劳动和保障部门、教育部等部门颁发的证书具有权威性，但有些用人单位更看中由行业协会发的证书。大学生一定要选择适合自己的证书。
>
> 　　再次，提倡以"专业为主，考证为辅"，在考证过程中要防止三大误区：证书多多益善，证书越热越好，证书就是"入场券"。
>
> 　　总之，招聘单位是否决定录用的标准是看学生的实际能力，而不是看谁拥有的证书数量多。证书并不代表一个人的全部，证书与能力也不一定对等。大学生要珍惜大学时光，努力提高自己各方面的能力，理性考证，才能在应聘过程中表现突出，最后求职成功。

　　对大学生来说，比较重要的证书包括：

　　1. 大学英语四、六级证书　单位招聘要求大学英语四、六级水平，并不是需要毕业生有多高的英语水平，而是在众多的应聘者中增加一个考核标准。如果四级都没过，说明你大学期间并没有太努力。

　　2. 专业技能证书　与自己专业相关的和与自己目标职业相关的技能证书或资格证书一定要考，这些都是很加分的（每个专业需要证书不同，可以咨询自己的专业前辈）。

　　3. 专业相关比赛获奖证书　说明你本专业学得很优秀，从事本专业相关工作和胜任力很强。

　　4. 国家奖学金和院级奖学金证书　也能证明你在大学是个很优秀的学生。

第三节　面试应对技巧

> 【案例分析4-3】
>
> 到底差在哪儿？
>
> 　　杨同学是一名临床医学专业英文班的应届毕业生，当年曾以优异成绩进入大学学习。在校期间他学习成绩优秀，多次获得奖学金，顺利通过大学英语六级考试。作为"学霸"的他还是学生会干部，多次组织学生会活动，获得老师和同学的好评。毕业前夕，他参加了硕士研究生考试。在等待考试结果期间，得知有家监狱管理局医院到校招聘优秀毕业生，为了圆儿时的警察梦，他准备前去应聘。同学们都在积极准备，他却异常轻松。认为凭自己的能力进入这家单位肯定没问题，如果自己不读研，肯到这家医院去工作，还是他们荣幸呢。面试当天他信心满满，在自我介绍时侃侃而谈，将自己各方面取得的成绩娓娓道来，足足用了十多分钟。讲到兴奋处眉飞色舞，得意洋洋。他觉得考官一定会被自己面试的上佳表现所

征服，最终录用自己。可是最后也没等到应聘成功的消息。原来医院选择了几个相对低调、踏实的优秀学生。

思考： 一向优秀、各方面都很出色的杨同学为什么会在面试这一环节败下阵来呢？

专家点评 对毕业生来说，从小到大各种笔试不断，久经考场经验丰富，而对于面试则因经历少，经常不知所措，屡屡失利，但面试恰恰是用人单位考察求职者的关键环节。通过招聘单位与应聘者的双向交流，使供需双方相互了解，从而更准确地做出聘用与否或受聘与否的决定。用人单位往往通过面试，了解和把握求职者的知识水平、心理素质、应变能力、语言表达、形象气质、处世态度和敬业精神等，可以说，面试是对应聘者综合素质测验的考量，也是求职者将自己全方位展示给用人单位的最佳时机。因此，掌握面试的技能技巧是毕业生求职成功的关键因素。

一、面试的基本程序

（一）面试的主要模式

面试是评价求职者素质特征的一种考试方式，根据招聘对象的水平，面试常采用不同模式。

面试的模式按应试者的行为反应可分为言谈面试和模拟操作面试。言谈面试是通过主试与被试的口头交流沟通，由主试提出问题，被试口头回答，是考察应试者知识层次、业务能力、头脑机敏性的一种测试方法。模拟操作面试是让被试者模拟在实际工作岗位上的工作情况，由主试给予被试者特定的工作任务，考察被试者行为反应的一种测试方法。

面试按操作方式分为结构化面试和非结构化面试。结构化面试是指针对测评指标预先设定问题结构和评价标准并遵循特定程序进行的面试。非结构化面试是指在面试中所提的问题以及谈话时所采用的方式都是由主试自由决定，谈话层次交错，具有很大偶然性的面试。现在大多用人单位在人才招聘时均采用这两种方式。

面试的模式按人员组成可分为个人面试、小组面试和集体面试。个人面试又可分为一对一面试和一对多面试两种。一对一面试多用于较小规模的单位或招聘职位较低员工，有时也用于人员粗选或最后录用决策。一对多面试是由2～5个主考人组成主试团，分别对每个应试者进行面试。主试团一般由人事部门、业务部门的主管人员组成。小组面试则是当一个职位的应聘人员较多时，为节省时间，让多个应试者组成一组，由数个面试官轮流提问，着重考察应试者个性和协调性的面试方式。集体面试主要是将被试者分成几组，每组5～8人。主试数人中确立一个提问者，提出一个能引起争论的问题展开讨论，其他主试人在一旁观察，考察被试者的沟通能力、协调能力、语言表达能力和领导能力。医学院校毕业生的面试以个人面试居多。

面试的模式按进程组成可分为第一次面试、第二次面试、第三次面试直至更多次面试。一般来说，录用人员的层次越高，面试的次数越多。

用人单位在校园招聘中常用的面试类型及特点如下（表4-3）。

表4-3 常用的面试类型及特点

面试类型	主要特点
电话面试	面试人员通过电话对应聘者进行提问。一般发生在笔试之后，经常在面对面考核之前采用，针对某些特定问题对应聘者进行进一步了解

续表

面试类型	主要特点
视频面试	面试人员与应聘者利用电脑、微信,通过视频设备和耳麦,运用语音、视频、文字的即时沟通方式进行面试
结构化面试	面试人员通过设计面试所涉及的内容、试题、评分标准、评分办法、分数等对应聘者进行系统面试。目的在于评估应聘者工作能力的高低及是否能胜任应聘岗位
无领导小组面试	采用情景模拟的方式对应聘者进行集体面试。多个应聘者需要合作完成某个项目
情景面试	面试人员设置一定的模拟场景,要求应聘者扮演某一角色并进入角色情景中,去处理各种事务及各种问题和矛盾

1. 电话面试 大多数用人单位面对较多简历无法一一面试的时候,在正式面试前,通常会以电话面试的形式来筛选应聘者进行首次面试,大致了解求职者的实际情况。电话面试的时间短则 5 分钟,长则 20~30 分钟,取决于人力资源主管对应聘者的判断。招聘方主要是通过电话沟通核实应聘者的相关背景、表达能力,以此判断应聘者是否符合招聘职位的要求,并根据电话面试结果决定是否给予进一步面试的机会。因此,求职者在电话面试中要注意以下事项。

(1)选择恰当的通话地点和时间:接到电话的地点可能在任何地方,街道、商场、公共汽车站等,这些地方声音嘈杂,不利于沟通,这时,你可以主动要求另约时间再联系,如说:"对不起,我正有事,目前的环境比较吵,是否可以半个小时之后给您回电话?",人力资源主管一般都会答应这样的要求。这时,你要留下人力资源主管的电话,等到约定的时间主动回复电话。要选择可以安静坐下来,拿着纸笔进行记录的地点进行电话沟通。安静的环境能保证双方都能听清楚,不会有漏听或误听。用纸笔对面试问题要点进行记录,也可以适当地记录回答的要点。手中拿着简历,有利于用肯定的语气回答人力资源主管的问题。看着简历进行自我介绍既有条理,也不会遗漏要点。

(2)注意电话沟通的必要礼节:不要以为电话面试,就可以斜在沙发上,跷着腿回答问题,相信你的表情一定会被人力资源主管"看到",要用重视、严谨的态度来对待电话面试。接听电话时要用"你好"等礼貌用语,绝不能说"喂",这样印象分就会打折扣。要用"你好""谢谢"等礼貌用语,礼貌用语也是职业化的一种表现。不能一边使用电脑,一边吃东西,一边回答电话面试,这样的回答心不在焉,效果可想而知。电话面试结束时,要感谢对方来电,感谢对方的认可,表达进一步合作的愿望,可以说:"感谢您的来电,谢谢您对我的认可,我希望能有机会与您面谈,您有任何问题请随时来电。"如果对方直接约定面试,一定要拿笔记下时间、地点,重复一次,保证准时参加面试。

(3)注意语速、语调,适时沟通:无论对方在电话面试时是语速很快,还是不紧不慢,应聘者的回答语速都不必太快,主要是口齿清晰,语调轻松自然。发音吐字要清晰,表达要简洁。如果没听清对方的问题或没有理解问题,可有礼貌地请面试官复述一遍问题,不要不懂装懂或答非所问。如果太紧张,可适当用深呼吸来进行情绪调节,使自己放松下来。

(4)把握向面试官提问的机会:电话面试的双方是对等的,人力资源主管在问了你一堆问题后,也会反问你是否有什么需要了解的情况。你不问问题不好,显得你并不太关心这个职位。问得太多也不好,你可以问下一步的招聘流程、面试时间、岗位期望的上岗时间等。此时,最好不问薪酬,在双方合作的意向还没有进入实质性阶段时,问薪酬显得过于功利。保持冷静自信,语速合适,面试表现职业化,无疑是电话面试成功的关键。

2. 视频面试

（1）整理镜头内的环境：要充分考虑镜头角度和收录的空间，清洁整齐，不要有垃圾、食物、内衣、没有收拾的床铺等。

（2）注意仪容仪表：视频面试不能看到求职者太多的姿态动作，因此，求职者要做到外表整洁大方、和谐得体，穿着正式，不能因为是在自己宿舍或者家里，就穿着随便，非常不正式。要好像真的去面试一样。调整好摄像头，保持微笑，直视对方，把自己最具风采的一面展示出来，让面试官始终保持注意力。

（3）注意语言表达：要口齿清晰，表达有条理。对于复杂的、关于你经历或假设性的问题，要重复一遍，确认理解正确。避免因为信号听不清楚，同时给自己缓冲和思考时间。

（4）面试结束时别忘了感谢：面试结束时，要和对方礼貌告别、致谢。不可以频繁催问对方结果，若一周左右没有消息，可以表示自己很渴望这份工作，并询问面试结果和对你的建议。

3. 结构化面试 也称标准化面试，是指通过设计面试所涉及的内容、试题、评分标准、评分方法、分数等对面试者进行系统的结构化的面试。考生经历候场、入场、答题、退场等环节，主要考察应聘者的工作能力是否胜任应聘岗位的工作。目前，公务员和外企录用人员时会经常使用此种形式。

在结构化面试过程中应注意以下几个方面。一要正确理解题意，并抓住要点进行论述。二要注意论述内容的完整性、理论高度、逻辑严谨度、言语流畅度、措辞恰当性。如一题"天下兴亡，匹夫有责"与"匹夫兴亡，天下有责"让你谈谈看法。该题大部分人都能从两面来说明，但是真正好的思路是"天下兴亡，匹夫有责"，说明了每个人作为公民都负有振兴国家、为国家做贡献的责任，而"匹夫兴亡，天下有责"则说明了国家有责任保障每个公民的幸福生活。因此作为公务员，不仅要把建设国家的责任放在自己心中，同时更要明白建设国家是为了让人民过上更好的生活。三要注意利用非言语信息和考官进行交流。正确的坐姿，恰当的表情，适当时候的微笑、点头，都可以是一种交流。每当考官读完一段话，不要完全面无表情，甚至都不看他，而是关注双方的反应和面试的气氛，配合考官让面试很自然地进行下去。四是要注意面试礼仪，让考官看出你比较重视这次面试，表现自然大方。

4. 无领导小组面试 这是一种集体面试方式，考官通过给考生一个与工作相关的问题，让考生在一定时间内进行讨论，以此检测考生应对危机、处理紧急事件以及与他人合作的状况，判断该考生是否符合岗位需要。

无领导小组面试是对面试者综合素质的测评，主要是对面试者沟通表达能力、分析能力、合作协调能力、情绪稳定性和举止仪表等各方面能力的考察。面试的测评实行质化和量化相结合，具体考察要素如下。

（1）口头表达能力：能有效地表达自己的意见，语言简练，条理清晰。

（2）倾听能力：能够很好地倾听别人的意见，很快明白并表述他人的想法和要求。

（3）说服力：能采用各种方法和技巧，使他人接受自己的观点和意见。

（4）反应能力：能够快速地对事情的变化做出敏捷的反应，并处理得体。

（5）分析问题能力：能够抓住问题实质，分析透彻，能注意整体和部分间的关系及各部分间的有机协调组合。

（6）创新思维能力：有很强的创新思维，能够对身边的事物进行改造，具有创新思想。

（7）组织能力：能够根据工作任务，做出详细计划，对资源进行合理分配，从而实现组织目标。

（8）协调能力：能够看清冲突的各方面关系，及时做出最恰当的决策。合理调配安置人、财、物等相关资源。

（9）团队合作能力：与团队成员密切合作，配合默契，共同决策，能与他人协商。能在变化的环境中担任各种角色。

（10）自我控制能力：能够在较强的刺激情境中，表情和言语自然，能保持冷静，设立长远或更高目标。

（11）穿着：穿着打扮得体，言行举止符合一般的礼节，无多余的动作。

（12）自信心：自信心强，谈吐大方得体。

5. 情景面试 是指根据岗位胜任素质标准，设置一定的模拟工作场景，要求应试者扮演场景中的特定角色，来处理与之相关的情况或问题。面试官通过对其行为的观察，测定其表现出的素质特征与岗位胜任素质要求的匹配度，从而评估应试者是否具备该岗位的胜任素质和能力的一种面试方法。

情景面试应用较广，它主要用于测试应试者实际处理问题的能力。通过应试者的角色行为，多角度地观察应试者的沟通能力、应变能力、知识技能、思维与洞察力、处理冲突的能力、组织协调能力、人际关系处理能力、语言表达能力及价值理念等。情景测试面试法常用的模式有角色扮演、管理游戏等。

（二）面试的基本程序

1. 招聘单位对求职者的申请材料进行审核，确定面试名单。

2. 招聘单位向求职者通知面试时间、地点。面试地点一般按照就地就近和方便的原则进行安排。通常有两种情况：学校或其附近的场地，招聘单位或其附近场地。通知面试的方式也大致有两种：招聘单位先通知学校就业主管部门，由学校通知学生或招聘单位直接通知学生本人。

3. 求职者准备面试。

4. 正式面试。

（三）面试测评的主要内容

1. 仪表风度 这是指应试者的形体、外貌、气色、衣着举止、精神状态等。像国家公务员、教师、公关人员、企业经理人员等职位，对仪表风度的要求较高。研究表明，仪表端庄、衣着整洁、举止文明的人，一般做事有规律，注意自我约束，责任心强，被试者应该注意着装得体，举止文雅、大方，表情丰富，回答问题要认真、真诚。

2. 专业知识 应届毕业生往往不具备直接进行业务操作的能力，通常要经过系统的业务培训。因此专业知识和学习能力成为重点考察的内容。了解应试者掌握专业知识的深度和广度，其专业知识更新是否符合所要录用职位的要求，有没有一些资格证书。

3. 工作实践经验 一般根据查阅应试者的个人简历或求职登记表，做些相关的提问，查询应试者有关背景及过去工作的情况，以补充、证实其所具有的实践经验，通过工作经历与实践经验的了解，还可以考察应试者的责任感、主动性、思维力、口头表达能力及遇事的理智状况等。

4. 口头表达能力 该项能力有助于针对不同的材料及对象采用不同的方式、风格将自己的思想、观点明白无误地表达出来，并试图让考官接受。考察面试中应试者是否能够理解他人意思；口齿清晰、流畅；内容有条理、富于逻辑性；用词准确、恰当、有分寸。考察的具体内容包括：表达的逻辑性、准确性、感染力、音质、音色、音量、音调等。

5. 综合分析能力 面试中，应试者是否能对主考官所提出的问题，通过分析抓住本质，并且说理透彻，分析全面，条理清晰。

6. 思考判断能力 一般观察被试者能否准确、迅速地判断面临的状况，能否恰当地处理突发事件，能否迅速地回答对方的问题，且答案简练、贴切。作为被试者应表现出自己能够迅速处理突发情况、做事果断的特点。对自己的判断应该有信心，还要分析对方是逻辑判断还是感性判断。

7. 反应能力与应变能力 主要考察应试者对主考官所提的问题理解是否准确。对于突发问题的反应是否机智敏捷，回答恰当，对于意外事情的处理是否妥当等。

8. 操作能力 主要在于考察应试者对于已认定的事情能否进行下去，工作节奏是否紧张有序，对于集团作业的适应性，是否具备单位领导能力。

9. 人际交往能力 主要在于观察被试者遇到难堪问题后的反应，能否让人亲近，对他人有无吸引力等。在面试中，通过询问应试者经常参与哪些社团活动，喜欢同哪种类型的人打交道，在各种社交场合所扮演的角色，可以了解应试者的人际交往倾向和与人相处的技巧。

10. 自我控制能力与情绪的稳定性 自我控制能力对于国家公务员及许多其他类型的工作人员（如企业的管理人员）显得尤为重要。一方面，在遇到上级批评指责、工作有压力或是个人利益受到冲击时，能够克制、容忍、理智地对待，不致因情绪波动而影响工作；另一方面，工作要有耐心和韧劲。

11. 工作态度 一是了解应试者对过去学习、工作的态度；二是了解其对应聘职位的态度。在过去学习或工作中态度不认真，做什么、做好做坏无所谓的人，在新的工作岗位也很难说能勤勤恳恳，认真负责。

12. 德性 主要在于考察应试者责任感是否强烈，能否令人信任地完成工作，考虑问题是否偏激，情绪是否稳定，对于要求较高深的业务能否适应。被试者回答时应该突出自己的自信心、坚强的意志、强烈的责任感，责任感强烈的人，一般都能够确立事业上的奋斗目标，并为之而积极努力。表现在努力把现有工作做好，且不安于现状，工作中常有创新。上进心不足的人，一般都安于现状，无所事事，不求有功，但求无过，对什么事都不热心。

13. 求职动机 了解应试者为何希望来应聘单位工作，对哪类工作最感兴趣，在工作中追求什么，判断应聘单位所能提供的职位或工作条件等能否满足其工作要求和期望。

14. 业余兴趣与爱好 应试者休闲时爱从事哪些运动，喜欢阅读哪些书籍，喜欢什么样的电视节目，有什么样的喜好等，可以了解一个人的兴趣与爱好，这对录用后的工作安排常有好处。

15. 其他问题 面试时主考官还会向应试者介绍本单位及拟聘职位的情况与要求，讨论有关工薪、福利等应试者关心的问题，以及回答应试者可能问到的其他一些问题等。

面试的题目五花八门，但归根结底包含两大方面的测评要素。一是通过应聘者回答具体问题的内容来评估。主要测评应聘者的综合分析能力、应变能力、人际交往能力、组织协调能力、自我控制能力、求职动机和应聘态度等方面。二是通过应聘者面试时的外在表现来进行评估。主要测评应聘者的言谈举止表现、仪容仪表以及语言表达能力、个性特征、人际交往能力和情绪控制能力。由此可见，求职面试绝不只是简单的你问我答，它是对应聘者的全面考核。"成也面试，败也面试"，毕业生应在求职之前了解面试测评的主要内容，做到心中有数，据此制定应对面试的策略。

（四）面试前的准备

知己知彼，百战不殆。机遇总是降临在有准备的人身上，求职者要在面试中立于不败之地，就必须做好面试前的各种准备。

1. 心理准备 在求职面试前或面试过程中做好充分的心理准备，是成功面试的重要条件。首先要摆正心态，正确客观地分析和评价自我，不自卑不自负，找准最适合自己的职业方向，确立合理的就业期望值，把自己摆在合适的位置上去求职。其次要树立自信心，勇于接受挑战，克服"面试恐惧症"，积极参与竞争。毕业生首先要相信自己，经过几年的大学教育，所学的知识和在学校锻炼的能力，完全能够达到求职目标工作的应聘要求。要相信自己的竞争实力，相信自己能够胜任工作。此外，还要提高自身的心理承受力，对可能出现的求职挫折有心理准备，不怕面试中的挫折和失败。通过求职活动促进自我成熟，即使面试失败，也要认真思考和总结，调整自己的求职策略，积极应对下一次挑战。

有了这些积极的求职心态，求职者在精神上就会占上风，以沉着、稳健的气势面对面试一连串的问题，在面试中获得成功。

倘若求职暂时失利，也不要灰心丧气，尽量把注意力放到自己感兴趣、比较自信的其他活动中去。如果长时间沉浸在择业失败的消极情绪状态中，不仅对自己的身心不利，也不利于继续寻找工作岗位。此时，可以采取一些方法释放心理压力。比如，参加体育活动（跑步、游泳、打篮球、踢足球），让人产生一种轻松的心理感觉，将求职的烦恼抛在脑后。还可以听听音乐，舒缓的音乐能够消除疲劳，调节人的情绪。此外，看看书、观看影视作品、玩玩游戏或其他休闲方式，都能达到身心放松的目的。

2. 信息准备 尽量全面了解应聘单位的相关情况，如用人单位的性质、福利待遇、工作环境、业务范围、发展前景、用人计划。同时，对应聘岗位的工作内容及所需的专业知识和技能等也要有一个全面的了解。在此基础上，结合自身特点，对即将进行的面试内容进行准备。可以通过亲戚、朋友、老师或有关部门了解面试考官的有关情况以及面试的方式、过程和时间安排，索取任何可能得到的资料。

3. 资料准备 面试时要带好之前收集的招聘单位有关资料，以备随时查阅。还要准备好个人简历和填报的应聘表、发表过的文章、研究报告、计划书以及获得的各种奖励证书的复印件、笔、本等；同时还要携带相关证件的复印件，以备招聘单位查阅。准备好现金、车票等一切确保按时到达面试地点的东西。曾经有一家公司面试时，先让应聘者填写应聘表，凡是没带笔的应聘者一律被淘汰。公司从这个细节先考核出应聘者对面试的重视程度，做事的责任心和认真、细致的态度。

所有的材料要事先整理好，排列有序，以免面试急需时手忙脚乱给考官留下坏印象。

4. 问题及知识准备 面试前预估可能遇到的问题并进行准备。这项准备有助于理清自己真正的想法，有助于在面试现场清晰、流畅地表达。对专业相关问题的准备要侧重基础性的理论和技术知识，特别是要准备与应聘岗位相关的专业知识、业务技能。这种知识准备主要靠长期的学习积累，因此，在校期间就应该做好目标职业的相关知识和技能的准备。

在面试前认真做准备，打电话，查资料，对每一个可能问题的细节都仔细思考一番。面试前还要准备一个简短的自我介绍，包括本人的优点，教育经历，具备的专业知识、技能和胜任应聘岗位的能力等。

5. 时间、体能准备 面试前要保证充分的睡眠和愉快的心情，不喝酒，以保持良好的精神状态。面试当天早晨要吃些高蛋白、高碳水化合物的食品，保证精力充沛。尽可能提前到达面试地点，熟悉面试环境，缓解紧张情绪，为面试成功奠定基础。

6. 礼仪知识准备　确保准时到达面试地点，不因迟到给考官留下坏印象。面试前应注意修饰自己的仪表，使穿着打扮等与身份、个性等相协调，与应聘的职业岗位相一致。不携带过多物品参加面试。面试过程中还应注意自己的言谈举止，做到言谈得体、举止大方。无论遇到什么情况，都要冷静对待，适当控制自己的情绪。即使是受到招聘单位人员的"非礼"，也要设法快乐收场，给对方留下明事理、顾大局的印象，或许招聘单位人员的"非礼"正是用人单位对你的考察。

二、面试技巧

【案例分析4-4】
　　小林是一名药学专业的毕业生，听说家乡一家制药公司正在招聘，他报名应聘销售岗位，并顺利进入了面试环节。一进面试现场，小林开门见山就问这家公司"每月工资有多少？""有没有业务提成、比例是多少？""有没有交通、住房补贴？""一年休假多长时间？"，等等，主考官皱了皱眉，反问他："你现在只关心我们能给你什么样的待遇，你就不关心这个岗位有什么工作要求？职业的发展路径是怎样的？你的专业能否派上用场吗？"小林一时无语，失败离场。事后小林反省自己的面试表现，后悔自己过于急功近利，又不掌握面试的方法和技巧，白白失去大好机会。
　　专家点评　面试过程中应聘者与考官的交流，除了可以考察应聘者的语言文字能力之外，求职者整体的气质、诚意，也伴随着语言和非语言同时呈现出来。在工作岗位上，良好的语言表达能力，不但是对内、对外沟通的重要利器，也是领导们最重视的能力之一。即将迈入职场的毕业生，必须有意识地经常练习，增进自己的语言表达能力，在求职面试现场及未来的职场中，才能表现更加出色。

（一）语言表达技巧

语言表达能力是面试的重要测评要素，面试中语言技巧使用的优劣，直接反映了求职者是否具有很高的知识和修养。良好的语言表达技巧，会推动面试的顺利进行，协调求职者与面试官的沟通，使面试官能够全面了解求职者的能力和素质。如果求职者说话颠三倒四、语意不清，面试官会觉得此人无法担当大任。或者，求职者说话虽然动听，但听起来虚而不实，缺乏诚意，也会让面试官对他的实际能力产生怀疑。

1. 口齿清晰，语言流利　与面试官交谈时要注意发音准确，如有个别音素发音不准，影响讲话整体质量的，应少用或不用含有这个音素的字或词。保持语言的流畅性，切忌含含糊糊，吞吞吐吐。忌用口头禅，更不能有不文明的语言。

2. 重点突出，条理清楚　面试语言要简洁精练，冷静思考后理清思路，抓住要点，有理有据。不可东拉西扯，漫无边际。语气平和，语调、语速恰当，音量适中。面试时要注意语气、语调、语速的正确运用。得体的语调应该是起伏而不夸张，自然而不做作。音调不高不低，不失自我，不仅听来真切自然，而且有利于缓解紧张的情绪。音量的大小要根据面试现场情况而定，以便让用人单位的每个人都能听清为原则。语速要根据内容的重要程度、难易程度及对方注意程度来调节。

3. 面试中使用普通话，尽量不用方言　流利标准的普通话是求职的语言通行证。尤其是医药相关专业的很多岗位都要与形形色色的人打交道，用普通话交流能够更顺畅，减少歧义。如果有些特殊的职位要求会使用某种方言则另当别论。

4. 表达的过程中要注意面试官的反应 求职面试不同于演讲，而是更接近于一般的交谈，而交谈是双方互动的过程。在进行语言表达时，应随时注意观察面试官的反应。感觉到面试官可能心不在焉，对应聘者所讲内容没有兴趣时，要适时调整内容，转移话题；如果面试官没听清或没听明白，要重申一下重点内容或调节说话的音量；面试官流露出要结束答辩的表情，要适时停止，以取得良好的面试效果。

【知识拓展】

自我介绍的技巧

自我介绍也被称为"面试第一问"。面试官可以通过应聘者的自我介绍考察其语言表达能力、应变能力。应聘者也可以主动向面试官推荐自己，展示才华。应聘者对于简历中已经表达很清楚的内容，诸如姓名、专业、教育背景等不要过分强调，应该重点突出介绍与应聘职位相关的工作、实习经历和所取得的成绩，以此证明能够胜任应聘的工作职位。谈及自身优点时，应客观、低调、用事实说话，不用自己的主观评论。对于自己的特长、经验、能力、兴趣应做详细介绍，并可举例说明。与应聘岗位无关的特长最好少谈或不谈。谈及自己的缺点时，一定要强调克服这些缺点的愿望和决心。

自我介绍的时间不宜过长，内容应有的放矢，包括求职目标、与应聘职位相关的技能、与应聘职位相关的成绩和经历、所受的相关教育等。比如应聘医生、护士岗位时，应该充分介绍展示自己的医务工作职业素养、医学知识和临床工作能力（经历）、等等。

自我介绍时，要在面试官面前展现阳光、自信的一面。面带微笑，表达流畅，真诚示人。正确运用手势、姿态、语调、语速、音量，给面试官以愉悦的听觉享受。

（二）回答问题的技巧

【案例分析4-5】

在一次面试中，主考官先后向两位考生提出了同样的问题："作为刚入职的大学生，按照要求先要到基层去锻炼，基层条件比较艰苦——请问你是否有思想准备？"毕业生小王说："吃苦对我来说不成问题，因为我从小在农村长大，父亲早逝，母亲早年，我很乐意到基层去锻炼，只有在基层摸爬滚打才能积累丰富的工作经验，为今后发展打下基础。"毕业生小李则回答："到基层去锻炼我认为很有必要。我会尽一切努力克服困难，好好工作。但作为年轻人总是希望有更好的发展机会，不知安排我们下基层的时间多长？还有可能上来吗？"结果，前一个学生被录用，后一个学生惨遭淘汰。

专家点评 在面试过程中，回答问题的技巧非常重要。对有些问题的回答，表面上看来合情合理，无可厚非，但却令考官反感。这是因为考官并不在乎你回答的内容多少，而在于考察你对问题本身的态度，进而了解你对职业的态度。显然，在这一案例中，小王同学对去基层工作态度端正、诚恳，令主考官欣赏；而小李思想上明显有顾虑，尽管是人之常情，但这种场合下他的回答显然不合时宜。

1. 回答问题的原则

（1）确认提问内容，合理组织自己的语言，把握重点，条理清晰，切忌长篇大论、答非所问。

（2）回答问题真实、坦诚。对于不知道或不清楚的问题，应坦率承认，展现自己的真才实学和不足之处，虚心向对方请教，反倒会赢得面试官的信任和好感。

（3）对面试官提出的问题不可简单地用"是"或"对"作答，应该讲清原因和理由，进行适当的解释，但也不能为了掩饰内心的紧张说个不停。

（4）回答问题要带有个人特色，体现独到的见解，以此引起面试官的注意和好感，但也要避免过于标新立异。

（5）回答问题时要联系到应聘的职位和岗位，强调自己相关的实践经验和专业知识。

2. 运用 STAR 法回答问题　在简历制作中我们谈到可以用 STAR 法体现相关能力，在面试时同样可以运用此种方法进行准备，特别是对于考官问到的诸如做得最成功的事情是什么等问题。举例说明一下。

张同学在面试时介绍了她在大学期间参加"挑战杯"大学生创业计划大赛的经历。她做了如下说明。

S（情境）：为了提升自己的创新创业能力，也为了增加一些社会经验和阅历，张同学和几个同学打算参加"挑战杯"大学生创业计划大赛。

T（任务）：选取参赛项目，组建团队，编写项目申报书，制作 PPT。

A（行动）：张同学作为项目负责人，在老师的指导下，确定参赛项目为一种方便快捷的储药容器——心脑手环，组建了5人团队，在产品构想初期，张同学每周召集项目研讨会，与老师和队员们共同交流。通过查阅文献、调查问卷等多种调查方法，调研分析我国心脑血管疾病发生后的及时干预率和存活率以及目前市场上急救药品的生产使用情况。比较其他品牌心脑手环的优势，调整改进团队自主研制的手环结构，生产出样品，让患者试用并根据用户使用产品后的意见和建议进行改进。张同学根据以上内容撰写了项目申报书，并形成路演 PPT，报名参加比赛。

R（结果）：张同学和团队成员合理安排时间，查阅文献、调研市场，设计产品，在研发和参赛过程中张同学也感受到生命的脆弱和医务工作者的价值所在，坚定职业信念。在团队的共同努力下，获得了省级比赛金奖的好成绩。张同学也因此获得了学校的"创业之星"称号。

张同学除了对上述四点进行讲述外，还谈了自己的收获。一是刚开始有10个同学有意愿和她一起参加这个比赛，可是又怕创业和参赛过程太辛苦，于是有6个同学放弃了。她仍然坚持实现了自己的想法，这让她体会到做事不能轻言放弃。二是在进行产品设计时，能够深入调研，使得产品外观和功能逐渐趋于完善。三是她的父母给了她很多支持和鼓励，项目指导老师更给予了她多方帮助。这让她知道，有困难可以向他人求助，学会利用身边的资源让自己变得更强。四是有了这次成功的参赛经历，让她在大学的课余时间能够有更科学的安排。

加入收获这部分内容，会让考官对求职者的学习、沟通和反思能力有更全面、深入的了解，从而帮助求职者更顺利通过面试。

3. 面试中常见的问题

（1）请谈谈你自己和你的家庭。

大多面试都是从这个问题开始的。主试人的用意有三个方面，一是让应试者从最熟悉的自己开始谈起，可相对放松；二是可以全面了解应试者的情况，尤其是个人的素质；三是考察应试者的语言表达能力和逻辑思维能力。

（2）当初你为什么要选读现在的专业，你的学习情况如何？

这个问题主要考察面试者对专业以及将来从事此专业的态度，了解学习动机及其对将来工作的影响。一般说来，不管所学专业与应聘工作有无关系，面试者都不应说出不热爱专业、讨厌所学专业之类的话。

除此之外，主试人可能还会提出以下问题：你对自己的学习成绩是否满意？你如何评价你的大学生活？你掌握何种语言，熟练程度如何？你获得过何种奖励？你担任过什么职务，组织或参加过什么活动？等等。

（3）你为什么想到本单位工作？

主试人问及此问题的真正意图是想知道你想进入本单位是漫不经心还是真心，选择本单位是不是出于无奈，对本单位的热情，等等。回答这个问题，要围绕单位提供的难得机会针对自己的兴趣和经历来谈，要让主试官知道，你愿意效力于本单位是有充分的理由的，而不是随随便便找一个工作。

（4）进入本单位后最想干哪方面的工作？

这个问题的意图是考察以下几个方面的情况。应聘者能否胜任实际工作？适应性、适职性怎样？是个人的一厢情愿，还是真的胜任这种工作？应聘者要把自己想干的工作详细地表达出来，在回答中切勿表达出除了这个工作，其他工作我都不喜欢的态度，因为这样的态度会带来负面影响。可以说："我想先从最基本的工作开始做起，可是我将来想成为……的人。"

（5）你到本单位工作后，对工资待遇有什么要求？

此类问题在于评价应试者观察问题的角度及思想境界的高低。一心追求待遇的人，往往会使人觉得斤斤计较。可以说："我不是只为薪水才到贵单位工作的。我看重的是贵单位的学习、提高的机会以及对人的真才实干的肯定与激励。一个人的报酬，应该是同他的贡献成正比。我相信，贵单位一定不会亏待任何一个优秀的员工的。"

（6）如果单位安排的岗位与你应聘的职位不符，你会怎么办？

每个单位都有自己的用人政策，其工作安排未必与求职者本人的愿望完全一致。如遇单位对求职者的任用与本人的愿望不一致时，应强调无论干什么事，都会努力去做。在此之后，可委婉地将个人意愿再表达一次。这样可以体现面试者的真诚、纪律性和适应性。

（7）当你受到挫折时如何处理？

面试官提出此类问题的意图是看你经历过什么艰难的事情，遇到困难是怎么处理的，思考问题的方法是积极的还是消极的，等等。回答这样的问题要实事求是。每个人的生活道路不可能一帆风顺，特别是置身于竞争激烈的时代，优胜劣汰是市场法则。对每个人来说并不是会不会遇到失败、挫折的问题，而是如何对待失败、挫折的问题。对应聘单位来说，他们渴望了解求职者是如何战胜失败和挫折的。

（8）你还有什么问题想问吗？

当被问及这个问题时，千万不要说"我没有问题"，一定会有问题可问的。求职者可以显示自己的兴趣，以便有更多的机会展示自己的形象，并进一步了解这份工作是否适合自己。在面试谈话时适时向考官提问，需要技巧。问得好，会增加面试官对求职者的好感；问得不好，会让面试官觉得求职者幼稚、不专业。所以提问要慎重，要做到深思熟虑，谨慎提问。

（三）倾听技巧

听与说都是自我推荐的重要手段，在面试过程中，应聘者要让应聘单位感觉出对他们的尊重和诚意。善于倾听是面试成功的一个要诀，应聘者要成为一名好的倾听者。

（1）不要随意打断面试官的讲话，不要中途插话，等对方讲完后再发表意见或回答问题。

（2）认真听清楚面试官的讲话，并非简单用耳朵听，还要用心去理解，注意找出信息的关键部分，并积极地做出反应。

（3）保持饱满的精神状态，专心致志倾听，不要走神、分心，对讲话者的话充耳不闻。

（4）倾听是捕捉信息、处理信息、反馈信息的需要，应当善于通过主考官的谈话捕捉信息，在聆听的空隙里，思索、回味、分析主考官的话，从中得到有效的信息。如果没有听懂对方的话或有疑问，可适时提出一些富有启发性或针对性的问题，使应聘者的思路更明确，对问题了解更全面，而且让面试官感觉到应聘者听得很专心，对他的话很重视。

（5）在交谈过程中，可能会涉及一些与自身利益有关的问题，或者让应聘者有不同观点或很强烈的情绪体验。不要随便表达出来，更不要与对方发生争执。待对方畅所欲言后再与之沟通。

【知识拓展】

面试时提问的技巧

1. 应试者应注意，问问题前要想清楚自己该不该问，怎样问，何时问。要把握好尺度，不要显得无知或自找没趣。

2. 所问的问题应限制在询问应聘单位和应聘职位的范围内，不要涉及其他或别人已经问过的问题。

3. 回避敏感性问题，如工资、福利等个人要求，切记不宜多提。一般情况下，用人单位会提前向应试者介绍这一情况的。

4. 问问题时的态度要诚恳、谦虚、谨慎，使对方乐于回答。不要为了表现自己而提问。对方不愿意回答的问题，不要强迫其回答。

5. 应先征得对方的同意再进行提问，且要按正常的语速进行提问。同时，要避免使用盘问或审讯式的问句。

（四）面试后的沟通技巧

面试结束后，不要坐等结果。稍作等待后，应主动与招聘单位联系，尤其对于同时参加多家单位面试的应聘者更应如此，以免失去最佳机会，影响最终的选择。可通过之前收集的应聘单位联系方式用打电话或写信、发邮件等方式咨询面试结果。这一举动可表明应聘者做事积极主动，这一素质也是未来工作岗位上的要求。一般来说，面试的通知不会很快下达，因此，应聘者不要过于急躁，频频打听面试情况，反而会招致用人单位的反感。在用信件和电话沟通时，要注意语气和咨询内容，不可过于直接、生硬。

【实践活动 4-3】

模拟面试

活动目的：掌握面试流程、应对技巧。

活动准备：活动桌椅、纸和笔。

活动流程：①学生分组，一位同学扮演求职者，其他同学扮演面试官。②每组进行模拟面试。③组内学生分享感受，选出一位同学代表组员点评。④教师总结。

三、面试礼仪

> **【案例分析4-6】**
>
> 　　张同学是即将毕业的大学生,在校期间学习成绩优秀,还当过学生会干部,有过专业实践经历。沈阳某家医院来校园招聘,对这次应聘,张同学信心十足,志在必得。来应聘的人数超过了录用人数的10倍,几位考官在房间里逐一地对应聘者进行面试。应聘者都在走廊等候进入面试室。
>
> 　　张同学和几个同学也站在走廊的一角,边等候边聊天。看看时间还早,张同学从上衣口袋中掏出了一盒香烟,抽出一支递给身边的同学。在对方谢绝后,他径自点燃香烟,深深地吸了一口,又与同学山南海北地聊了起来。
>
> 　　这时考官叫到了他的名字:"23号张同学!"听到自己的名字,张同学顾不上和旁边的同学打招呼,连忙向面试室门口走去。来到门口,他才意识到自己嘴里还叼着烟,赶紧把烟取下,随手扔到墙边的地上,一步跨进了面试室。
>
> 　　张同学递上了自己的简历,然后在考官面前坐定。不知为什么,这时他感到一丝慌乱。一位考官要看看他的实习鉴定,张同学赶紧打开资料袋。由于资料事先没有分类,在找实习鉴定时他心里一慌,资料撒落一地。张同学一边连声道歉,一边撅着屁股在地上找起来。他好不容易把找到的实习鉴定交上去,这时另一位考官要查看一下他的英语等级证书,张同学又在资料袋中找起来。面试资料被弄得一团糟,等他找出英语等级证书时,已经足足花了一分半钟。看看考官沉下来的面孔,张同学心中不禁暗暗叫苦,后悔没有早一点把资料分一下类。接下来的情景张同学已经记不清了,迷迷糊糊地挨到了面试结束。
>
> 　　思考:请你作为面试官点评一下张同学的面试表现,找一找他有哪些方面做得不够好?
>
> 　　**专家点评**　在越来越激烈的求职竞争中,多数毕业生积极准备,翻阅专业知识书籍,练习实践操作技术,搜集面试应对秘籍,却很少有人做好充分的礼仪准备。在求职环节中由于礼仪知识缺乏或是对礼仪规范不够重视,导致功亏一篑,失去大好求职机会。在求职面试时,礼仪是应聘者呈给招聘单位的一张名片,求职者在求职过程中表现出来的礼仪水平,不仅能够代表自身的修养和素养,还能影响面试官对求职者的认知与判断。特别是在面试现场,求职者除了展现自身的能力、素质外,得体的穿着、自然的谈吐、大方的举止,也能成为加分项。掌握正确礼仪规范的求职者更能得到面试官的认同,从而获得更多就业机会。大学生应该注重在校期间培养自己的礼仪修养,了解求职礼仪规范,为自己未来求职应聘增添成功的砝码。

(一)仪表礼仪

　　美国心理学家洛钦斯提出"首因效应"这一名词。首因效应也称首次效应、优先效应或第一印象效应,指交往双方形成的第一次印象对今后交往关系的影响,亦即"先入为主"带来的效果。虽然这些第一印象并非总是正确的,但却是最鲜明、最牢固的,并且决定着以后双方交往的进程。如果一个人在初次见面时给人留下良好的印象,那么人们就愿意和他接近,彼此也能较快地取得相互了解,并会影响人们对他以后一系列行为和表现的解释。反之,对于一个初次见面就引起对方反感的人,即使由于各种原因难以避免与之接触,人们也会对之很冷淡,在极端的情况下,甚至会在心理上和实际行为中与之产生对抗状态。因此,在面试过程中,应聘者与面试官的初次见面往往比简历、证书的影响更直接,关系到求职的成败。能够给面试官留下一个良好的第一印象，对求职者来说是必做的一门重要功课。

在求职过程中，应聘者的仪容仪表、气质风度会非常直观地展现"第一印象"。应聘者一出场，就会在面试官头脑中产生反应。他们相信自己眼睛看到的远远超过自己听到的。因此，应聘者应该通过得体的外在形象，在与招聘单位打交道的最初几十秒打造良好的第一印象，为后面的求职环节奠定基础。应聘者的外在形象既要符合个人气质特点，又要符合招聘单位的特点，给人信得过的印象。

仪表是指人的外表，包括容貌、服饰等方面。在求职过程中，无论是应聘者的仪容、化妆还是服装、配饰，都要规范、得体，遵循整洁、得体、大方的原则。

1. 仪容　是指人的外观和外貌，是个人仪表的重中之重。仪容礼仪是求职者在求职过程中表现出的一种涵养，是对招聘单位和招聘人员最起码的尊重。要做到仪容美，须将自然美、修饰美与仪容内在美相结合，使其高度统一。

（1）毛发：正常情况下，人们观察一个人往往是"从头开始"的。头发脏乱或发型不整都会给人留下极差的印象。求职前男同学要理发、剃须，女同学要整理好头发，让人感觉清爽、利落。对男同学头发的要求是不宜理成光头，也不宜留得过长。女同学在面试时应将头发扎起或盘上，不要披散长发。

除了头发，男同学还要注意不能带着胡茬去面试，给人极为邋遢的印象。也不要蓄胡须装成成熟，以免弄巧成拙。面试前务必要刮净胡须，修剪鼻毛。

（2）眼睛：眼睛是心灵的窗户，也是在交往中被人注视较多的部位。求职前，要清除眼部分泌物，戴眼镜的同学还应随时对其进行揩拭或清洗。切记面试时不要戴墨镜。

（3）鼻子：应注意保持鼻腔清洁，不要让异物堵塞鼻孔，或是让鼻涕到处流淌。不要在外人面前吸鼻子、擤鼻涕、挖鼻孔。

（4）口腔：饭后刷牙或漱口，去除异物、异味。在面试前应忌食气味刺鼻的食物。咳嗽、打喷嚏时要避人。

（5）手：指甲要提前修剪，并保持清洁，不要留长指甲。女同学不要擦鲜艳的指甲油。

（6）化妆：虽然我们要求应聘者注意仪表，但不意味着要过于刻意修饰。男同学不要化妆，女同学应该化淡妆。如果喷香水的话，要选择清淡味道的，如果没有体味，可以不喷。

2. 服饰　不仅包括我们常说的服装，还包括佩戴的一些饰物。服饰可以体现出一个人的内在修养，反映一个人的审美水平和人生观。要树立好求职者的美好形象，必须注意自己的穿着打扮。

求职者的服饰应以庄重为宜，切忌过于时尚、新潮，应该体现出大学生精神饱满、青春朝气的一面。同时还要根据季节不同，应聘岗位不同，在服饰选择上有所区别。

【案例分析4-7】

毕业生小茹得到了一家大型医院招聘面试的机会，她精心打扮一番，兴致勃勃地早早来到面试地点。当天她穿着一件薄纱低胸的无袖短衫，短衫下面是一条同色的超短裙。因为天热，小茹没有穿袜子，穿了一双贴着闪亮水晶片的细高跟黑色凉鞋，头上戴着一个猫耳朵造型的卡通发箍，出现在考官面前。面试很快结束了，虽然医院方面并没有明确告诉她结果，但是她自己很清楚肯定没戏了。因为面试官在结束时对她一点热情也没有，只是告诉她没有合适她的职位，让她以后再来试试。她很困惑，明明应聘的职位是医院急需的职位，怎么就把自己排除在外了呢？

> **专家点评** 很多求职者也会有小茹这样的迷惑。她的面试装扮是很多同学在大热天出门的选择，大街上很多女孩也是这样搭配，看起来很漂亮。况且，将自己设计成一个可爱、"萌萌哒"的女生，应该更容易通过面试，最终被录取，怎么会被拒绝呢？事实上，小茹的着装在一般私人场合会很漂亮，但是作为应聘医院工作的面试着装却是非常失败的。医务工作是一项非常严谨、严肃的工作，要求工作人员的着装要给人稳重、可信任和专业的感觉，小女生的装扮显然不合适。

（1）求职面试服饰应遵循的原则

1）得体：着装要符合"TOP 原则"。TOP 是三个英语单词的缩写，它们分别代表时间（time）、场合（occasion）和地点（place），即着装应该兼顾当时的时间、所处的场合和地点，对服饰进行精心选择、搭配和组合。关于"面试的时候应该穿什么"的问题，负责招聘人员的答案几乎是一致的：穿适合该行业的和该职业的服装参加面试。面试时，合乎自身形象的着装会给人以干净利落、有精神的印象。男生应显得干练大方，如穿西装一定要烫熨平整，衣领、袖口应干净，皮鞋应擦亮。女生应显得庄重俏丽，适合穿制服、套装、套裙以及连衣裙，不宜赤脚穿凉鞋，如穿长筒袜，袜口不能露在衣裙外，这样才能带给人职业与精神的感觉。不应该在面试时穿 T 恤、牛仔裤、运动鞋，不要在服饰上给人错误的信号，让对方产生误解，惹来许多不必要的麻烦，对求职毫无益处。

2）整洁：一个穿着整洁的人能给人积极向上的感觉，在求职时容易受欢迎，而一个穿着肮脏邋遢的人给人感觉总是消极颓废的，往往给人留下不良印象。求职面试前要查看一下衣服是否平整，领口、袖口是否有脱线和污浊的痕迹，衣服扣子是否齐全，拉链是否拉好，鞋子是否干净光亮。

（2）服装搭配技巧：春、秋、冬季，男生面试最好穿正式一点的服装。夏天要穿衬衫，不要穿过于休闲的服装。女生的穿着除了符合身份、清洁之外，还应展现女性的气质和风度。要注意下面几点：

一是服饰色彩应与肤色、性格相统一。色彩要表现出青春、典雅的格调。用颜色，表现求职者的品位和气质。不宜穿太抢眼的颜色。皮肤白皙的同学可穿着各种颜色的服装，肤色过黑的人则应避免穿着娇嫩的颜色；性格较为内向的女生，宜选择深蓝、奶白、米黄等颜色，性格较外向的同学应选择红、草绿等活泼、欢快的颜色。

二是服装款式应与自己的身材相统一。如身材高大结实的同学，适合穿着大方、质地柔软、坚挺的衣服；身材矮小的肥胖者，应穿深色、直条纹的衣服。

面试时的着装要注意整体搭配。佩戴饰物应注意和服装整体的搭配，最好以简单朴素为主。西装应搭配衬衫、皮鞋、皮包；职业套装应搭配式样简单的皮鞋、长丝袜。低胸、紧身、太薄、太透的服装，过分时髦和暴露的服装会给人不踏实、不庄重的感觉，都不适合出现在面试现场。

（3）饰物佩戴技巧：饰物是与服装同时使用，起着装饰作用的物品。首饰、包袋、手表、领带、帽子、眼镜、鞋袜都是饰物，它们是服装的有机组成部分，搭配得当可起到画龙点睛的作用。

首饰在面试时应少戴或不戴，总量不要超过三种，且要与服装相搭配。

丝袜被称为女性的第二层皮肤，面试时一定要穿，以透明、肉色为佳。要随时检查是否有脱线和破损的情况。最好带一双备用的袜子。鞋子式样应简单，没有过多装饰，后跟不宜太高，并与服装的颜色协调。不要随身携带太大的包袋，款式可以多样，颜色要和服装的颜色相搭配。

（二）言谈礼仪

1. 称呼礼仪

【案例分析4-8】

小陈刚刚毕业，没有什么工作经验，也没有什么过人的特长，面对众多的求职竞争者，她觉得自己没有什么优势，在面试现场发挥得又不是很好。在她准备离开面试地点，去寻找新的应聘单位时，一位中年男子走进考场跟考官耳语了几句。那位中年男子离开时，小陈听到人事主管小声说了一句："经理慢走。"当那位男士从小陈身边经过，看了一眼要离开的小陈。一向有礼貌的小陈向那位男士鞠了个躬，说："经理，您慢走。"小陈看到那位男士眼中出现一丝诧异，然后笑着对她点了点头。两天后，小陈收到了录取通知。后来她得知就是因为应聘时一句得体的称呼，让人事经理觉得她还是能胜任行政工作的，因此得到进入公司的机会。

专家点评 称呼可作为人际交往的起始语。求职者称呼得当，能让招聘单位与之心灵相融，使求职面试更顺畅；称呼不当，则会产生隔阂，影响求职者招聘单位的形象。

（1）称呼语的种类

1）尊称：常用的有"您""贵""老"等，以示对人的尊敬。

2）泛称：常常用姓名加上职务或职称，如"王院长""李经理""张教授"，也可称男性为"先生"，称女性为"小姐""女士"。

3）爱称：一般对比自己辈分低、年纪小的亲属或同事、朋友，可直呼其名或在姓前加上"小"字。

综上所述，在求职面试时，求职者可使用尊称和泛称作为称呼语。

（2）使用称呼语的原则

1）在多人的场合，要顾及主从关系。一般先上后下、先长后幼、先疏后亲、先女后男。

2）称呼别人时，要面带微笑，身体前倾。

3）不使用错误称呼。不要因为粗心大意、心不在焉念错别人的姓名或身份。

4）不使用不通行称呼。某些称呼存在地域差异，容易造成误会。

5）不使用不恰当称呼。如称呼一位公立医院院长为"先生"，就有些不妥。

2. 交谈礼仪

（1）要向招聘人员主动打招呼问好致意，称呼应当得体。

（2）语调高低适度：一般来说，放低声音比提高嗓门说话易让人接受。但在求职交流过程中，要根据场合确定自己的音量，使音量足以让相关人员听清为宜。倘若和人闲聊，应降低音量，不要影响他人，破坏安静的气氛。高声大嗓门会引起用人单位的反感，给人无视的感觉。

（3）语调抑扬适当：在讲话时应注意声音的高低起伏，抑扬顿挫，增强讲话的效果。尤其在自我介绍和回答问题时，要避免过于呆板。

（4）语速快慢适宜：讲话速度不要太快，不能连珠炮式说个不停，让人感到紧张、急促；也不能太慢条斯理，让人感到拖沓、乏味。应速度适中，娓娓道来，给自己留下思考的余地，也给人成熟、稳重的感觉。

（5）吐字清晰响亮：讲话时不要支支吾吾，或经常使用"嗯嗯""啊啊"一类的叹词，会影响沟通的效果。要咬字准确，尽量让自己的声音柔和、纯净、清晰。

（6）回答招聘人员的问题要逐一回答，口齿清晰，声音适度，语言简练。不要打断招聘人员的问话或抢问抢答，否则会给人急躁、鲁莽、不礼貌的印象。听不懂或听不清时可要求重复。对重复的问题也要有耐心，不要表现出不耐烦。对意想不到的提问必须迅速回答，不要露出尴尬的表情无以应对或坐着发呆。应抓住问题的症结所在，边分析边思考，做出不同的回答。

为了在求职过程中更好地表达自己，大学生在校期间要养成规范化的语言习惯，将自己的声音训练得有吸引力，声音洪亮，语言流畅，条理清晰，用话语抓住面试官的耳朵，让他们产生想继续听下去的念头，进而顺利通过面试。

3. 电话礼仪

【案例分析4-9】

都是电话惹的祸

王同学是临床医学专业的应届毕业生，经过自己的努力，进入了某大型医疗器械公司的第二轮面试，可是公司人力资源部工作人员拨打他的电话时，总是无人接听。过了两天，在人力资源主管的坚持之下才好不容易联系到了王同学同学。王同学见过了公司的总监，也顺利通过了面试。人力资源主管向王同学交代了招聘事宜，提出等到王同学拿到毕业证和学位证才能入职的要求。公司总监让人力资源主管与王同学保持联络。过了一个月，人力资源主管打电话询问王同学是否顺利毕业，可是又联系不到他了。电话打通之后不是关机就是没有人接听。后来人力资源主管收到了王同学的短信说他在外地，回来后会回电话。但是一天过去了，人力资源主管也没接到王同学的电话。人力资源主管把这件事情反馈给了公司的总监，大家都觉得王同学这种人不靠谱，于是决定不录取他了。王同学就要到手的录取通知一瞬间成了泡影。

专家点评 电话沟通在求职过程中经常是第一印象的来源，是一种间接的、跨越空间的有声语言交际方式。电话一端的求职者表达的内容是否清晰，方法是否得当，用词是否准确，语气是否适宜，不仅反映出求职者语言表达的能力，也能展现出人品、性格、修养等多方面的水平。更直接影响着招聘单位对求职者的评估和判断。因此，掌握规范的电话沟通技巧，对于求职者来说至关重要。

（1）接电话的礼仪：招聘单位往往用打电话的形式通知应聘者面试或直接通过电话面试。电话沟通是一个双向交流的过程，应聘者必须掌握一定的电话礼仪，为顺利求职打好基础。

有时招聘单位的突然来电，往往令应聘者措手不及，也许正在学校上课，也许正在工作，也许在喧闹的地点。此时不要说自己没有准备，可以请求招聘单位给一些准备时间稍后再进行电话面试，如"对不起，我正在有事，我换个时间给您打电话可以吗"，等等，不要因为毫无准备白白失去这次机会。

与招聘单位通话时，最好准备纸和笔，记录对方的谈话要点，便于回答或做好充分准备。

在电话面试过程中不要机械地背诵求职材料。语速应不紧不慢，保持语调轻松，吐字要清晰，表达要简洁并充满自信。如果没听清楚对方的内容，要有礼貌地请招聘单位重述一次，不要不懂装懂。回答时尽可能表现得有礼貌，不要答非所问。电话中表露出真诚和职业的态度是赢得高分的关键。

电话面试结束时,要感谢对方的来电,感谢应聘单位的认可。比如:"感谢您的来电,谢谢贵单位对我的认可,我希望能有机会和您面谈,您有任何问题请随时给我打电话。"

(2)打电话的礼仪

1)时间适宜:通话的最佳时间一是双方预定的时间,二是招聘单位负责人方便的时间。通话时间也不要过长,倘若通话时间较长,要先征求一下对方的意见,并在通话结束时表示歉意。

2)内容简练:打电话之前要做好充分的准备,将通话内容列个清单,避免没有条理、丢三落四的情况出现。

3)文明通话:打电话过程中应保持礼貌,语音、语调、语速适中,使用普通话,咬字清晰;确认通话完成后,等对方先挂断电话。

电话沟通的特点是只能凭借语言表达来完成,求职者如果对电话中的谈话技巧准备不够充分,平时可以通过模拟的方式多做练习。比如让同学或朋友扮演应聘单位的人打电话进行提问。或者利用电话留言,录下自己模拟的面试过程,听听自己说话的语调是否合适,所讲的内容是否清晰、明了。多多练习,不断提高自己的电话交流技巧。

(三)举止礼仪

【案例分析4-10】
张同学去某制药企业应聘,负责招聘的人力资源部长是位三十多岁的女士。之前看过张同学的简历,觉得他各方面比较优秀,是个难得的人才。张同学在面试过程中表现突出,给各位考官留下了非常好的印象。面试结束后,人力资源部长热情地伸出手,对张同学说:"小伙子,表现不错!"张同学急忙伸手相握,为了表示感激,他大手朝下,像铁钳一样紧紧握住了人力资源部长的手,并且来回晃动,边晃边说:"太感谢您了。"这位女部长一直微笑的脸上有了微妙的变化,她觉得这个同学过于强势,也不注意细节,不太适合应聘的岗位。就这样,张同学的名字被她从拟录用人员的名单中划掉了。

专家点评 在求职过程中,求职者给招聘单位留下的第一印象中,姿态、表情等举止是首要的影响要素,在非语言交流中扮演了重要的角色。它表现了求职者真诚、自信、亲切的程度以及自身的修养水平。求职过程中的举止要自然、大方、有条不紊,给人留下良好而深刻的印象。

1. 站姿 正确的站姿是头正,双目向前平视,嘴唇微闭,面带微笑,微收下颌,挺胸收腹,两手自然下垂,手指自然弯曲或叠放于身体前,两腿直立并拢,脚跟相靠,脚尖分开呈60°。男生站立时,双脚可分开,但不能超过肩宽。给人以自信、挺拔、稳重的感觉,留下气宇轩昂、心情乐观的印象。

在正确站立的前提下,还要避免过于僵直硬化,肌肉不能太紧张,在站立的同时可以适宜地变换姿态,追求动感美。一是两脚略微分开站立;二是以一只脚为重心,另一只脚稍息,然后轮换。

站立时不要歪头、斜肩、弓背、凸腹、凹胸、屈膝。也不要双脚随意乱动,双臂交叉,更不能两手叉腰,或将手插在裤袋里或下意识地做小动作,如摆弄手机、钥匙等。

站姿训练方法:通过理论学习,在生活中加以训练。每天练习20分钟左右,效果将会非常明显。一是贴墙直立。背着墙站直,背部紧贴墙壁,后脑勺、肩、腰、臀部及脚后跟与墙壁间的距离尽可能减少，将自己的头、肩、臀、腿间纵向连成直线。二是头顶书本。挺直脖子，收紧下巴，挺胸挺腰。把一本书放在头顶上行走，不让它掉下来。要拥有优美的站姿，必须养成良好的习惯，长期坚持。站姿优美，让人看起来有精神、有气质，使人感觉到求职者的自重和对别人的尊重，并容易引起别人的注意力和好感，有利于求职时给人留下美好的第一印象。

2. 坐姿　　入座时动作要轻而缓，双肩平正放松，立腰、挺胸、上体自然挺直，最好只坐椅子的 2/3，背部不靠椅背，女生必须两腿并拢，着裙装要先轻拢裙摆，而后入座。男生可两腿稍微分开，双手叠放或平放在大腿上，也可放在椅子或沙发扶手上。谈话时，可以侧坐，此时上体与腿同时转向一侧。身体保持挺直并可稍稍前倾，自然放松，面带微笑，给人端庄、大方的感觉。如长时间端坐，可双腿交叉重叠，但要注意将上面的腿向回收，脚尖向下。时间久了，可轻靠椅背。

谈话时应根据交谈者方位，将上体侧转向交谈者，上身仍保持挺直，不要出现自卑、恭维、讨好的姿态，尊重别人但不能失去自尊。

就座后，坐姿应端正，但不僵硬。不要用手托腮或双臂肘放在桌上。不要随意摆弄桌上物品，要避免一些不合礼仪的体态，例如，随意脱下上衣，挪动座椅，跷二郎腿，腿部抖动不停，双腿敞开过大，头枕椅背，打哈欠、伸懒腰等。

坐姿训练方法：通过理论学习，在生活中加以训练。每次训练在 20 分钟左右，可配以音乐。两个人一组，面对面练习，互相提意见，指出对方的不足。或坐在镜子前，按照坐姿要求进行自我纠正和检查。在平时的日常交往中，多注意保持正确的坐姿，将其作为习惯，长期坚持。

3. 步态　　面试中进入主考官视野的第一个动态形象就是步态，会在很大程度上影响主考官的第一印象。正确的步态是身体重心稍微前倾，挺胸收腹，上身保持正直，双手自然前后摆动，脚步要轻而稳，两眼平视前方。步伐要稳，步履自然，有节奏感。如果同行的有用人单位的职员或接待人员，不要走在他们前面，应该走在他们的斜后方，并保持一米左右距离。

步态训练方法：双脚与肩同宽站立，以右脚脚掌前端蹬离地面，胸廓向右后方略旋转，左臂向前摆动，身体重心向前移动，右脚脚跟整体放在地面，重力向前转到脚掌中心，左脚同样方式抬起，胸部向左后方旋转，摆动右臂向前。同样方式完成一个步态周期。

练习时身体重量能够均匀分布在双脚后。走路练习要求：走路时，双脚均匀负重，双脚与肩同宽，双脚指向正前方。

4. 手势　　手势在体态语言中是最丰富、最有表现力的，在人际交往中起到提升形象、传达感情的作用。

在与招聘人员沟通时，一定要注意正确手势。不要使用过多的手势，会给人留下装腔作势、狂妄自大、缺乏涵养的感觉。在重要的地方，可以配上适当的手势，吸引招聘人员的注意。应避免一些可能让人反感、生厌的小动作，比如玩弄衣角、烟盒、纸笔、名片等分散注意力的物品。讲话时不要用手掩口、玩手指头、抠指甲、抓头发、挠头皮、抠鼻孔。这些不雅的手势，往往会给人注意力分散、不庄重、不礼貌的感觉，会严重损害求职者的自身形象。

5. 表情

（1）眼神：俗话说"眼睛是心灵的窗口"，眼神在很大程度上能如实反映一个人的内心世界。目光是一种深情的、含蓄的无声语言，在人际交往中可以表达有声语言难以表现的意义和情感，在与招聘人员的交往过程中，应保持与对方的眼神接触，50%以上的时间应该注视对方，但不要一直瞪着对方的眼睛，这样会显得太有进攻性，不礼貌。目光应做到坦然、亲切、真诚、有神，眼神不要飘忽不定，否则会给人缺乏自信或不够坦诚的感觉。

眼神的训练方法：面对镜子完成各种眼神的练习；手张开放在眼前，手掌向上提并随之展开。随着手掌的上提、打开，眼睛一下子睁大；同学之间相互检测对方眼神是否运用恰当；结合微笑协调整体效果。

（2）微笑：在面试中要保持微笑的表情。给招聘单位乐观向上、充满自信的感觉。同时也能表现求职者自身的真诚与友好，缩短与招聘方的心理距离。特别是在应聘医疗卫生相关岗位时，招聘单位更注重医患沟通中微笑的作用，它能创造和谐融洽的气氛，让患者及家属感到愉快和温暖。求职者的微笑应发自内心，表里如一，在面试中把握每个机会展露自信而自然的笑容。

微笑的训练方法：对着镜子调整和纠正三度微笑；多回忆美好的往事，并发自内心微笑；发出"七""茄子""威士忌"等声音，练习嘴角肌的运动；把手指放在嘴角并向脸的上方轻轻上提，一边上提，一边使嘴充满笑意；同学之间通过打招呼、讲笑话来练习微笑，并相互纠正；通过美妙的音乐创造良好的环境氛围，发出会心的微笑。

俗话说"此时无声胜有声"。求职者无声的、职业化的举止，可以向招聘者表明"我是最适合的人选"。

（四）面试后的礼仪

将椅子扶正：离开面试现场时，应该把坐过的椅子扶正到坐前的位置，表示感谢后离开。

表示谢意：面试结束后，要主动与招聘人员点头致意并告辞。再次表现对应聘此工作的热情，并感谢主考官能够花费时间与精力和自己交谈。还应表示与主考官的交谈受益匪浅，并希望今后能够再有机会得到对方的进一步指导。如有可能，要约定下一次见面的时间。

总结分析：面试后，要仔细回忆整个面试经过，推敲面试细节，从中总结经验教训，争取在以后的面试中扬长避短，表现出色。

【知识拓展】

面试切忌六个小动作

边说话边拽衣角。 求职者在面谈时，由于紧张或不适应，无意间会拽衣角或摆弄纽扣。这个小动作很容易让考官看出你的紧张焦虑，给人留下不成熟、浮躁的印象。

跷二郎腿或两手交叉于胸前。 不停地轮换交叉双腿，是不耐烦的表现，而一直跷着二郎腿则会让考官觉得你没有礼貌。如果再把两手交叉放在胸前，那就表达出了拒绝或否决的心情。因此，求职时一定要注意坐姿端正，双脚平放，放松心情。

拨弄头发。 频繁用手拂拭额前的头发，会透露出你的敏感和神经质，还会令人产生不被尊重的感觉。为避免这种习惯影响到面试的结果，求职者最好将长发扎起来，或将头发梳理整齐，这样既显得精神又能避免不经意间拨弄头发。

夸张的肢体动作。 面试时适当的手势能帮助你更好地阐释自己的观点，不过动作太过活泼、夸张则会给人留下不稳重的印象。因此，面试时应以平稳、平实的态度为原则。

眼神飘忽。 面试时两眼到处乱瞄，容易让主考官觉得这是一位没有安全感、对任何事都不抱有信任感的应试者。最好的方法是面带微笑，眼睛看着谈话者，同时头微微倾斜。

> **不停地看表**。不论是在面谈或与人交谈时，不停地看时间，会让人产生压迫感。因此，求职者要把握好时间，千万不要频繁看表。

【实践活动4-4】
对着镜子练习面试时正确的表情、坐姿和站姿。

第四节 笔试应对技巧

用人单位为了直接掌握毕业生的专业水平和综合素质，往往在简历筛选之后，采取笔试的方法作为面试之前的筛选方式。笔试是一种常用的考核手段，旨在考核应聘者的文字表达能力、知识面和综合分析事物的能力，从而考察和评估应聘者掌握基本知识、专业知识、管理知识、文化素质和心理等综合素质及能力的程度。与面试相比，笔试可以对大量的应聘者在同一时间集中考核其特定方面的素质能力，而这些能力通过面试等其他方式往往很难考察，如书面表达能力、公文阅读和理解能力、岗位要求的特定能力等。

笔试应聘主要应用于对专业技术要求较强、对录用人员素质要求较高的大型用人单位及国家机关选聘公务员、卫生事业单位公开招聘人才。

一、常见的笔试种类

（一）专业能力考试

这种考试主要是检验应聘者担任某一职务时是否能达到所要求的专业知识水平和相关的实践能力。这几年毕业生热衷招考的国家机关公务员考试，其笔试包括《行政职业能力倾向测验》和《申论》。又如招聘行政管理、秘书方面工作的单位对应聘者文字能力的测试。为检验医学毕业生实际工作能力或专业技术能力，通常还要进行专业技术能力考试。举例如下。

（1）检查脊柱应采取的正确体位是（E）
A.仰卧位　　　B.右侧卧位　　　C.左侧卧位　　　D.膝胸卧位
E.站立位或卧位
（2）下列哪项是运动神经元瘫痪的症状（D）
A.无肌束颤动　　B.肌张力增高　　C.腱反射亢进　　D.病理反射阴性
E.肌萎缩不明显
（3）治疗抑郁症应选用（D）
A.氯丙嗪　　　B.三氟拉嗪　　　C.硫利达嗪　　　D.丙米嗪

（二）基础知识测试

这种考试主要考察政治、经济、法律、时事、科技人文、行政管理、公文等方面的内容。如国家机关公务员考试中的《行政职业能力测验》和《申论》，事业单位考试的《行政职业能力测验》或《公共基础知识》等。举例如下。

（1）下列不符合否定之否定规律的是（D）
A.团结—批评—团结　　　　　　B.黄豆—豆苗—黄豆

C. 成功—失败—成功 　　　　D. 敌人—朋友—敌人

（2）我国人民代表大会与政府的关系是（D）

A. 领导与被领导的关系　　　　B. 相互监督的关系

C. 上级与下级的关系　　　　　D. 监督与被监督的关系

（三）智商测试

智商测试主要为一些外企或大公司所采用，它们对毕业生所学专业一般没有特殊要求，但对毕业生的素质要求较高。智商测试并不神秘。一种是图形识别，比如一组有四种图形，让应试者指出其相似点和不同点。另一类是计算题，主要测试毕业生对数字的敏感程度以及基本的计算能力，比如给定一组数据，让毕业生根据不同的要求求出平均值。举例如下。

请从理论上或逻辑的角度在后面的空格中填入后续字母或数字。

（1）A、D、G、J、（　）

（2）1、3、6、10、（　）

（3）1、1、2、3、5、（　）

（4）21、20、18、15、11、（　）

（5）8、6、7、5、6、4、（　）

（6）65536、256、16、（　）

（7）3968、63、8、3、（　）

（8）3、7、15、（　）、63、127

（四）心理测试

这是一种用事先编制好的标准化量表或问卷要求被试者完成，根据完成的数量和质量来判定其心理水平或个性差异的方法。一些跨国公司、外资企业等用人单位常常以此来测试求职者的态度、兴趣、动机、智力、个性等心理素质，进而确定应聘者是否符合岗位要求。举例如下。

（1）考察进取心的测试题：你住在二楼左侧的房子里，某天，你要出门去倒垃圾，你的左边是一个窗子，而楼上和楼下都各有一个垃圾道，在二楼的最右边也有一个垃圾道，你可以有以下选择：

A. 上楼到上面那个垃圾道去倒垃圾

B. 下楼到下面那个垃圾道去倒垃圾

C. 从自己所在的位置一直向右走，去那里倒

D. 从窗口倒出去

（2）考察面对逆境的测试题：有一天你乘着降落伞从空而下，你最希望自己在什么地方降落？

A. 青葱的草原平地　　　　B. 柔软的湖畔湿地

C. 玉树临风的山顶　　　　D. 高耸的华厦楼顶

（五）价值观测试

这类测试主要是检验应聘者的信仰、世界观、价值观，考察个人的价值观与企业文化之间的融合情况，进而对应聘者的价值观念进行深入了解。举例如下。

（1）说说你在工作中最基本的哲学思想是什么，做人做事的基本准则是什么？
（2）哪些工作经验对你个人信仰、价值观念和人生观的形成起的作用最大？

二、笔试的方法及技巧

（一）知识准备

专业知识的测试与毕业生在校期间的学习是分不开的，要成功应对这类考试需要在校期间打好坚实的专业基础，考前进行必要的复习。

综合能力、专业基础知识等考试一般说来都有大体的范围，可围绕范围翻阅一些有关资料，模拟演练真题，做到心中有底。要注意以下三点。

一是不要把复习重点放在难点、怪题上，要把基础知识掌握好，在实际运用上下功夫。

二是不要死抠几道题，有时笔试出题量较大，其用意一方面考察知识掌握程度，一方面考察应试能力。所以考生在浏览卷面后，要迅速答较容易的题目，余下的时间再认真推敲其他题目。

三是答题时要掌握好主次之分。有时毕业生见简答题是自己准备较充分的，洋洋洒洒写了上千字，而对论述题则准备不够，就随便写了几十个字。这样功夫没用到点上，成绩当然会受到影响。毕业生在统览全卷的基础上，要抓住重点题目下功夫，认真答写，充分显示自己的知识水平。

（二）心态准备

笔试怯场，大多是缺乏信心所致。要客观冷静地对自己进行正确评估，克服自卑心理，增强信心。临考前，要保证充足的睡眠，注意休息饮食，放松心情，以充沛的精神状态去参加考试。在考场上不要受其他情况的影响，如看到有人早交卷，要调节自己的心理，不要紧张、慌张。克服自己的自卑心理，要相信自己的能力，增强自己对于这份工作的信心，相信自己能够通过笔试获得这个工作。

（三）临场准备

提前熟悉考场环境，提前到达考试地点，有利于消除应试时的紧张心理。还应详细了解考试注意事项。除携带身份证件外，用人单位需要的其他证明材料和考试必备的文具（笔、橡皮等）也要准备齐全。

（四）科学答题

拿到试卷后，应先将试题从头到尾通览一遍，了解题目的数量和难易程度，然后根据先易后难的原则排出答题顺序，以便掌控答题的速度，合理安排答题时间。对于重点题目要认真对待，充分表现自己的知识和能力水平。对于毕业生进行笔试，不仅仅是考察其文化、专业知识，往往还包括考核心理素质、办事效率、工作态度、修辞水平、思维方法等。所以毕业生在参加笔试时，要认真审题，将自己的认识水平、知识水平和能力水平通过笔试较好地显示出来。

试卷答完后，要进行全面检查，避免出现漏题、跑题现象。要认真检查是否有错别字、语法不通、答非所问等错误。

（五）卷面整洁

要做到字迹端正，卷面整洁。笔试本身就是对考生综合素质和能力的考核，招聘单位从卷面上可以推断出应聘者的能力、品质、性格、心理等方面。"字如其人"的说法从古至今一直被认可。字迹潦草，卷面不整往往会给招聘单位留下态度不认真、工作不细致等不良印象，而那些字迹端正、答题一丝不苟的人，会被认为态度认真，作风细致，从而获得更多青睐。

【知识拓展】

面试、笔试后的信息追踪

（1）主动与招聘单位保持联系：面试一两天后，应给招聘单位发电子邮件或通过QQ、微信表示感谢。除了感谢还要重申以下内容：你的优势，对应聘岗位很感兴趣，对招聘单位的感受，表达自己应聘为单位做贡献的决心，希望早日得到应聘回复，等等。

（2）创造机会去招聘单位考察或在招聘单位实习：利用多方人脉和资源，去应聘单位现场考察，与招聘主管进一步沟通，探讨有无实习或试用机会，在工作中努力展现自我，争取最终被录用。

（3）如果落选，要总结经验，努力寻找更多机会：如果面试或笔试失败，不要一蹶不振、灰心懊恼，要认真总结失败的教训，回忆自己在面试或笔试过程中的表现，向有经验的同学、老师和朋友请教，及时总结经验，改进方法和技巧，不断充实自己，为下次面试成功做好充足的准备。

【本章要点】

1. 就业信息的收集分析和处理。
2. 求职信和简历的基本结构、内容和撰写技巧。
3. 面试技巧和礼仪规范。
4. 笔试的类型及应对策略。

【思考与练习】

1. 就业准备中如何收集就业信息，选择就业单位？
2. 面试前要做好哪些准备？
3. 面试的内容和技巧包括哪些？
4. 笔试有哪些技巧？

第五章 就业类型与相关法律保障

【学习目标】

本章详细叙述了毕业生的就业程序、就业类型、大学生就业权益及保护。希望通过本章学习，大学生能够在择业过程中，有明确的求职目标，做好充分的求职准备，熟悉求职就业流程，提高个人防范意识，知法懂法，正确维护自己的正当权益，从而达到顺利就业、满意就业。

【案例分析5-1】

李××跨专业考研的故事

某校2018级李××同学刚刚进入大学时，对所报考的运动康复专业并不十分了解，像很多大学生一样，对未来从事的职业很迷茫。通过职业生涯规划课的学习，她意识到学业规划很重要，要想找到好工作，必须要了解自我，了解职业，了解社会。在大学期间她加入了校学生会和院学生会，提升了组织、沟通、演讲、写作等能力。利用周末的时间去××医科大学附属第一医院进行职业体验，在体验过程中，李××发现所学专业未来的就业方向和从事的工作并不能满足自己的职业愿景，工作的内容与自己的兴趣、性格并不匹配，不太符合她的职业目标。她以后还是想从事医学相关的工作，于是，从大二开始，她就有意识地收集关于医学相关职业的信息，经过一年多的时间，通过生涯人物访谈，李××访谈了成功求职的校友、学校专业课老师和从事临床工作的老师，她发现自己很喜欢病理学这个专业，希望毕业后能够从事临床病理技师的工作。从职业环境、工作性质、未来发展前景来讲，完全符合她的职业发展目标。于是，根据老师的建议和指导，李××上网查阅资料，最后决定要考取××医科大学病理学专业的研究生。从确定职业目标就开始着手准备考研资料，比同年级准备考研的学生提前了将近一年的时间，李××制订了详细学习计划，因为跨学科考试，有几门考试的专业课不是本校的必修课程，李××自学了2～3遍教材，在大家开始着手准备考研的时候，她已经整理出了所有考试专业的学习笔记。最终，通过自己的不懈努力，李××同学以优异的成绩考上了××医科大学病理学专业的研究生。

专家点评 通过李××跨专业考研成功的故事，我们不难发现收集职业信息的重要性。职业信息是毕业生求职择业的前提，也是毕业生职业选择的重要依据，更是为今后的顺利就业提供了可靠的保证，这个案例告诉我们，谁能及早地获得职业信息，有计划地着手准备，谁就掌握了就业求职的主动权。

第一节 就业程序

一、当前大学生就业的主要途径

随着时代的发展，就业制度改革的不断深化和毕业生就业观念的转变，使得毕业生的就业选择更加宽泛，就业途径呈现出多层次、多渠道、多方位的特点。

（一）就业市场双向选择就业

就业市场是由人力资源供给、人力资源需求和供需双方交换这三个方面构成的。通过毕业生资源的市场化配置，使毕业生能够充分地满足社会的需要，根据自身专业的特点，到岗位上发挥作用。就业市场具有公益性、市场主体的特殊性、时效性、区域性、集中性、广泛性等特点。国家、省、市、高校等每年都举办毕业生就业双选会，为用人单位、毕业生构建可靠、安全的双向选择洽谈平台，促进双方通过洽谈会达成就业意向或者签订就业协议。其中，各个高校举办的校园招聘会符合学校自身办学的特点，招聘岗位需求针对性强，成为大学生求职就业的主要渠道。

1. 校园招聘会 在毕业生和用人单位双向选择的过程中，高校毕业生就业部门为毕业生和用人单位提供了良好的交流平台，创造条件让毕业生与用人单位见面洽谈。每年3～4月份和11～12月份是用人单位到各个高校开展校园招聘比较集中的月份。用人单位基于对高校和毕业生的认可，直接来校内招聘，举办专场招聘会，学生求职成功的概率比参加社会招聘会要高。校园招聘会避免了院校之间、应届毕业生和往届有工作经验的求职者之间的竞争。校园招聘会的优点是专业针对性强，安全可靠，大大降低了大学生的求职成本和求职风险。

2. 高校联合举办大型校园专场招聘会 这类招聘会是高校之间分行业、分学科的横向联合举办的专场招聘会，面向某区域高校的毕业生并具有一定的招聘规模。2011年成立的辽宁省医药类高校就业工作协作体（中国医科大学、锦州医科大学、大连医科大学、辽宁中医药大学、沈阳药科大学、沈阳医学院）和2017年成立的东北医药类高校就业工作协作体（哈尔滨医科大学、吉林大学、中国医科大学、锦州医科大学、大连医科大学、辽宁中医药大学、沈阳药科大学、沈阳医学院），从2012年起，陆续举办了几次大型校园招聘会。由于招聘会举办的时间集中，各校资源共享，给用人单位和毕业生搭建了更为广阔的交流平台，使毕业生拥有了更多的就业机会，参会单位和学生的数量明显增加，大大提升了招聘会的效果和签约成功率，促进了毕业生充分就业和满意就业。

3. 综合性人才招聘会 全国各大城市高新技术人才中心或人力资源机构，每年都会举办各种各样的招聘会，如大型综合招聘会、中小型专业招聘会以及专为毕业生服务的专场招聘会等。此类招聘会有许多特殊优势，招聘会规模庞大、招聘单位众多、行业范围广泛，毕业生可以通过参加这类招聘会了解就业行情，接触和熟悉社会招聘的流程，丰富自己的求职经验。

（二）考试录用就业

考试录用就业是目前用人单位招聘毕业生的一种重要方式，主要是国家机关考录公务员，事业单位选用工作人员等。求职人员需要通过招聘信息进行网上报名，考试包括面试和笔试。笔试主要考核毕业生的文字能力、知识面和综合分析能力，分为专业知识考试、心理测试、命题写作、综合考试等类型。面试主要了解应试毕业生的素质特征、能力状况、求职动机、形象气质等是否满足特定岗位的要求。

公务员考试录用制度是我国干部人事制度改革的一项重大内容。1994年6月，国家人事部颁布实施了《国家公务员录用暂行规定》，由此使公务员考试录用工作有法可依，步入了法制化、规范化轨道，并逐步确立了国家行政机关"凡进必考"的用人机制。由于国家公务员的社会地位、工资待遇较高，并具有良好的晋升条件，这使得许多人都希望进入国家公职机关，公务员已成为大学生首选的阳光职业，近年报考公务员的人数也在逐年增多。

（三）项目就业

为促进不发达地区的经济发展和社会进步，发挥中央和省市政府的宏观调控作用，引导和鼓励大学毕业生到基层、到西部、到贫困地区建功立业，帮助高校毕业生实现就业。中央各有关部门主要组织实施了几个引导高校毕业生到基层就业的专门项目，如"大学生志愿服务西部计划""农村义务教育阶段学校教师特设岗位计划""选聘高校毕业生到村任职工作""农业技术推广服务特设岗位计划""三支一扶"计划，等等。辽宁省也制定了一些基层就业项目，如"志愿服务辽西北计划"等。志愿服务辽西北，是以"三支一扶"的形式支援辽宁西北地区建设，是辽宁省启动的项目，自2009年起"大学生志愿服务辽西北计划"与"三支一扶"计划分开实施。这些项目的实施不但鼓励大学生扎根基层，在工作岗位上发挥自己的专业优势，而且促进了毕业生的就业，为国家全面建设成为小康社会贡献自己的力量。

【知识拓展】

大学生志愿服务西部计划

这一计划是2003年由共青团中央牵头，教育部、财政部和人力资源社会保障部联合启动实施的，简称西部计划。按照公开招募、自愿报名、组织选拔、集中派遣的方式，主要是在教育部公布的全日制普通高校中，每年选拔招募一批应届毕业生，以志愿服务的方式到西部12个省（区、市）贫困县的乡镇从事为期1～3年的教育、卫生、农业技术扶贫以及青年中心建设和管理等方面的志愿服务工作。推进农村共青团工作、全国农村党员干部现代远程教育试点工作、基层检察院、基层人民法院、基层司法援助、西部农村平安建设等方面的志愿服务工作。志愿者服务期满后，鼓励其扎根基层，或者自主择业和流动就业，并在其升学、就业方面给予一定政策支持。

《关于印发〈2019—2020年度大学生志愿服务西部计划实施方案〉的通知》（中青联发〔2019〕3号）规定：西部计划志愿者服务期为1～3年，服务协议一年一签。继续实施基础教育、服务三农、医疗卫生、基层青年工作、基层社会管理、服务新疆、服务西藏7个专项。

高校毕业生在大学生志愿服务西部计划官方网站（http://xibu.youth.cn/）填写报名表并选择三个意向服务省，下载打印后，经所在院系团委审核盖章，交所在高校项目办（设在团委）审核备案。

"三支一扶"计划

"三支一扶"是支教、支农、支医、扶贫工作的简称。2006年中共中央组织部、人事部、教育部、财政部、农业部、卫生部、国务院扶贫开发领导小组办公室、共青团中央等八部门下发《关于组织开展高校毕业生到农村基层从事支教、支农、支医和扶贫工作的通知》，以公开招募、自愿报名、组织选拔、统一派遣的方式，从2006年开始连续5年，每年招募2万名高校毕业生，主要安排到乡镇从事支教、支农、支医和扶贫工作。招募方式为每年5月底前，各地根据下达的招募计划，采取考核或考试的方式进行公开招募，每年7月底前，派遣"三支一扶"大学生到服务单位报到。服务期限一般为2～3年。招募对象主要为全国普通高校应届毕业生。

选聘高校毕业生到村任职工作

2008年，中共中央组织部、教育部、财政部、人力资源社会保障部出台了关于印发《关于选聘高校毕业生到村任职工作的意见（试行）》的通知，用5年时间选聘10万名高校毕业生到农村担任村委会主任助理，村党委组织书记助理或团组织书记、副书记等职务，选聘的高校毕业生在村工作期限一般为2～3年。

（1）选聘对象和条件：选聘对象为30岁以下应届和往届毕业的全日制普通高校专科以上学历的毕业生，重点是应届毕业和毕业1至2年的本科生、研究生，原则上为中共党员（含预备党员），非中共党员的优秀团干部、优秀学生干部也可以选聘。

基本条件是：①思想政治素质好，作风踏实，吃苦耐劳，组织纪律观念强。②学习成绩良好，具备一定的组织协调能力。③自愿到农村基层工作。④身体健康。参加人力资源社会保障部、团中央等部门组织的到农村基层服务的"三支一扶"计划、"大学生志愿服务西部计划"等活动期满的高校毕业生，本人自愿且具备选聘条件的，经组织推荐可作为选聘对象。

（2）选聘程序：选聘工作一般通过个人报名、资格审查、组织考察、体检、公示、决定聘用、培训上岗等程序进行。

农村义务教育阶段学校教师特设岗位计划

2006年，教育部、财政部、人事部、中央机构编制委员会办公室下发《关于实施农村义务教育阶段学校教师特设岗位计划的通知》（教师〔2006〕2号），联合启动实施"特岗计划"，公开招聘高校毕业生到西部"两基"攻坚县农村义务教育阶段学校任教。特岗教师聘期为3年。

（1）农村教师特设岗位计划实施的地区范围：2019年4月8日教育部办公厅、财政部办公厅《关于做好2019年农村义务教育阶段学校教师特设岗位计划实施工作的通知》（教师厅〔2019〕3号）文件规定，2019年中央特岗计划实施范围与2018年相同，具体为：集中连片特殊困难地区和中西部国家扶贫开发工作重点县，省级扶贫开发工作重点县，西部地区原"两基"攻坚县（含新疆生产建设兵团的部分团场），纳入国家西部开发计划的部分中部省份的少数民族自治州以及西部地区一些有特殊困难的边境县，少数民族自治县和少小民族县。

（2）农村教师特岗计划招聘对象和条件：①符合招聘岗位要求，具有相应的教师资格条件。②以普通高校本科毕业生为主，鼓励本科师范专业毕业生应聘，特殊情况可适当招聘高等师范专科毕业生。③年龄不超过30岁。④参加过"大学生志愿服务西部计划"、有从教经历的志愿者和参加过半年以上实习支教的师范院校毕业生同等条件下优先录取。

（3）农村教师特岗计划的招聘程序：特岗教师实行公开招聘，合同管理。合同规定用人单位和应聘人员双方的权利和义务。招聘工作由省级教育、人力资源社会保障部、财政部、中共中央机构编制委员会办公室等相关部门共同负责，遵循"公开、公平、自愿、择优"和"三定"（定县、定校、定岗）原则，按下列程序进行：①公布需求；②自愿报名；③资格审查；④考试考核；⑤集中培训；⑥资格认定；⑦签订合同；⑧上岗任教。

农业技术推广服务特设岗位计划

2011年，《农业部 教育部关于实施基层农技推广特设岗位计划的意见》（农科教发〔2011〕2号）规定，农业技术推广服务特设岗位计划由农业部牵头，人力资源社会保障部、教育部和科技部共同组织实施。从2013年开始，每年招募一批普通高等学校应届毕业生，到乡镇或区域性农业技术推广机构从事为期2～3年的农业技术推广、动植物疫病预防、农产品质量安全服务等工作。

（四）应征入伍服义务兵役就业

征集高校应届毕业生入伍，是从源头上提高新兵质量、改善部队兵源结构、深化征集对象主体调整改革的一项重要内容，适应我国高等教育快速发展的形势，也是依托国民教育培养军事人才，从高起点上加强士兵，特别是士官队伍建设以及军官队伍建设，推进军事人才战略工程的重要措施。高校毕业生入伍服义务兵役，是实现就业的一条重要途径。

1."大学生"身份的界定 大学生是指根据国家有关规定，批准设立、实施高等学历教育的全日制公办普通高等学校、民办普通高等学校和独立学院，按照国家招生规定录取的全日制普通本科、专科（含高职）、研究生、第二学士学位的应（往）届毕业生、在校生和已被普通高校录取但未报到入学的学生。征集的大学生以男性为主，女性大学生征集根据军队需要确定。

2. 应征入伍需要满足的政治条件和基本身体条件 征集服现役的公民必须热爱中国共产党，热爱社会主义祖国，热爱人民军队，遵纪守法，品德优良，决心为抵抗侵略、保卫祖国、保卫人民的和平而英勇奋斗。征兵政治审查的内容包括：应征公民的年龄、户籍、职业、政治面貌、宗教信仰、文化程度、现实表现以及家庭主要成员和主要社会关系成员的政治情况等。

公民应征入伍要符合国防部颁布的《应征公民体格检查标准》和有关规定。其中，有几项基本条件，介绍如下。

男性身高160cm以上，女性身高158cm以上。男性体重不超过标准体重的30%，不低于标准体重的15%。女性体重不超过标准体重的20%，不低于标准体重的15%。

标准体重（kg）=身高（cm）-110。

视力：大学生右眼裸眼视力不低于4.6，左眼裸眼视力不低于4.5。屈光不正，准分子激光手术后半年以上，无并发症，视力达到相应标准的，合格。

内科：乙型肝炎表面抗原呈阴性，等等。

3. 应征入伍服义务兵役大学生的年龄规定 男性普通高等学校在校生为年满17至22周岁、大学毕业生放宽到24周岁。

女性普通高等学校在校生和毕业生为年满17至22周岁。

4. 高校毕业生应征入伍服义务兵役要经过哪些程序？

（1）网上报名预征：有应征意向的高校毕业生可在征兵开始之前登录"全国征兵网"（网址为https://www.gfbzb.gov.cn）进行报名，填写、打印《应届毕业生预征对象登记表》和《高校毕业生应征入伍学费补偿国家助学贷款代偿申请表》（以下分别简称《登记表》《申请表》），交所在高校征兵工作管理部门。

（2）初审、初检：毕业生离校前，在高校参加身体初检、政治初审，符合条件者确定为预征对象，高校协助兵役机关将《登记表》和《申请表》审核盖章发给毕业生本人，并完成网上信息确认。初审、初检工作最晚于7月15日前完成。

（3）实地应征：高校应届毕业生可在学校所在地应征入伍，也可在入学前户籍所在地应征入伍。

（4）组织高校应届毕业生在学校所在地征集的，结合初审、初检工作同步进行体格检查和政治审查，在毕业生离校前完成预定兵，9月初学校所在地县（市、区）人民政府征兵办公室为其办理批准入伍手续。政治审查以本人现实表现为主，由其就读学校所在地的县（市、区）公安部门负责，学校分管部门具体承办，原则上不再对其入学前和就读返乡期间的现实表现情况进行调查。

（5）在入学前户籍所在地应征入伍的，高校应届毕业生 7 月 30 日前将户籍迁回入学前户籍地，持《登记表》和《申请表》到当地县级兵役机关参加实地应征，经体格检查、政治审查合格的，9 月初由当地县（市、区）人民政府征兵办公室办理批准入伍手续。

5. 牵头负责大学生征集工作的部门　高校所在地兵役机关会同有关部门进入高校开展征集工作，高校由学生管理部门或学校武装部门牵头负责，有意向参军入伍的大学生可向所在学校学工部（处）、就业中心、资助中心或武装部咨询有关政策。

6. 高校毕业生应征入伍服义务兵役享受的优惠政策　高校毕业生应征入伍服义务兵役，除享有优先报名应征、优先体检政考、优先审批定兵、优先安排使用"四个优先"政策，家庭按规定享受军属待遇外，还享受优先选拔使用、学费补偿和国家助学贷款代偿、退役后考学升学优惠、就业服务等政策。

7. 高校毕业生应征入伍"四个优先"政策的规定　高校毕业生预征对象参军入伍享受"四个优先"政策：

（1）优先报名应征：报名由县级兵役机关直接办理。夏秋季征兵开始前，县级兵役机关通知其报名时间、地点、注意事项等。确定为预征对象的高校毕业生，持《登记表》，可以直接到学校所在地或户籍所在地县级兵役机关报名应征。

（2）优先体检政考：体检由县级兵役机关直接办理。夏秋季征兵体检前，县级兵役机关通知其体检时间、地点、注意事项等。确定为预征对象的高校毕业生，未能在规定时间内在学校参加体检的，本人持《登记表》，可在征兵体检时间内报名直接参加体检。

（3）优先审批定兵：审批定兵时，应当优先批准体检政审合格的高校毕业生入伍。高职（专科）以上文化程度的合格青年未被批准入伍前，不得批准高中文化程度的青年入伍。

（4）优先安排使用：在安排兵员去向时，根据高校毕业生的学历、专业和个人特长，优先安排到军兵种或专业技术要求高的部队服役；部队对征集入伍的高校毕业生，优先安排到适合的岗位，充分发挥其专长。

8. 高校毕业生入伍服义务兵役的年限　我国现行的义务兵役制度服役年限是两年。

9. 大学生士兵退役后享受的就学优惠政策

（1）高职（专科）学生入伍经历可作为毕业实习经历。

（2）退役大学生士兵入学或复学后免修军事技能训练，直接获得学分。

（3）设立"退役大学生士兵"专项硕士研究生招生计划。根据实际需求，每年安排一定数量专项计划，专门面向退役大学生士兵招生。在全国研究生招生总规模内单列下达，不得挪用。

（4）将高校在校生（含高校新生）服兵役情况纳入推免生遴选指标体系。鼓励开展推荐优秀应届本科毕业生免试攻读研究生工作的高校在制定本校推免生遴选办法时，结合本校具体情况，将在校期间服兵役情况纳入推免生遴选指标体系。在部队荣立二等功及以上的退役人员，符合研究生报名条件的可免试（指初试）攻读硕士研究生。

（5）将考研加分范围扩大至高校在校生（含高校新生）。退役人员在继续实行普通高校应届毕业生退役后按规定享受加分政策的基础上，允许普通高校在校生（含高校新生）应征入伍服义务兵役退役，在完成本科学业后 3 年内参加全国硕士研究生招生考试，初试总分加 10 分，同等条件下优先录取。

（6）退役大学生士兵专升本实行招生计划单列。高职（专科）学生应征入伍服义务兵役退役，在完成高职学业后参加普通本科专升本考试，实行计划单列，录取比例在现行 30%

的基础上适度扩大,具体比例由各省份根据本地实际和报名情况确定。

(7)高校新生录取通知书中附寄应征入伍优惠政策。高校向新生寄送《录取通知书》时,附寄应征入伍宣传单,宣传单主要内容包括优惠政策概要、报名流程指南、学籍注册要求等。

(8)放宽退役大学生士兵复学转专业限制。大学生士兵退役后复学,经学校同意并履行相关程序后,可转入本校其他专业学习。

(9)具有高职(高专)学历的,退役后免试入读成人本科,或经过一定考核入读普通本科;荣立三等功以上奖励的,在完成高职(专科)学业后,免试入读普通本科。

(10)应征入伍的高校毕业生退役后报考政法干警招录培养体制改革试点招生时,教育考试笔试成绩总分加10分。

(五)订单培养与就业

订单培养,就是高校根据用人单位的用人标准和岗位要求,与用人单位共同确立培养目标,制定并实施人才培养方案和教学计划,实现人才定向培养的教育模式。双方签订用人及人才培养协议,形成一种法定或近于法定的委托培养关系;明确双方职责,学校保证按需培养人才,学以致用;用人单位保证录用合格人才,用其所学。它促进了人才供需双方零距离对接,提高了毕业生就业质量和就业率,从而降低毕业生就业成本,减少就业风险,提高人才配置及利用效率。订单培养的大学生,毕业后会直接到订单单位就业。

(六)灵活就业

灵活就业是指在劳动时间、收入报酬、工作场地、保险福利、劳动关系等方面不同于建立在工业化和现代企业制度基础上的传统主流就业方式的各种就业形式的总称。随着社会发展和分工的细化,职业模式日益灵活多样,就业涵盖的领域日趋广泛。灵活就业可分为三个类别。

第一类,主要是指微、小型企业和家庭作坊式的就业者,以及虽为大中型企业雇用,但在劳动条件、工资和保险福利待遇以及就业稳定性方面有别于正式职工的各类灵活多样就业形式人员,包括临时工、季节工、承包工、小时工等。

第二类,主要是指由于科技和新兴产业的发展,现代企业组织管理和经营方式的进步变革而产生的灵活多样的就业形式,如目前发达国家流行的非全日制就业、阶段性就业、远程就业、兼职就业等。

第三类,是独立于单位就业之外的就业形式。包括:①自雇型就业,包括个体经营和合伙经营两种类型。②自主就业,即自由职业者,如律师、作家、自由撰稿人、翻译工作者等。③临时就业,如家庭小时工、街头小贩和其他类型的打零工者。

(七)自主创业

创业有广义和狭义之分,大学生自主创业属于狭义上的"创业"。可以定义为开办企业,包括创造价值在内的,创建并经营一家新的营利性企业的过程。近年来,党和国家特别重视大学生创新创业问题,相继出台了一系列鼓励大学生创业的优惠政策,支持大学生创业。每年都有一部分大学生通过创业的方式实现就业。毕业生通过科技创新、社会服务或发挥在某方面的特长,利用所学的知识,自己或与他人合伙创办企业。自主创业不仅可以解决自身的就业问题,而且还可以为他人提供就业岗位。

（八）升学、留学

1. 专升本考试 为满足高职高专学生继续接受教育的需求，缓解专科层次学生就业压力，全国各省市区均举办普通高校专升本教育，这不仅是一项高等教育的改革措施，也是一项教育服务政策，同时填补了高职高专学生可直接升入普通本科院校继续深造的教育空白。

2. 毕业生出国留学 随着我国改革开放的深入发展，特别是加入世贸组织后，教育的国际交流日益频繁，我国公民有了更多的机会自费出国留学，所以大学生毕业后直接申请出国、出境留学的也在逐年增多。

3. 考研 随着高校毕业生就业形势的日益严峻，社会对高学历人才需求增大，许多大学生为了提升自身的职业素质和学历选择研究生考试，也有一部分学生因为高考录取的专业不理想，通过考研改变专业，从而获得重新选择职业的一次机会。

（九）延缓就业

延缓就业的毕业生主要有：①因正在办理出国的相关手续的毕业生。②暂时没有找到满意的工作单位的毕业生。③第一次考研、考公务员失败的毕业生。这部分毕业生往往会选择暂缓就业或者先回生源所在地再择业就业。也有的毕业生采取先办理就业代理或人事代理，解决户籍、档案再继续择业的做法。

2021年辽宁省高校毕业生"三支一扶"计划招募公告

为深入贯彻习近平总书记关于引导高校毕业生到基层工作的重要指示精神，深入实施人才强省战略、就业优先战略和乡村振兴战略，根据《中共中央组织部 人力资源社会保障部等十部门关于实施第四轮高校毕业生"三支一扶"计划的通知》（人社部发〔2021〕32号）和《关于印发2021年辽宁省高校毕业生"三支一扶"计划实施方案的通知》（辽人社发〔2021〕6号）精神，引导和鼓励更多高校毕业生到基层工作，现就2021年辽宁省高校毕业生"三支一扶"计划招募工作有关事宜公告如下：

一、招募数量

2021年，我省计划招募350名高校毕业生到农村基层从事支教、支农、支医和帮扶乡村振兴服务。具体计划、岗位、资格条件详见《2021年辽宁省高校毕业生"三支一扶"计划招募岗位信息表》（附件）。

二、招募对象

重点招募2021年普通高校应届毕业生，辅助招募2019年、2020年毕业离校未就业的省内生源普通高校毕业生。

三、招募条件

（一）政治素质好，热爱祖国，拥护党的基本路线和方针政策；
（二）具有敬业奉献精神，遵纪守法，作风正派；
（三）普通高校大专以上学历；
（四）学习成绩良好，具有相应的专业知识和符合岗位要求的工作能力；
（五）具有正常履行职责的身体条件；

（六）具有拟招募岗位所要求的资格条件。参加过"三支一扶"服务的大学生，不能再报名参加"三支一扶"招募选拔。

四、招募程序

（一）网上报名

1. 报名时间　2021年7月7日9∶00—7月9日16∶00。

2. 报名网站　辽宁人事考试网（www.lnrsks.com）。

报考人员登录网站后，按要求如实、正确填写资格审查表，并上传本人电子照片（本人近期免冠2寸正面证件电子照片，jpg格式，大小为5KB-30KB）。

3. 报名要求　每人限报一个职位，并使用同一有效居民身份证参加招募选拔。报名人员提交的报名信息应当真实、准确。提供虚假报名信息的，一经查实，即按有关规定给予取消相应环节资格等处理。对通过伪造、变造有关证件、材料、信息而骗取招募选拔资格的，将按有关法律法规给予处理。

4. 查询资格初审结果　请考生于7月9日17∶00前查询资格初审结果并打印报名登记表，资格初审未通过的考生请于7月9日17∶00前根据初审意见修改报名信息并提交"报名确认"，逾期不予以审核。注意：报名人员必须进行"报名确认"操作，否则无法进行资格审查。

（二）现场审核

1. 现场审核时间　由各市"三支一扶"计划办公室另行通知。

2. 各市"三支一扶"办，负责所辖地区招募岗位资格现场审核工作，需证明生源的应有生源地证明（由毕业学校或存档机构出具，或其他能够证明生源地的材料）。

3. 资格审查通过人员下一步参加具体招募选拔环节的相关事宜，由各市确定，其结果将在辽宁人事考试网及时发布。

（三）招募选拔

招募选拔由各市组织实施。具体招募选拔时间和方式，以各市"三支一扶"办公室通知为准。

（四）资格审查复审、体检和考核

资格复审、体检、考核的时间和具体要求，由各市"三支一扶"办公室负责并公布。资格审查贯穿于招募选拔工作全过程，凡发现报考人员与招募岗位所要求的资格条件不符的，取消招募资格。

招募名单确定。各市"三支一扶"办公室按照招募岗位计划1∶1比例确定拟招募人员，并通知到报考人员本人，如该报考人员确认放弃，可按照招募选拔排序依次递补，经公示无异议后上报省"三支一扶"办公室。

（五）公布人选

省"三支一扶"办公室将各市上报的拟招募人选名单汇总后，统一正式公布。

五、相关待遇和优惠政策

（一）服务期间相关待遇

"三支一扶"计划人员服务期间，主要从事乡镇、村的农技、卫生、水利、乡村振兴、农村文化建设、就业和社会保障基层服务等方面的工作，积极推选符合条件的"三支一扶"人员兼任基层服务单位团委副书记、河（湖）长助理、林（场）长助理、基层供销社主任助理、妇女儿童之家辅导员等。并按照国家、省和服务地区的有关规定，享受工作生活补贴和社会保障等相关待遇。

（二）服务期满相关政策

1. 服务期满且考核合格的"三支一扶"人员，可参加全省各级机关（参照公务员法管理单位）考试录用公务员（参照公务员法管理单位工作人员）考试，并可报考相应的定向招录计划职位。

2. 服务期满且考核合格的"三支一扶"人员，可参加各地事业单位公开招聘，并可报考相应的定向招聘职位。

3. 服务期满且考核合格的"三支一扶"人员，3年内报考硕士研究生的，初试总分加10分，同等条件下优先录取。对于已被录取为研究生的应届高校毕业生参加"三支一扶"计划的，学校为其保留入学资格。高职（高专）毕业生参加"三支一扶"计划服务期满考核合格的，可免试入读本省高等学历教育专科起点本科。

4. 服务期满的"三支一扶"人员，可享受各地提供的创业培训、创业指导、创业孵化等创业公共服务，并按规定享受培训补贴、税费减免、创业担保贷款等扶持。其中，创办农民合作社、家庭农场等新型农业经营主体的人员，符合农业补贴政策支持条件的，可按规定享受相应的政策支持。在"互联网+"、电子商务领域网上创业，经工商注册登记的网络商户从业人员，同等享受各项就业创业扶持政策；未经工商注册登记的网络商户从业人员，可认定为灵活就业人员，并享受相应的灵活就业人员扶持政策。

5. 服务期满的"三支一扶"人员，享受各级公共就业和人才服务机构免费提供的政策咨询、职业指导和职业介绍。其中，实现灵活就业的人员，按规定享受社会保险补贴政策；未能及时就业的人员，享受其服务地区为其提供的岗位信息、职业培训等就业服务。

6. 服务期满的"三支一扶"人员，落实工作单位的，公安机关按有关规定办理户口迁移手续；未落实工作单位的，可享受各级政府部门所属人力资源服务机构为其提供的免费代理服务。

7. 服务期满考核合格的"三支一扶"人员，被机关事业单位录（聘）用或进入国有企业就业的，其基层服务期限计算工龄，参加工作时间按照其到基层报到之日起算；首次评聘专业技术职务时，可享受县以下专业技术人员的优惠政策。

8. 对符合国家执业医师资格考试规定的支医人员，凭服务地医疗机构出具的试用期考核合格证明，由县级卫生健康行政部门协助办理参加考试手续。

9. 参加"三支一扶"计划前无工作经历的人员服务期满且考核合格的，两年内在参加机关和企事业单位考录（招聘）、自主创业、落户、升学等方面可同等享受应届毕业生相关政策。

10. "三支一扶"人员中表现特别突出的，可被推荐参加辽宁青年五四奖章、辽宁优秀青年志愿者及国家人力资源社会保障部、团中央有关奖项的评选。

二、应届毕业生就业流程

大学生在求职择业过程中不仅需要扎实的专业知识和良好的职业技能，还需要掌握就业相关的流程，为求职做好准备，实现顺利就业。

（一）做好求职准备，收集就业信息

在求职过程中，收集求职信息是关键环节，主要包括国家、省、市就业形势和就业政策、就业法规、就业途径、行业信息（企业文化、工作环境、工作内容、发展空间）、用人信息（岗位、学历、专业、福利待遇）等。毕业生一定要培养及时收集、整理、运用求职信息的能力，对用人单位的行业发展和单位状况全面了解，确定职业目标。收集就业信息的渠道主要如下。

1. 学校毕业生就业工作部门 高校毕业生就业工作部门的工作职责就是对毕业生进行就业政策宣传、咨询和就业指导。就业工作部门向用人单位发布毕业生资源情况，进行毕业生推荐，并及时收集、整理发布用人单位的招聘信息。在长期的就业工作中，就业管理部门与用人单位建立起了良好稳定的合作关系，在就业信息发布之前，就业工作部门会对用人单位的资质和用人单位发布的招聘信息进行审核，确保用人信息的真实性和可靠性，所以毕业生获得的就业信息可信度高、专业针对性强、信息量大、发布途径广泛。很多学校主要通过 QQ 群、微信群、微信公众号、手机 App 云就业平台等网络平台，毕业生就业洽谈会发布就业信息，使学生能够及时、准确地收集就业信息。

2. 负责就业指导工作的老师 负责就业指导工作的老师与用人单位经常沟通，熟悉用人单位的企业文化、经营状况、工作环境、福利待遇、用人需求、招聘标准等信息，所以毕业生进行咨询的时候，负责就业工作的老师能够根据本校学生的专业特点和学生具备的职业能力，提供更加精准、有针对性的就业信息。

3. 省、市县级毕业生就业管理机构 各地区毕业生就业管理机构是从本地区总体上规划毕业生就业去向，进行区域性信息交流和人才配置的政府机构，它们既是就业政策的制定者，又是就业政策的执行者。既能为毕业生提供就业信息和政策咨询服务，又能为毕业生提供各种服务。

4. 互联网 通过互联网登录国家、省、市、县人力资源网站或求职应聘网站获取就业信息是一种有效、快捷、便利的途径。毕业生能够迅速查询到当年的招聘信息，能够保障求职信息的时效性。需要注意的是，很多高新技术型的企业只在网上发布招聘信息并进行简历收集，毕业生一定要经常关注用人单位网站的招聘动向，及时获得相关信息。

5. 毕业生招聘会 各省及各市举办的人力资源市场招聘会和各个高校举办的招聘会，为毕业生提供大量的用人单位招聘信息，专业广泛，时效性强。

6. 家长和亲戚朋友 因为毕业生的家长和亲朋好友在不同的工作岗位上，与社会有着多重联系，所以毕业生可以从不同渠道获得用人单位的招聘信息。家长和朋友因为能够了解毕业生的专业特长、性格、能力、求职意向，所以有针对性地给毕业生提供比较有效、可靠的招聘信息。

7. 校友资源 毕业生通过校友资源，可以获得就业信息。由于曾经在同一所高校、同一个专业学习，他们有着共同生活和学习环境、熟悉的师长，校友们也会将自己的求职经历和所在单位获得的就业信息分享给学弟和学妹。

8. 专业实习 毕业生在实习过程中，可以直接与用人单位接触，从而更加清楚地了解用人单位的企业文化、工作环境、发展前景、福利待遇以及用人标准。在实习过程中，很多毕业生通过自身的努力，扎实的专业知识和熟练的职业技能得到了用人单位的认同，实现就业。因此，大学生在专业实习的过程中，就可以在了解社会、了解用人单位、培养职业素质的同时，收集用人单位的就业信息。

（二）筛选就业信息，辨析信息真伪，分类排序

由于就业信息来源广泛、复杂，具有一定的模糊性、滞后性和不确定性，所以求职者不要急于联系用人单位。首先，结合自身的实际情况，包括专业、特长、兴趣、性格、能力和价值观等，为自己设定一定的择业标准，对求职信息进行筛选。其次，要分析消息的可靠性。可以通过网络查找、现场调查、电话查询等方法来确认就业信息的真实性。要做到以下两点。

1. 首先要确定就业信息的可靠程度　鉴别虚假的招聘信息，虚假信息的主要表现有：①招聘单位留下手机号码这种单一的联系方式。②收取"服装费、伙食费、体检费、报名费、办卡费、押金"等各种费用。③告知无须任何招聘条件限制就能直接面试、上岗。④薪资明显高于同类专业同职位同工种薪资水平。⑤通知面试职位明显与实际工作岗位不相同，或者与所学专业不符。⑥公司地址、工作地址含糊不清，面试场所不正规。⑦以保管为名索要毕业生身份证、毕业证等原始证件。可以网上查询，实地查询，向他人咨询，一旦发现虚假信息，马上剔除，然后再检查获得信息的内容是否齐全，为下一步求职做好准备。

2. 信息分类、排序　经过鉴别、筛选的就业信息应按专业是否对口、招聘时效、工作区域等进行分类。专业分类就是根据用人单位的所有制特点、招聘的专业性质及对毕业生的专业要求、学历程度、岗位需求等进行分类，毕业生根据自己的择业标准进行排序；时效分类就是要对信息的时效性进行分析，按时间的早晚进行排序，删除过时的信息。工作区域分类即根据招聘单位的工作地点（所在省、市地区）进行分类排序。

（三）掌握企业信息，投递求职资料

得到招聘信息后，在对就业信息进行整理后，确定目标职业，根据招聘需求投递求职资料，包括个人简历、求职信、推荐信、毕业生推荐表等，毕业生推荐表由学生填好，去所就读的学院进行审核并盖章后，到学校毕业生就业管理部门盖章。上述就业材料交给用人单位，待用人单位进行资格审查合格后，进行应聘考试环节。

（四）准备笔试考试，了解面试技巧

笔试由用人单位统一组织安排，包括考试时间、考试地点、考试内容、成绩发布。准备笔试做到以下几点：①准备好考试物品。②根据岗位需求，进行专业内容复习，熟悉考试题型。③提前到达考场，保持良好心态，把握好考试时间，认真作答。考试合格后，进行常规体检。面试技巧详见第四章第三节。

（五）签订就业协议，办理就业手续

根据教育部和省就业相关规定要求，凡被用人单位录用的，均需签订就业协议。与用人单位签订就业协议书的毕业生，学校就业主管部门指导毕业生及时完成毕业去向登记，核实信息后及时报省级教育部门备案。高校将毕业生登记表、成绩单等重要材料归入学生档案，按照有关规定有序转递。到机关、国有企事业单位就业或定向招生就业的，转递至就业单位或定向单位；到非公单位就业的，转递至就业地或户籍地公共就业人才服务机构；暂未就业的，转递至户籍地公共就业人才服务机构。

（六）国家机关单位招聘毕业生的程序

我国的机关单位包括各级党政机关、人大、政协、法院、检察院、群众团体机关等。现阶段，这些机关单位在招聘工作人员时基本上都是按照或参照公务员的招考办法同期进行。

（1）国家公务员招聘办法：按照《中华人民共和国公务员法》的有关规定，机关单位公务员的聘用实行凡进必考的录用原则；录用担任主任科员以下及其他相当职务层次的非领导职务公务员，采取公开考试、严格考察、平等竞争、择优录取的办法。民族自治地方依照前款规定录用公务员时，依照法律和有关规定对少数民族报考者予以适当照顾。录用公务员，必须在规定的编制额内，并有相应的职位空缺。

（2）国家公务员的招考程序：中央机关及其直属机构公务员的录用，由中央公务员主管部门负责组织。地方各级机关公务员的录用，由省级公务员主管部门负责组织，必要时省级公务员主管部门可以授权设区的市级公务员主管部门组织。

招录国家公务员的一般程序如下。

1）招录机关发布招考公告，说明招考的职位、名额、报考资格条件、报考需要提交的申请材料以及其他报考须知事项。

2）招录机关根据报考资格与条件对报考人员的报考申请和资格进行审查。

3）对审查合格者公开组织笔试。考试内容根据公务员应当具备的基本能力和不同职位类别分别设置，主要有《行政职业能力测试》和《申论》两个科目。

4）招录机关对考试合格者进行面试。

5）招录机关根据笔试、面试的考试成绩确定考察人选，并对其进行报考资格复审、考察和体检。

6）招录机关根据考试成绩、考察情况和体检结果，提出拟录用人员名单，并予以公示。

7）公示期满，中央一级招录机关将拟录用人员名单报中央公务员主管部门备案；地方各级招录机关将拟录用人员名单报省级或者设区的市级公务员主管部门审批。

8）省（区、市）和学校毕业生就业主管部门依据毕业生与招录机关单位签订的就业协议编制就业方案，按有关规定，办理毕业生派遣手续。按照法律规定，录用特殊职位的公务员，经省级以上公务员主管部门批准，可以简化程序或者采用其他测评办法。同时，对于新录用的公务员实行一年的试用期。试用期满合格的，予以任职；不合格的，将取消录用。

（七）事业单位招聘毕业生的程序

事业单位，一般是国家在政府机构之外设置的带有一定公益性质的机构，以增进社会福利，满足社会文化、教育、科学、卫生等方面需要，以提供各种社会服务为直接目的的社会组织。事业单位不以营利为目的，通常包括教育、科研、文化艺术、广播电视新闻、医疗卫生、体育、农林水利、综合技术服务和社会福利等单位。

（1）事业单位的招聘办法：按照人力资源社会保障部制定的《事业单位公开招聘人员暂行规定》的有关要求，事业单位招聘专业技术人员、管理人员和工勤人员，主要采取公开招聘的方式，由用人单位根据招聘岗位的任职条件及要求，采取考试、考核的方法进行。考试内容主要是招聘岗位所必需的专业知识、业务能力和工作技能。考试科目与方式根据具体的行业、专业及岗位特点来确定。考试可采取笔试、面试等多种方式。对于应聘专业技术岗位的人员，还可根据岗位需求重点进行专业操作能力测试。

（2）事业单位的招聘程序：①制定本年度招聘计划；②对外发布招聘信息；③受理应聘

人员的报名申请，对报名人员进行资格审查；④组织笔试、面试，对求职人员进行考试、考核；⑤根据考试、考核结果，确定拟聘人员名单；⑥体检；⑦公示招聘结果；⑧签订就业协议，办理入职的相关手续。

（八）部队单位招聘毕业生的程序

（1）部队单位的招聘办法：部队单位既包括中国人民解放军的陆军、海军、空军、火箭军和其他技术兵种，也包括为其提供支援、服务的相关单位，还包括武警、消防、边防等多种类别的人民警察部队。部队单位作为一种比较特殊的用人单位，由于其担负着维护国家主权与领土完整、维护世界和平、保卫国家安全、保障社会正常生产与生活秩序的重要职责，因而对求职者政治素质要求较高，其招聘毕业生的方式除了通过制定定向招生计划，除国防生以外，主要是通过校园招聘和政府主管部门组织的招聘活动。

（2）部队单位的招聘程序：①确定人才选拔计划，公布选拔人数与招聘条件；②进入高校进行宣传；③接受毕业生报名和学校推荐；④确定初选名单并开展考查，包括查阅档案、听取有关人员的介绍、政审等；⑤确定录用名单，填写"入伍资格审查表"，安排入伍，军检；⑥与考察合格的学生签订就业协议，并报送到军区总政治部；⑦下达接收毕业生计划，确定其工作岗位。

第二节 就业类型

一、大学生就业的主要形式

1. 以签就业协议形式就业 毕业生与用人单位签订就业协议书并办理报到证。

2. 以签劳动合同形式就业

（1）毕业生与用人单位依法签订劳动合同，到用人单位工作。

（2）毕业生与北京、上海、广州、深圳用人单位签订就业协议，但不满足当地毕业生就业主管部门规定，不能办理到用人单位的报到证。

3. 其他录用形式就业 毕业生与用人单位签订未经人力资源社会保障部门鉴定的劳动合同；或毕业生与用人单位签订协议，但未办理到用人单位的派遣手续；或毕业生被派遣到劳务派遣公司，并由派遣公司派遣到用人单位工作；或用人单位出具用工证明等。

4. 科研助理 国家、省、市实施科研助理计划，或在校参加在研项目研究的应届毕业生或科研成果转化的科研助理。

5. 参军 毕业生到部队参军入伍。

6. 项目就业 大学生志愿服务西部计划、"三支一扶"计划、西藏专项计划、大学生志愿服务辽西北计划、选聘优秀高校毕业生到村任职、公益性岗位等项目就业的毕业生。

7. 自由职业 是以个体劳动为主的一类职业，如作家、自由撰稿人、翻译工作者、某些艺术工作者等。

8. 自主创业 毕业生自主创办企业（包括参与创立企业），或是新企业的所有者，包括个体经营和合伙经营两种类型，或是入驻学校自建的创新创业孵化基地开展创业实训实践和创业项目孵化。

9. 升学 包括高职专科毕业生升入全日制普通本科，本科毕业生考取硕士研究生、考取第二学士学位，硕士毕业生考取博士研究生，博士进入博士后流动站。

10. 出国、出境　毕业生出国、出境留学、工作等。

二、就业协议和劳动合同

（一）就业协议的内容

就业协议是由教育部统一制定、省教育厅印制的具有法律效力的书面材料，是为明确毕业生、用人单位和学校三方在毕业生就业中各自权利和义务而签订的协议。全国普通高等学校毕业生就业协议书简称就业协议书，是高校毕业生与用人单位确立劳动关系的基本依据，对毕业生本人、用人单位、高校均有约束力。根据教育部和省市相关规定要求，毕业生参加各种招聘会、就业市场等应聘活动，凡被用人单位录取的均须签订就业协议书。就业协议是毕业生与用人单位确立劳动关系的依据和标志。就业协议一式四份，毕业生、用人单位、学校、省毕业生就业管理部门各执一份，复印无效。"就业协议"与"就业协议书"是内容与形式的关系。主要内容如下。

1. 用人单位情况　这部分由用人单位填写，其中包括单位的名称、组织机构代码、通信地址，单位所在地，安排岗位，单位所属行业，单位的邮编、联系方式，单位性质和毕业生档案、户口党团关系接收等。

2. 毕业生情况及应聘意见　此部分由毕业生本人填写，包括姓名、身份证号、性别、民族、政治面貌、学号、专业、毕业时间、学历、学位类别、联系方式、家庭地址和应聘方式等。在"应聘意见"一栏中，由毕业生本人填写自己的应聘意见，表明自己是否愿意到用人单位就业。

3. 用人单位及院校意见

（1）用人单位及上级主管部门或所属地人力资源和社会保障局意见。有正式编制的用人单位盖章后，由该用人单位的上级主管部门盖章，例如：①该用人单位为锦州市中心医院，该用人单位的上级主管部门就是锦州市卫生局及锦州市人力资源和社会保障局；②用人单位为国企或者部队直属的，只须用人单位盖章即可；③省外用人单位与该省毕业生签约，只须用人单位盖章即可。北京、天津、上海的用人单位与非本地生源的毕业生签订正式编制的协议时，还要提供该地区的一份接收函。学校审核合格后，上报省毕业生就业管理部门，办理报到证。除以上条件外，用人单位与毕业生签订就业协议书时，没有上级单位主管部门意见，按灵活就业统计，不能根据就业协议办理报到证，而根据该毕业生所在的生源地办理报到证。

（2）院（系）、学校审核意见。院系意见是毕业生所在学校的二级学院初步审核意见，院系在就业协议书上签署意见并签字盖章。学校意见是学校对就业协议进行实质性审核，在就业协议书上签署意见并签字盖章。

4. 双方约定　毕业生和用人单位约定的条款应不违反国家法律法规和有关政策规定及学校的有关规定。毕业生应向用人单位如实地介绍本人的情况，对用人单位的相关要求可以在"毕业生对用人单位的约定"一栏中标明。用人单位要如实介绍本单位的实际情况，表明对毕业生的使用意图，如对毕业生有其他要求可以在"用人单位对毕业生的约定"一栏中标明。一般包括如下内容。

（1）工作期限：用人单位和毕业生可以约定具体的服务期以及相应的见习期或试用期的时间。试用期是用人单位和毕业生在建立劳动关系后为相互了解、选择而约定的考察期限。试用期便于用人单位和毕业生相互了解情况。按照《中华人民共和国劳动合同法》的规定，试用期最长不得超过 6 个月，不可延长，试用期满，符合单位录用条件的可以转正，不符合条件的可以解除劳动关系。

(2) 工资和福利待遇：这既是毕业生的权利也是用人单位的义务。

(3) 违约的责任：就业协议经各方签字盖章后生效，三方都应该严格地履行协议中的相关要求，若一方提出更改，须征得另外两方的同意，并由违约的一方承担违约责任。

(4) 就业协议终止的条件：如工作后是否可以继续升学等约定。

（二）劳动合同的概念和种类

《中华人民共和国劳动合同法》（以下简称《劳动合同法》）明确规定了劳动合同的订立、履行和变更、解除和终止、监督检查、法律责任等。它是调整劳动合同双方当事人权利和义务关系的基本法律。《中华人民共和国劳动合同法实施条例》（简称《劳动合同法实施条例》）是《劳动合同法》的配套法规。

1. 劳动合同的概念　劳动合同是劳动者和用人单位（企业、事业、机关、团体等）之间关于确立、变更和终止劳动权利和义务关系的协议。

2. 劳动合同的种类　《劳动合同法》规定：劳动合同分为固定期限的劳动合同、无固定期限的劳动合同和以完成一定工作任务为期限的劳动合同。

3. 劳动合同的条款　是指劳动者与用人单位双方通过平等协商所确立的双方各自的权利和义务的具体内容的条款。劳动合同条款可分为法定必备条款和约定必备条款。

(1) 法定必备条款。《劳动合同法》第十七条规定，劳动合同应当具备以下条款："（一）用人单位的名称、住所和法定代表人或者主要负责人；（二）劳动者的姓名、住址和居民身份证或者其他有效身份证件号码；（三）劳动合同期限；（四）工作内容和工作地点；（五）工作时间和休息休假；（六）劳动报酬；（七）社会保险；（八）劳动保护、劳动条件和职业危害防护；（九）法律、法规规定应当纳入劳动合同的其他事项。"

(2) 约定必备条款。《劳动合同法》第十七条还规定："劳动合同除前款规定的必备条款外，用人单位与劳动者可以约定试用期、培训、保守秘密、补充保险和福利待遇等其他事项。"

（三）劳动合同与就业协议的异同

毕业生在择业的过程中和就业后，先后与用人单位签订就业协议和劳动合同。两者既有联系，又有区别。

1. 两者的共同点　毕业生与用人单位签订的就业协议与劳动合同都具有法律效力，受我国有关法律的保护，任何一方违约，都要承担违约责任。

2. 两者的不同点　①主体范围不同：就业协议是专指高校毕业生与用人单位签订的工作协议；劳动合同则无此限制，既可以是高校毕业生，也可以是其他劳动者同用人单位签订合同。②内容不同：就业协议是确定用人单位录用毕业生的书面协议，体现了双向选择的结果；劳动合同是明确劳动者与用人单位之间具体权利和义务的书面协议，一些具体条款应当体现在合同里。③签订时间不同：大学生没有到用人单位报到前，还不是法律意义上的劳动者，只能同用人单位签订就业协议；大学生到用人单位正式报到后，应该以一名劳动者的身份，同用人单位签订劳动合同。因此，签订就业协议在先，签订劳动合同在后。

依据《中华人民共和国劳动法》（简称《劳动法》）的规定，大学生到用人单位报到后，应及时同用人单位签订劳动合同，以避免有个别用人单位在辞退毕业生时，以没有签订劳动合同，不存在劳动关系为由，逃避应承担的责任。大学生应明确：只要签订了劳动合同，毕业生与用人单位的事实劳动关系已经确立，毕业生可以据此维护自己的权利。

三、签订劳动合同与就业协议的原则

（一）订立劳动合同的原则

（1）平等自愿原则。
（2）协商一致原则。
（3）公平原则。
（4）诚实信用原则。
（5）合法原则。

订立劳动合同应当遵循合法原则，其基本要求如下：①目的合法。当事人不得以合法形式掩盖非法目的。②主体合法，即双方当事人必须具备法律规定的主体资格。③内容合法。双方当事人在劳动合同中约定的权利、义务应当符合国家法律的规定。④形式合法。⑤程序合法。

（二）签订就业协议的原则

毕业生、用人单位和学校三方在签订就业协议的过程中必须遵守国家法律和教育部门的相关规定，要秉着公开、公正、公平的原则，做到诚实守信，遵守社会公德。

1. 毕业生应遵守的规定和原则 毕业生在签订就业协议时，毕业生本人应当符合就业政策的相关规定，了解国家的方针政策，了解用人单位对毕业生的用工意图和提供的工作岗位，实事求是地向用人单位介绍自己的实际情况，表明求职意向。毕业生要取得毕业资格，如果未取得毕业资格，用人单位可以不接收毕业生且无须承担违约责任。毕业生对用人单位有特殊要求的，应在"毕业生对用人单位约定"栏注明，经用人单位盖章后生效。签署协议时，应注意签约双方需要增加的约定条款，如毕业生工作后是否可以继续升学、毕业生如何调离用人单位等约定。

2. 用人单位应遵守的规定和原则 用人单位与毕业生洽谈时，要如实介绍本单位的情况。例如，用人单位的工作地点、单位性质、工作条件和工资待遇等，以及对毕业生所学专业等情况的具体要求，应明确对毕业生的使用意图。毕业生与用人单位签订就业协议后，持报到证到用人单位时，用人单位要做好接收毕业生的各项工作，对于已经取得毕业证书的毕业生，用人单位不得以学习成绩及其他理由违约或拒绝接收。用人单位也可以与未取得毕业资格的结业生签订就业协议，但应当同时出具同意接收结业生的证明。

3. 学校应遵守的规定和原则 学校应根据用人单位的要求实事求是地向用人单位介绍毕业生情况，也应将所掌握的用人单位的信息发布给毕业生。高校在签订就业协议过程中应进行监督和指导，做好推荐工作。同时还要对毕业生与用人单位签订的就业协议进行审核。符合国家有关政策规定的就业协议汇总报到省毕业生就业主管部门鉴定，审核批准后，为毕业生办理派遣手续并颁发报到证。

就业协议经各方签字盖章后生效。毕业生、用人单位、学校三方应严格履行就业协议，签约的一方因特殊情况提出变更协议，须经另两方同意，并由违约方承担相应的违约责任。

四、签订劳动合同与就业协议的程序

(一) 签订劳动合同的程序

1. 提出签订劳动合同的建议　在签订劳动合同前，一般由用人单位提出并草拟劳动合同草案，称为要约。接受提议是指一方接受建议并表示完全同意，称为承诺。

2. 双方协商　双方当事人对已提出的劳动合同建议进行磋商、讨论。用人单位应向劳动者如实告知本单位的真实情况，以使毕业生能够对用人单位提出的劳动合同草案充分表达自己的意见。

3. 双方签约　双方当事人意见表示一致后，用人单位的法定代表人和劳动者在合同书上签字、盖章，并注明日期。劳动合同经双方当事人签字、盖章生效，并报送劳动鉴定机关办理签订手续。

4. 订立书面劳动合同　这是签订劳动合同的法定形式。

《劳动合同法》第十条规定："建立劳动关系，应当订立书面劳动合同。已建立劳动关系，未同时订立书面劳动合同的，应当自用工之日起一个月内订立书面劳动合同。"

《中华人民共和国劳动合同法实施条例》第五条规定："自用工之日起一个月内，经用人单位书面通知后，劳动者不与用人单位订立书面劳动合同的，用人单位应当书面通知劳动者终止劳动关系，无需向劳动者支付经济补偿，但是应当依法向劳动者支付其实际工作时间的劳动报酬。"第六条规定："用人单位自用工之日起超过一个月不满一年未与劳动者订立书面劳动合同的，应当依照劳动合同法第八十二条的规定向劳动者每月支付两倍的工资，并与劳动者补订书面劳动合同；劳动者不与用人单位订立书面劳动合同的，用人单位应当书面通知劳动者终止劳动关系，并依照劳动合同法第四十七条的规定支付经济补偿。"

(二) 签订就业协议的程序

(1) 要约：毕业生持学校的就业推荐表参加各种形式的就业洽谈会进行双向选择或向用人单位寄发简历等材料，用人单位收到毕业生资料，对毕业生进行考查后，表示同意接收并将回执寄给高校毕业生就业部门或毕业生本人，即为要约。

(2) 承诺：毕业生收到用人单位回执或通过其他的方式得到用人单位答复后，经过选择与用人单位签订协议，即为承诺。

(3) 毕业生和用人单位签订就业协议：用人单位应该在就业协议书上注明接收毕业生档案的准确名称和地址以及邮政编码等，签署意见并签字盖章。

(4) 用人单位招聘如须经上级主管部门批准，则应按照规定在就业协议用人单位上级主管部门意见上签署意见并签字盖章。

(5) 用人单位上级主管部门签署意见并签字盖章后，应送到毕业生所在二级学院初步审核并签字盖章，由学校就业主管部门审核同意后在就业协议书上签署意见并签字盖章后，上报省级毕业生就业主管部门并及时将就业协议书反馈给用人单位和毕业生。

(三) 签订就业协议的注意事项

毕业生在签订就业协议时应注意以下几个问题。

(1) 毕业生要认真地了解和掌握国家和省、市的相关就业政策以及学校关于就业的相关规定。毕业生可以从中了解到国家和各个省市对于毕业生的相关政策和规定。

（2）毕业生在签订就业协议过程中的违约行为越来越多，毕业生应慎重签约、理性签约、诚信签约。毕业生在与用人单位签订就业协议前，一定要认真阅读协议中的全部条款，特别是用人单位提出的附加条款，做到清楚条款的具体内容和含义。特别要了解用人单位有无独立的用人权，如果用人单位没有独立的用人权，除了需要用人单位盖章外，还必须要有单位的上级主管部门公章。否则，如果用人单位上级主管单位或主管部门不认可，则不能纳入到就业方案中来，所签就业协议就不能生效。

（3）签订就业协议时的法律地位是平等的，签协议过程中签订内容要毕业生与用人单位共同约定，一方不得将自己的意志强加给另一方。但是，约定时要注意约定的条件是否合理，约定的备注条款必须有毕业生和用人单位双方的签字，否则当发生争议时，备注条款将很难发挥作用。

（4）毕业生只能与一个用人单位签订就业协议。学校就业主管部门将依据国家和省市的有关政策对毕业生签订就业协议的过程实行监督和管理，毕业生签订就业协议须在有关的政策规定范围进行。

（5）对于毕业生的切身利益也应在就业协议中进行说明。例如，是否允许毕业生在工作期间考研，工作的合同期限是多久，见习期和转正后的报酬，以及是否按国家规定为自己缴纳有关的社会保险，等等。

（6）毕业生与用人单位签订就业协议后，要将就业协议书交由学校审核，如毕业生与用人单位的就业协议书没有学校的意见和签章则不具备法律效力。

五、违约及违约责任

（一）违约的主要表现及处理

就业协议书经各方签字、盖章生效后，毕业生和用人单位都要严格履行协议的要求，如一方提出要求变更协议，需要征求另一方的同意。如果违约，要由违约的一方来承担违约赔偿的责任或按照双方的约定办理。

1. 用人单位违约 是指由于用人单位方面的某些原因，造成与毕业生签订的就业协议无法履行的情况。违约原因一般有：单位经营困难需要裁员、招聘岗位撤销或单位破产等无法履行原先签订的承诺；由于某些原因用人单位的用人计划发生重大变动而不能履行协议；毕业生报到时，用人单位在没有任何事实根据和法律依据的情况下，拒绝收用毕业生，使毕业生错过其他的择业机会而无法按时就业的情况等。

因用人单位违约的，单位应承担协议约定的违约责任，并为毕业生开具写明原因的正式书面退函并加盖单位公章。

2. 毕业生违约 是指由于毕业生个人原因而造成就业协议无法履行的情况。违约的主要情况有：毕业生已经与一个用人单位签订了就业协议而不去签约单位报到，提出要更换就业单位；同时与多家用人单位签约，再从中取舍；应聘时向用人单位提供材料不真实，严重违反诚信原则，不符合用人单位的选用条件；已经签约后毕业生对用人单位的工作条件不满意而提出违约的；签约后毕业生又准备继续考研或出国等。

因毕业生违约的，毕业生应承担协议约定的违约责任。

3. 定向生、委培生、地区联办生因特殊情况而不能回原定向、委培、联办地区或单位就业的，经定向、委培、联办地区、单位和学校同意后，报省级毕业生就业主管部门备案。

（二）就业协议的解除及违约责任

1. 单方解除　分为单方擅自解除和单方依法或依协议解除。单方擅自解除协议属违约行为，违约方应征得另两方同意并承担违约责任。单方依法或依协议解除是指一方解除就业协议有法律或协议上的依据，如用人单位不具有从事各项经营或管理活动的能力，单位无录用指标和录用自主权，毕业生可解除协议；学生未取得毕业资格，用人单位有权单方面解除协议；或依据协议规定，毕业生考取研究生被录取，可解除协议；毕业生未通过用人单位所在地组织的公务员考试，用人单位有权解除协议等。此类单方解除，无须承担法律责任。

2. 双方解除　是指毕业生与用人单位之间经过协商，一致同意取消原签订的协议，使协议不发生法律效力。此类解除协议是双方意见一致的体现，双方均不承担法律责任。

3. 办理解约的程序　就业协议签订后，因特殊原因解约，办理解约的程序如下。

（1）原签约单位出具解约的公函（简称退函），退函要注明解约的原因，以确认违约方的责任。

（2）毕业生持单位出具的退函、原就业协议和换发协议申请表到学校就业主管部门审核批准后，换发新的就业协议书。

4. 毕业生与用人单位签订就业协议后，升学或考取国家公务员，不想再继续履行就业协议，如何处理？

很多毕业生遇到过这样的情况，与用人单位签约后，考上了公务员或者升学，如果与用人单位签订就业协议时，在毕业生对用人单位要求中，注明了如"被录取为研究生或本科生则本协议无效"或"如被录取为公务员则本协议失效"等内容，就不属于毕业生违约。但如果毕业生与用人单位当初签订就业协议时未声明"本人正准备考研究生或考本科，或已报考公务员，录取后可随时与用人单位解除约定"等内容，就属于毕业生违约。通过与用人单位协商，并由用人单位向学校出具同意读研究生、本科生或考取公务员的解约函，方可解除双方签订的协议。具体办理的手续和程序如下。

毕业生将以下材料报给学校毕业生就业主管部门，经审核同意后即可。被录用公务员的，换发新的就业协议书再与招录公务员单位签约。

（1）原签约单位同意解除就业协议的书面证明（退函）。

（2）研究生或本科生录取通知书或公务员录取通知书（或相关证明）的复印件。

（3）本人申请报告，并附上毕业生所在院（系）意见。

【案例分析5-2】

小刚本科毕业后与某三甲医院签订就业协议，期限为3年，在医院体检中心工作，工作2年后，小刚经医院同意，报名参加硕士研究生考试，经初试成绩合格后参加复试，最终小刚被一所医学高校录取，但由于小刚去参加复试时没有及时跟医院做好移交工作，从而给医院造成了经济损失，为此医院以劳动合同未到期为由不肯放小刚去读研究生，小刚不服从医院决定，双方产生劳动纠纷。

专家点评　在本案例中，该医院既然同意小刚报名参加研究生考试，就表明其同意以此方式解除劳动关系。但是，由于小刚没有处理好考试和工作的关系，没有及时移交自己的工作，给医院造成了一定损失，使得医院改变初衷，因此小刚是有过错的。但是，小刚的工作出现差错与医院依照约定解除劳动合同是两个不同的问题。对于这种情况，当事人双方应该协商，努力达成调解协议。该医院应当同意小刚解除劳动合同，并且及时将小刚的档案材料寄出，同时，小刚没有妥善处理好工作交接，应赔偿给医院造成的损失。

（三）劳动合同变更、解除和终止

1. 劳动合同的变更　劳动合同依法订立后，即具有法律约束力，双方当事人必须履行合同义务，任何一方当事人不得擅自变更劳动合同的内容。但是在合同订立后或者履行过程中，由于客观条件的变化，可以变更劳动合同。《劳动合同法》第三十五条规定："用人单位与劳动者协商一致，可以变更劳动合同约定的内容。变更劳动合同，应当采用书面形式。"

2. 劳动合同的解除　分为法定解除与协议解除，双方解除与单方解除。

（1）双方当事人协商解除劳动合同。《劳动合同法》第三十六条规定："用人单位与劳动者协商一致，可以解除劳动合同。"

（2）劳动者解除劳动合同。劳动者解除劳动合同的情形有：①劳动者提前三十日以书面形式通知用人单位，可以解除劳动合同；②劳动者在试用期内提前三日通知用人单位，可以解除劳动合同；③用人单位未按照劳动合同约定提供劳动保护或者劳动条件的；④用人单位未及时足额支付劳动报酬的；⑤用人单位未依法为劳动者缴纳社会保险费的；⑥用人单位的规章制度违反法律、法规的规定，损害劳动者权益的；⑦用人单位以欺诈、胁迫的手段或者乘人之危，使劳动者在违背真实意思的情况下订立或者变更劳动合同的；⑧用人单位在劳动合同中免除自己的法定责任、排除劳动者权利的；⑨用人单位违反法律、行政法规强制性规定的；⑩用人单位以暴力、威胁或者非法限制人身自由的手段强迫劳动者劳动的，或者用人单位违章指挥、强令冒险作业危及劳动者人身安全的，劳动者可以立即解除劳动合同，不需事先告知用人单位。

（3）用人单位解除劳动合同。用人单位可以解除劳动合同的情形有：①劳动者在试用期间被证明不符合录用条件的；②劳动者严重违反用人单位的规章制度的；③劳动者严重失职，营私舞弊，给用人单位造成重大损害的；④劳动者同时与其他用人单位建立劳动关系，对完成本单位的工作任务造成严重影响，或者用人单位提出，拒不改正的；⑤劳动者以欺诈、胁迫的手段或者乘人之危，使用人单位在违背真实意思的情况下订立或者变更劳动合同的；⑥劳动者被依法追究刑事责任的；⑦劳动者患病或者非因工负伤，在规定的医疗期满后不能从事原工作，也不能从事由用人单位另行安排的工作的；⑧劳动者不能胜任工作，经过培训或者调整工作岗位，仍不能胜任工作的；⑨劳动合同订立时所依据的客观情况发生重大变化，致使劳动合同无法履行，经用人单位与劳动者协商，未能就变更劳动合同内容达成协议的；⑩用人单位依照企业破产法规定进行重整的。①～⑥用人单位可随时解除劳动合同，⑦～⑩用人单位可以解除劳动合同，但应当提前30日以书面形式通知员工本人。

【案例分析5-3】

某食品公司向社会招聘检验师一名，主要条件包括学历高、视力好，能够熟练操作检验仪器。晓峰学历高，符合应聘条件，但是视力并不好，通过关系在医院开具了一份假的视力证明，前去应聘，与该食品公司签订了为期3年的劳动合同，试用期3个月。在试用期内晓峰表现一般，偶有差错，单位认为他是不熟悉业务的缘故，顺利转正。在转正后的工作中，晓峰的检验报告还是会出现差错，该食品公司怀疑晓峰视力有问题，于是带着晓峰去医院检查，结果证明晓峰视力非常差，根本无法顺利完成现任工作。于是食品公司决定立即解除与晓峰的劳动合同，晓峰不同意解除劳动关系，向当地劳动争议仲裁委员会申请仲裁，要求维持劳动关系，继续履行合同。

专家点评 在本案例中，晓峰明知道自己的实力不符合食品公司的录用条件，却出具虚假证明，借此得到该份工作，是故意掩盖真实情况，使食品公司受到欺骗，是一种欺骗行为。按相关法律规定，该劳动合同是无效的。对无效的劳动合同，用人单位不受合同的约束，可以解雇晓峰。因此，晓峰的请求不能得到支持。

（4）用人单位应提前通知劳动者解除劳动合同的情况。《劳动合同法》第四十条规定："有下列情形之一的，用人单位提前三十日以书面形式通知劳动者本人或者额外支付劳动者一个月工资后，可以解除劳动合同：（一）劳动者患病或者非因工负伤，在规定的医疗期满后不能从事原工作，也不能从事由用人单位另行安排的工作的；（二）劳动者不能胜任工作，经过培训或者调整工作岗位，仍不能胜任工作的；（三）劳动合同订立时所依据的客观情况发生重大变化，致使劳动合同无法履行，经用人单位与劳动者协商，未能就变更劳动合同内容达成协议的。"

（5）用人单位不得解除劳动合同的情形。《劳动合同法》第四十二条规定："劳动者有下列情形之一的，用人单位不得依照本法第四十条、第四十一条的规定解除劳动合同：（一）从事接触职业病危害作业的劳动者未进行离岗前职业健康检查，或者疑似职业病病人在诊断或者医学观察期间的；（二）在本单位患职业病或者因工负伤并被确认丧失或者部分丧失劳动能力的；（三）患病或者非因工负伤，在规定的医疗期内的；（四）女职工在孕期、产期、哺乳期的；（五）在本单位连续工作满十五年，且距法定退休年龄不足五年的；（六）法律、行政法规规定的其他情形。"

【案例分析 5-4】
赵同学大学毕业后到某私企工作，签约2年，现已经工作3个月了，除了赵同学还不能独立胜任工作以外，与他同时入职的其他员工在工作上都能独当一面。公司认为，赵同学虽然工作能力较差，但是他工作态度积极，于是公司决定让他参加技术培训，为期3个月。赵同学在接受相关技能培训后，仍然不能完成本职工作。最后，公司做出了30日后与他终止劳动合同的决定。赵同学认为公司跟他签订的劳动合同是2年，是有固定期限的，不能随意终止。但公司认为劳动合同中已经约定了终止条件，只要这些终止条件出现，劳动合同就可以终止。赵同学认为，即使公司可以按这条规定与其终止劳动合同，也应该给予其一些经济补偿金。而公司认为，终止合同和解除合同是不一样的，按国家规定，解除劳动合同时企业应当支付经济补偿金，而终止劳动合同时企业就可以不给经济补偿金。

问题：公司能否终止合同，并且不支付补偿金？

相关法律：《劳动合同法》第四十条规定"劳动者不能胜任工作，经过培训或者调整工作岗位，仍不能胜任工作的"用人单位提前三十日以书面形式通知劳动者本人或者额外支付劳动者一个月工资后，可以解除劳动合同。《劳动合同法》第四十六条规定"用人单位依照本法第四十条规定解除劳动合同的"应当向劳动者支付经济补偿。

专家点评 在本案中，公司与赵同学约定的终止条件是《劳动合同法》第四十条规定的法定解除条件，并且符合《劳动合同法》的规定，虽然是2年固定期限劳动合同，但是只要符合了法律规定的条件，单位是可以解除劳动合同的，但是，单位应当支付经济补偿金。

3. 劳动合同的终止 劳动合同期满或者当事人约定的劳动合同终止条件出现，劳动合同即行终止。依据《劳动合同法》第四十四条规定："有下列情形之一的，劳动合同终止：（一）劳动合同期满的；（二）劳动者开始依法享受基本养老保险待遇的；（三）劳动者死亡，或者被人民法院宣告死亡或者宣告失踪的；（四）用人单位被依法宣告破产的；（五）用人单位被吊销营业执照、责令关闭、撤销或者用人单位决定提前解散的；（六）法律、行政法规规定的其他情形。"

4. 无效劳动合同 劳动者与用人单位订立违反劳动法律的合同为无效劳动合同。根据《劳动合同法》第二十六条规定："下列劳动合同无效或者部分无效：

（一）以欺诈、胁迫的手段或者乘人之危，使对方在违背真实意思的情况下订立或者变更劳动合同的。

（二）用人单位免除自己的法定责任、排除劳动者权利的。

（三）违反法律、行政法规强制性规定的。"

第三节 大学生就业权益及保护

一、大学生就业求职活动的法律法规

在初进职场过程中，应届大学毕业生的就业权益屡受侵犯。应届毕业生应该在知法、懂法、守法的前提下，学会用法律的武器保护自己，正确地行使权利，依法维护自己的合法权益和解决劳动纠纷。

（一）《劳动法》

为了保护劳动者的合法权益，调整劳动关系，建立和维护适应社会主义市场经济的劳动制度，促进经济发展和社会进步，根据宪法，制定《劳动法》。在中华人民共和国境内的企业、个体经济组织（以下统称用人单位）和与之形成劳动关系的劳动者，适用本法。国家机关、事业单位、社会团体和与之建立劳动合同关系的劳动者，依照本法执行。

（二）《劳动合同法》

《劳动合同法》是为了完善劳动合同制度，明确劳动合同双方当事人的权利和义务，保护劳动者的合法权益，构建和发展和谐稳定的劳动关系而制定的法律。《劳动合同法》是规范劳动关系的一部重要法律，在中国特色社会主义法律体系中属于社会法。中华人民共和国境内的企业、个体经济组织、民办非企业单位等组织与劳动者建立劳动关系，订立、履行、变更、解除或者终止劳动合同，适用本法。国家机关、事业单位、社会团体和与其建立劳动关系的劳动者，订立、履行、变更、解除或者终止劳动合同，依照本法执行。

《劳动法》和《劳动合同法》是大学生就业过程中的重要法律，大学生应善于运用劳动法律赋予劳动者的各项权利，保护自身权益。

1. 订立劳动合同的相关内容 《劳动合同法》第十条规定："建立劳动关系，应当订立书面劳动合同。已建立劳动关系，未同时订立书面劳动合同的，应当自用工之日起一个月内订立书面劳动合同。用人单位与劳动者在用工前订立劳动合同的，劳动关系自用工之日起建立。"本法第三条规定："订立劳动合同，应当遵循合法、公平、平等自愿、协商一致、诚实信用的原则。"本法第二十六条规定："下列劳动合同无效或者部分无效：（一）以欺诈、胁迫的手段或者乘人之危，使对方在违背真实意思的情况下订立或者变更劳动合同的；（二）用人单位免除自己的法定责任、排除劳动者权利的；（三）违反法律、行政法规强制性规定的。"

2. 关于延长工时的报酬支付问题 《劳动合同法》第三十条关于劳动报酬方面的问题也有规定:"用人单位应当按照劳动合同约定和国家规定,向劳动者及时足额支付劳动报酬。"劳动者依据《劳动法》第四十四条可以要求用人单位必须按下列标准支付高于劳动者正常工作时间工资的工资报酬:"(一)安排劳动者延长工作时间的,支付不低于工资的百分之一百五十的工资报酬;(二)休息日安排劳动者工作又不能安排补休的,支付不低于工资的百分之二百的工资报酬;(三)法定休假日安排劳动者工作的,支付不低于工资的百分之三百的工资报酬。"

3. 关于工资、劳动安全卫生、女职工特殊保护、社会保险和福利

(1)《劳动法》规定,用人单位必须以货币形式按月支付劳动者工资,不得克扣或无故拖欠;劳动者在休息日和法定休假日及婚丧假期间,用人单位应当依法支付工资。

(2)用人单位必须依法保护劳动者的安全和健康。《劳动法》第五十二条规定:"用人单位必须建立、健全劳动安全卫生制度,严格执行国家劳动安全卫生规程和标准,对劳动者进行劳动安全卫生教育,防止劳动过程中的事故,减少职业危害。"

(3)女职工的特殊保护。《劳动法》和《劳动部关于女职工禁忌劳动范围的规定》明确了女职工禁忌从事的劳动。任何单位不得以结婚、怀孕、产假、哺乳等为理由辞退女职工或者单方面解除劳动合同。《劳动法》还对女职工的经期、孕期、产期、哺乳期等做出了各项保护规定。

【案例分析5-5】
　　李某与一家私立体检中心签订就业协议,任检验技师,就业协议中约定服务期为3年。并要求如果李某解除本协议应向公司赔偿违约金,违约金按照实际发生额偿付,每一年赔偿3000元,不足一年的按月计算。工作一年后,该体检中心经营发生严重困难,基本处于停滞状态,从而导致3个月没有按时向员工支付工资。于是李某以体检中心不能按时发放工资、拖欠工资为由提出辞职。该体检中心认为李某在服务期内提出辞职,属于违约行为,应按照就业协议的约定支付违约金,才能同意李某辞职,为其办理档案转移的相关手续。
　　专家点评　在此案例中,体检中心确实存在没有按照约定向李某支付工资、拖欠工资的事实,李某可以随时提出解除劳动关系。违约责任应完全由公司方负责,李某不应承担违约责任。

相关法律法规:劳动者解除劳动合同的情形有:①劳动者提前三十日以书面形式通知用人单位,可以解除劳动合同;②劳动者在试用期内提前三日通知用人单位,可以解除劳动合同;③用人单位未按照劳动合同约定提供劳动保护或者劳动条件的;④用人单位未及时足额支付劳动报酬的;等等,劳动者可以解除劳动合同。

(三)《中华人民共和国就业促进法》

《中华人民共和国就业促进法》(简称《就业促进法》)是为了促进就业,促进经济发展与扩大就业相协调,促进社会和谐稳定而制定的法律。于2007年8月30日第十届全国人民代表大会常务委员会第二十九次会议通过,自2008年1月1日起施行。本法根据2015年4月24日第十二届全国人民代表大会常务委员会第十四次会议《关于修改〈中华人民共和国电力法〉等六部法律的决定》修订。《就业促进法》对促进包括大学生在内的劳动者就业,实施积极的就业政策提供了法律保障,按照促进就业的要求,规定了有利于促进就业的产业政策、财政政策、税收政策、金融政策、施行城乡统筹的就业政策、区域统筹的就业政策、群体统筹的就业政策,有利于灵活就业的劳动和社会保险政策、就业援助制度、失业保险促进就业政策十个方面政策支持的法律内容。

1. 明确规定了维护公平就业　《就业促进法》对公平就业做了七个方面的规定。

2. 明确政府维护公平就业的责任　各级人民政府应当创造公平就业的环境,消除就业歧视,制定政策并采取措施对就业困难人员给予扶持和援助。

3. 规定用人单位招用人员、职业中介机构从事职业中介活动,应当向劳动者提供平等的就业机会和公平的就业条件,不得实施就业歧视。

4. 国家保障妇女享有与男子平等的劳动权利　用人单位招用人员,除国家规定的不适合妇女的工种或者岗位外,不得以性别为由拒绝录用妇女或者提高对妇女的录用标准。

5. 保障各民族劳动者享有平等的劳动权利　用人单位招用人员,应当依法对少数民族劳动者给予适当照顾。

6. 保障残疾人的劳动权利　各级人民政府应当为残疾人就业统筹规划,为残疾人创造就业条件。用人单位招用人员,不得歧视残疾人。

7. 保障传染病病原携带者的平等就业权　规定用人单位招用人员,不得以是传染病病原携带者为由拒绝录用,同时对其不能从事的工作作了法律限制。

8. 规定了劳动者受到就业歧视时的法律救济途径　违反本法规定,实施就业歧视的,劳动者可以向人民法院提起诉讼。

9. 政府积极实施就业援助　《就业促进法》明确规定各级人民政府建立健全就业援助制度。

10. 特别规定了对城市零就业家庭的就业援助　县级以上地方人民政府采取多种就业形式,拓宽公益性岗位范围,开发就业岗位,确保城市有就业需求的家庭至少有一人实现就业。规定了对就业压力大的特定地区的扶持。国家鼓励资源开采型城市和独立工矿区发展与市场需求相适应的产业,引导劳动者转移就业。对因资源枯竭或者经济结构调整等原因造成就业困难人员集中的地区,上级人民政府应当给予必要的扶持和帮助。

(四)《中华人民共和国劳动争议调解仲裁法》

为了公正及时解决劳动争议,保护当事人合法权益,促进劳动关系和谐稳定,第十届全国人民代表大会常务委员会第三十一次会议于2007年12月29日通过了《中华人民共和国劳动争议调解仲裁法》(简称《劳动争议调解仲裁法》),自2008年5月1日起施行。

《劳动争议调解仲裁法》明确规定了在我国境内的用人单位与劳动者发生的六类劳动争议的解决适用该法:"(一)因确认劳动关系发生的争议;(二)因订立、履行、变更、解除和终止劳动合同发生的争议;(三)因除名、辞退和辞职、离职发生的争议;(四)因工作时间、休息休假、社会保险、福利、培训以及劳动保护发生的争议;(五)因劳动报酬、工伤医疗费、经济补偿或者赔偿金等发生的争议;(六)法律、法规规定的其他劳动争议。"

(五)《中华人民共和国妇女权益保障法》

《中华人民共和国妇女权益保障法》是为了保障妇女的合法权益,促进男女平等,充分发挥妇女在社会主义现代化建设中的作用,根据宪法和我国的实际情况而制定的法律。

本法由1992年4月3日第七届全国人民代表大会第五次会议通过。

2018年10月26日第十三届全国人民代表大会常务委员会第六次会议通过《关于修改〈中华人民共和国妇女权益保障法〉的决定》的修正。

《中华人民共和国妇女权益保障法》第十六条规定:"学校和有关部门应当执行国家有关规定,保障妇女在入学、升学、毕业分配、授予学位、派出留学等方面享有与男子平等的权利。"

第二十二条规定:"国家保障妇女享有与男子平等的劳动权利和社会保障权利。"

第二十三条规定:"各单位在录用职工时,除不适合妇女的工种或者岗位外,不得以性别为由拒绝录用妇女或者提高对妇女的录用标准。各单位在录用女职工时,应当依法与其签订劳动(聘用)合同或者服务协议,劳动(聘用)合同或者服务协议中不得规定限制女职工结婚、生育的内容。禁止录用未满十六周岁的女性未成年人,国家另有规定的除外。"

第二十四条规定:"实行男女同工同酬。妇女在享受福利待遇方面享有与男子平等的权利。"

第二十五条规定:"在晋职、晋级、评定专业技术职务等方面,应当坚持男女平等的原则,不得歧视妇女。"

第二十六条规定:"任何单位均应根据妇女的特点,依法保护妇女在工作和劳动时的安全和健康,不得安排不适合妇女从事的工作和劳动。妇女在经期、孕期、产期、哺乳期受特殊保护。"

第二十七条规定:"任何单位不得因结婚、怀孕、产假、哺乳等情形,降低女职工的工资,辞退女职工,单方解除劳动(聘用)合同或者服务协议。但是,女职工要求终止劳动(聘用)合同或者服务协议的除外。各单位在执行国家退休制度时,不得以性别为由歧视妇女。"

第二十八条规定:"国家发展社会保险、社会救助、社会福利和医疗卫生事业,保障妇女享有社会保险、社会救助、社会福利和卫生保健等权益。"

【案例分析5-6】

小敏为某保险公司的女职工,怀孕后到医院进行产前检查,医生根据小敏的身体情况,建议小敏减轻劳动强度。小敏拿着医院证明到人事部要求调换劳动强度较轻的工作。人事部门主管当场拒绝,并告知双方签署的劳动合同中明确规定,员工必须无条件遵守《员工手册》。《员工手册》又明确规定,若女员工在合同期怀孕,劳动关系自动解除。之后,该公司正式解除小敏与公司的劳动关系。小敏不服,向当地的劳动争议仲裁委员会提出申诉,要求公司履行原合同,给小敏调换较轻的工作并给予相应的待遇。

专家点评 在本案例中,用人单位的内部《员工手册》的规定违反了我国法律的相关规定,因此是无效的。当地的劳动争议仲裁委员会应裁决维持小敏与公司的劳动合同,并由该公司另行安排小敏工作。劳动合同期限是由用人单位与劳动者协商确定,劳动合同期满,可终止执行,但当事人续签或法律另有规定的除外。

《关于贯彻执行〈中华人民共和国劳动法〉若干问题的意见》第三十四条规定:"除劳动法第二十五条规定的情形外,劳动者在医疗期、孕期、产期和哺乳期内,劳动合同期限届满时,用人单位不得终止劳动合同。劳动合同的期限应自动延续至医疗期、孕期、产期和哺乳期满为止。"

(六)法规与规章

《就业服务与就业管理规定》于2007年11月5日以劳动保障部令第28号公布,根据2014年12月23日《人力资源社会保障部关于修改〈就业服务与就业管理规定〉的决定》第一次修订，根据 2015 年 4 月 30 日《人力资源社会保障部关于修改部分规章的决定》第二次修订。《中华人民共和国就业促进法》对于促进包括大学毕业生在内的劳动者就业提供的法律保障，参见本节（三）中相关内容。

> 【案例分析5-7】
> 　　小明到某区职介所登记找工作，这个职介所收取小明 100 元中介费后，告知该区某动物诊所急需一名动物医生，让他去面试。小明到了该动物诊所以后，面试轻松过关，但公司告诉他必须缴纳 300 元的"建档费"才能上岗，急于找工作的小明只好向诊所交了这笔钱。两天后，小明到诊所上班，却发现诊所早已人去楼空。小明找到职介所，费尽口舌之后，职介所将中介费退给了小明，"建档费"则由小明自己承担。
> 　　**专家点评**　职介所的这种行为是违法的。小明不仅可以向职介所要回中介费，还可以向职介所提请赔偿。职介所提供虚假信息包括两种情况：如果职介所不知道用人单位或其信息是虚假的，职介所须负直接责任，应偿还求职者在这一过程中支付的所有费用；如果职介所明知用人单位或其信息是虚假的，仍提供该用人信息，这就是欺诈，职介所除应接受行政处罚、偿还求职者所支付的费用外，还应赔偿求职者的其他损失，如误工费等。

　　相关法律法规：《就业服务与就业管理规定》第五十八条规定："禁止职业中介机构有下列行为：
　　（一）提供虚假就业信息；
　　（二）发布的就业信息中包含歧视性内容；
　　（三）伪造、涂改、转让职业中介许可证；
　　（四）为无合法证照的用人单位提供职业中介服务；
　　（五）介绍未满 16 周岁的未成年人就业；
　　（六）为无合法身份证件的劳动者提供职业中介服务；
　　（七）介绍劳动者从事法律、法规禁止从事的职业；
　　（八）扣押劳动者的居民身份证和其他证件，或者向劳动者收取押金；
　　（九）以暴力、胁迫、欺诈等方式进行职业中介活动；
　　（十）超出核准的业务范围经营；
　　（十一）其他违反法律、法规规定的行为。"

二、大学生享有的主要就业权益

　　《中华人民共和国宪法》（简称宪法）第四十二条规定："中华人民共和国公民有劳动的权利和义务。国家通过各种途径，创造劳动就业条件，加强劳动保护，改善劳动条件，并在发展生产的基础上，提高劳动报酬和福利待遇。"

（一）劳动者的权利

　　《劳动法》是调整劳动关系以及与劳动关系密切联系的社会关系的法律规范的总称。我国公民既有劳动的权利，同时又有劳动的义务。劳动权是我国宪法明确规定的公民的基本权利之一，公民的劳动权利主要包括以下几个方面。

　　1. 平等就业权　这是公民的基本权利之一，是公民宪法上的平等权在劳动权领域的延伸和具体化，包括就业机会平等和就业待遇平等。大学生平等就业权，是指在就业的地位、机会、条件及权利保护等方面，每个大学生与其他劳动者都享有平等的权利。平等就业权包含三层含义：首先，任何公民都能够平等地享有就业的权利和资格，不因民族、种族、性别、年龄、文化、宗教信仰、经济能力等条件而受到限制；其次，在应聘同一职位时，任何公民都有平等地参与竞争和获得平等的福利待遇的权利，任何人不得享有特权；再次，平等并不是同等，平等是指对于符合要求、满足职位条件的人，应给予他们平等的就业机会，而不是不论条件如何都同等对待。《中华人民共和国妇女权益保障法》第二十三条规定："各单位在录用职工时，除不适合妇女的工种或者岗位外，不得以性别为由拒绝录用妇女或者提高对妇女的录用标准。各单位在录用女职工时，应当依法与其签订劳动（聘用）合同或者服务协议，劳动（聘用）合同或者服务协议中不得规定限制女职工结婚、生育的内容。"

2. 选择职业的权利　　劳动者选择职业的权利，是指劳动者根据自己意愿选择适合自己的职业。《劳动合同法》明确规定，订立劳动合同，应当遵循合法、公平、平等自愿、协商一致、诚实守信的原则。大学生毕业有选择就业的自由，也有选择不就业的自由。例如，他可以选择继续考取研究生或专升本深造。毕业后涉及两种就业模式的选择，第一种是先择业，后就业。第二种是先就业，后择业。在此期间，毕业生为自己设立一个就业缓冲期，来判断自己的选择是否符合自身发展的需要。任何单位和个人都不能强迫劳动者签订违背自己意志的劳动合同或就业协议书。

3. 接受就业指导权　　高等院校、政府职能部门应建立就业指导和服务机制，为毕业生提供无偿的就业指导与服务，从而提升毕业生的职业素质和就业能力。就业指导主要包括政策指导、思想指导、求职技巧指导。很多毕业生由于对就业政策缺乏了解，在择业过程中带有随意性和盲目性。很多学校在就业政策宣传和教育方面，开展就业、职业规划、创业咨询活动，定期举办就业讲座和省市就业创业政策咨询等活动，帮助毕业生了解就业程序、做好求职准备，指导学生书写简历和求职信，模拟面试，消除毕业生的困惑。

4. 取得劳动报酬的权利　　《劳动合同法》第三十条明确规定："用人单位应当按照劳动合同约定和国家规定，向劳动者及时足额支付劳动报酬。"

5. 休息休假权　　我国宪法规定，劳动者有休息的权利。《劳动合同法》第三十一条规定："用人单位应当严格执行劳动定额标准，不得强迫或者变相强迫劳动者加班。用人单位安排加班的，应该按照国家规定向劳动者支付加班费。"

6. 提请劳动者争议处理的权利　　毕业生、用人单位签订就业协议后，任何一方不得擅自违约。如果用人单位无故要求解约，毕业生有权要求对方严格履行就业协议。《中华人民共和国劳动争议调解仲裁法》第五条规定："发生劳动争议，当事人不愿协商、协商不成或者达成和解协议后不履行的，可以向调解组织申请调解；不愿调解、调解不成或者达成调解协议后不履行的，可以向劳动争议仲裁委员会申请仲裁；对仲裁裁决不服的，除本法另有规定的外，可以向人民法院提起诉讼。"

7. 获得劳动安全卫生保护的权利　　劳动安全卫生保护，是保护劳动者的生命安全和身体健康，是对享受劳动权利的主体切身利益最直接的保护。《劳动合同法》第三十二条规定："劳动者拒绝用人单位管理人员违章指挥、强令冒险作业的，不视为违反劳动合同。"《劳动法》第五十二条规定："用人单位必须建立、健全劳动安全卫生制度，严格执行国家劳动安全卫生规程和标准，对劳动者进行劳动安全卫生教育，防止劳动过程中的事故，减少职业危害。"劳动者对危害生命安全和身体健康的劳动条件，有权对用人单位提出批评、检举和控告。

8. 接受职业技能培训的权利　　职业技能培训是指对准备就业的人员和已经就业的职工，以培养或提高基本职业技能为目的而进行的技术业务知识和实际操作技能教育及训练。

【案例分析 5-8】

小欧大学毕业后与某畜牧公司签订了为期 2 年的劳动合同,做饲养员工作。合同期间发给小欧 2500 元基本工资,奖金另计。工作期间,单位曾派小欧到培训机构进行为期 2 个月的短期专业培训,并支付了 3000 元培训费。劳动合同到期以后,小欧要求终止劳动合同,该畜牧公司不同意小欧的要求,并要求小欧与单位续订劳动合同,小欧不同意,该公司要求小欧缴纳其在培训机构所花费的培训费 3000 元,否则将拒绝办理解除劳动关系的相关手续。小欧到该公司所在地的劳动争议仲裁委员会申诉,要求终止与公司的劳动合同,并且办理解除劳动关系手续,提供一定数额的生活补助费。

劳动争议仲裁委员会受案后,经过调查,小欧申诉的情况基本属实。认定劳资双方当事人订立有期限的劳动合同期限届满后,小欧不愿意续订劳动合同是合法的,某公司强迫劳动者续订劳动合同的做法与相关的国家劳动法律、法规、政策相违背。劳动争议仲裁委员会做出裁决:小欧与某公司的劳动合同自到期之日起终止;某公司支付小欧终止劳动合同的生活补偿费。

专家点评 本案例中,某公司不同意小欧终止劳动合同的要求,并拒绝办理相应的解除劳动关系手续的行为,阻碍了小欧的自由择业,已经违反了《劳动法》的相关规定,侵犯了小欧的自由择业权。合同期满,意味着劳动者与该公司的劳动权利义务关系终结,劳动者有权选择其职业,某公司不能以强制性的方式要求与劳动者续订劳动合同。相关法律规定,对劳动者进行必要的职业技术培训,是用人单位不可推卸的一项法定义务。某公司必须对劳动者进行有计划的职业培训,并且规定从事技术工种的劳动者,上岗前必须经过培训。小欧是公司的员工,其工作性质属于技术工种,因此该公司有义务对其进行必要的培训。

相关法律法规:《劳动法》第十七条规定:"订立和变更劳动合同,应当遵循平等自愿、协商一致的原则,不得违反法律、行政法规的规定。劳动合同依法订立即具有法律约束力,当事人必须履行劳动合同规定的义务。"

第十八条规定:"下列劳动合同无效:(一)违反法律、行政法规的劳动合同;(二)采取欺诈、威胁等手段订立的劳动合同。"

第九十一条规定:"用人单位有下列侵害劳动者合法权益情形之一的,由劳动行政部门责令支付劳动者的工资报酬、经济补偿,并可以责令支付赔偿金:(一)克扣或者无故拖欠劳动者工资的;(二)拒不支付劳动者延长工作时间工资报酬的;(三)低于当地最低工资标准支付劳动者工资的;(四)解除劳动合同后,未按照本法规定给予劳动者经济补偿的。"

9. 享受社会保险和福利的权利 社会保险是国家和用人单位依照法律规定或合同约定,对具有劳动关系的劳动者在暂时或永久丧失劳动能力以及暂时失业时,为保证其生活需要给予物质帮助的一种社会保障制度。

(1) 社会保险的概念及功能:社会保险是国家通过立法强制征集专门资金,用于劳动者在丧失劳动能力或者丧失劳动机会时提供基本生活需求的一种物质帮助制度,它既是保证劳动力再生产的必要条件,也是提高劳动生产率、均衡企业负担的有利因素。同时,它也为企业改善经营管理和搞好劳动保护工作提出了统一的规范,为解决一系列社会问题创造了条件。

(2) 社会保险的种类及内容:根据我国宪法和《劳动法》及有关社会保障法规的规定,我国当前实施的社会保险制度主要包括五种社会保险和住房公积金,简称"五险一金"制度。

1) 养老保险制度。养老保险是在劳动者工作期间,由劳动者和用人单位缴纳一定的社会保险费用,在劳动者退休以后,由社会保险机构定期支付养老金,以保障劳动者的基本生活。我国对养老保险制度的规定及相关改革内容有:《国务院关于企业职工养老保险制度改革的决定》《国务院关于完善企业职工基本养老保险制度的决定》等。

2)医疗保险制度。医疗保险是劳动者在患病时依法得到物质帮助的社会保险制度。在劳动者工作期间,由劳动者和用人单位缴纳一定的社会保险费用,在劳动者患病时,由社会保险机构承担一定的费用。目前我国对养老保险制度的规定及相关改革内容可参见《国务院关于建立城镇职工基本医疗保险制度的决定》。

3)失业保险制度。劳动者可能因各种原因暂时失去工作岗位,丧失收入来源。失业保险制度通过由劳动者和用人单位缴纳一定的社会保险费用,保证劳动者失业后仍然可以从社会保险机构获得一定的收入以维持基本生活。我国相关的规定有《失业保险条例》《关于事业单位参加失业保险有关问题的通知》。

4)工伤保险制度。工伤保险是向法定范围的劳动者补偿其因职业伤病而导致的全部经济损失,包括预防、治疗、护理、康复和疗养的费用,以及在收入方面保证其生活水平不至于因职业伤病下降的社会保险项目。目前我国关于工伤保险的规定有《工伤保险条例》《人力资源社会保障部关于执行〈工伤保险条例〉若干问题的意见》《关于农民工参加工伤保险有关问题的通知》。

5)生育保险制度。生育保险是向法律规定范围内的劳动者,尤其是妇女部分或全部提供怀孕、生产、哺育期间的医护费用,保证产假和哺育期间的经济来源,使其不至于因生育而导致基本生活需求没有保障的社会保险项目。我国的相关规定有《企业职工生育保险试行办法》。

6)住房公积金制度。用人单位应根据国家《住房公积金管理条例》为职工办理住房公积金。住房公积金用于职工购买、建造、翻建、大修自住住房。单位录用职工的,应当自录用之日起30日内到住房公积金管理中心办理缴存登记。

【案例分析5-9】
　　王某大学毕业后与用人单位签订了一份为期2年的劳动合同。合同约定,王某的年薪为6万元,年薪同时包括了所有国家规定的各类补助、养老保险、医疗保险、失业保险、交通补助等。由王某自行办理商业养老保险。由于王某不懂相关法律法规,对此表示同意,劳动合同到期后双方协商解除劳动合同。不久,王某到劳动保障部门咨询养老保险同时也办理失业保险,劳动保障部门工作人员告诉他这些保险都要由劳动者所在单位办理,于是王某向以前工作单位的人事部门询问,人事部门经理称,双方在签订劳动合同时已明确约定,工资已经包括了养老保险费、医疗保险费、失业保险费,由王某自行负责办理商业养老保险,企业不再支付其他保险费用,所以王某的要求不合理,王某到当地劳动争议仲裁委员会申诉,要求公司按规定补缴养老保险费、医疗保险费、失业保险费。

　　专家点评　本案例中,该企业未按法律法规的规定在自录用之日起30日内到社会保障机构办理社会保险登记,其不为职工缴纳基本养老保险费、医疗保险费、失业保险费的做法是违法行为。该企业以双方约定的工资已经包括养老保险费等为由开脱责任,是不符合我国法律规定的。因此,该企业应为王某补缴养老保险费、医疗保险费、失业保险费等基本保险费。依据我国法律的规定,用人单位和劳动者必须参加社会保险,即参加养老保险、疾病保险、失业保险、工伤保险、生育保险。用人单位无故不缴纳社会保险费的,由劳动行政部门责令其限期缴纳;逾期不缴纳的,可以加收滞纳金。

10. 法律规定的其他权利　《劳动法》总则规定如下：

"第四条　用人单位应当依法建立和完善规章制度，保障劳动者享有劳动权利和履行劳动义务。

第五条　国家采取各种措施，促进劳动就业，发展职业教育，制定劳动标准，调节社会收入，完善社会保险，协调劳动关系，逐步提高劳动者的生活水平。

第七条　劳动者有权依法参加和组织工会。

第八条　劳动者依照法律规定，通过职工大会、职工代表大会或者其他形式，参与民主管理或者就保护劳动者合法权益与用人单位进行平等协商。"

（二）劳动者的主要义务

劳动者在行使法定权利的同时，也应履行法定义务。

1. 诚信义务　在签订劳动合同时，劳动者有义务就其与劳动合同直接相关的基本情况，向用人单位如实说明。

2. 守法义务　《劳动合同法》是规范劳动合同双方当事人行为的法律。劳动者作为劳动合同的一方，应当遵守法律的规定和双方的约定。劳动者有违法或者违约行为的，应当依法承担法律责任。

3. 完成劳动任务的义务　这是劳动关系范围内的法定义务，同时也是强制性义务。劳动者不能完成劳动义务，就意味着劳动者违反劳动合同的约定，用人单位可以解除劳动合同。

4. 劳动者的其他义务　其他义务包括劳动者应提高职业技能，执行劳动安全卫生规程，遵守劳动纪律和职业道德的义务。

【案例分析5-10】

毕业生李某与一家公司签订了一份为期2年的劳动合同，其中约定试用期2个月，试用期内工资为每个月800元，并声明试用期考核合格后，工资提升到每个月2000元。2个月后，公司以李某的业务能力水平低，不能胜任工作为由与其解聘，并支付了1600元的工资。李某通过调查发现用人单位所在地的最低工资标准为每个月1100元后，要求公司支付600元的工资差额。公司拒绝了李某的要求，理由是双方在劳动合同上就工资标准已约定在先，而且李某在试用期内工作，也不适用当地最低工资标准。

专家点评　劳动报酬权是劳动者在劳动关系中享有的基本的、核心的权利。获得劳动报酬权，是指大学生作为劳动者在付出劳动之后从用人单位那里获得约定的工资等劳动报酬的权利。案例中的用人单位应该向该毕业生支付不低于600元的工资差额。

相关法律法规：《劳动合同法》第二十条规定："劳动者在试用期的工资不得低于本单位相同岗位最低档工资或者劳动合同约定工资的百分之八十，并不得低于用人单位所在地的最低工资标准。"

三、大学生求职过程中常见的被侵权行为

每年求职就业期间，有部分大学生由于缺乏求职经验和法律意识淡薄，在求职过程中，就业权益受到侵害，主要表现如下。

（一）侵犯平等就业权

1. 性别歧视　这是最常见的一种歧视行为，一些用人单位在招聘过程中，明确提出不招收女生，或在招聘同一岗位上，招聘条件提高女生的学历、技能要求。

2. 学历歧视　用人单位在招聘人员时往往把学历放在第一位，并要求毕业生具有较高的学历层次。在面试过程中，根据毕业生毕业院校的名次排列毕业生面试的顺序。

3. 经验歧视　有些用人单位经常在岗位需求中提出具备 2～3 年的工作经验要求，并把有经验者的应聘者作为优先考虑的对象，应届毕业生因为初入社会，缺乏工作经验，无疑成了经验歧视的受害者。

4. 其他歧视　在同等竞聘条件下，有些用人单位对年龄、相貌、身高、地域有明确要求，而不考虑工作的性质。一些相貌、身高一般的优秀毕业生只能被拒于门外。

（二）侵犯知情权

面试时用人单位会提出各种问题了解毕业生的情况，而当学生询问单位情况的时候，招聘单位就会回避问题或者回答得模糊不清。用人单位与毕业生的"双向选择"就变成了"单向招聘"。招聘单位因为掌握大学生的详细资料，能从求职材料中筛选满意的人才，而没有经验的毕业生却因为用人单位信息模糊，犹疑不决，很难做出正确的选择。这样，在招聘过程中用人单位侵犯了大学生享有知情权的正当权益。

（三）侵犯隐私权

一些招聘单位会在面试时考虑到应届毕业生工作的稳定性，会向学生提问"你有男（女）朋友吗？你的另一半在哪里工作？""你结婚了吗？""你打算什么时候结婚？""你打算什么时候生孩子？"等侵犯个人隐私的问题，面对这样的问题，不少毕业生表示很反感，但是又怕不回答失去就业机会。

（四）签约阶段的侵权行为

1. 合同必备条款缺失　劳动合同至少应具备以下条款：用人单位的名称、住所和法定代表人或者主要负责人；劳动者的姓名、住址和居民身份证或者其他有效身份证件号码；劳动合同期限；工作内容和工作地点；工作时间，劳动报酬，社会保险，劳动保护等。特别要注意的是劳动报酬条款，一些企业招聘的时候纯粹是为了吸引人，故意承诺高职、高薪，签约时会出现"用人单位可以根据需要随时变更劳动合同"，且不加任何解释说明，到时又以各种原因拒绝履行协议。

2. 违反协议或合同的违约金　违约金条款是就业协议或劳动合同中的重要条款。它是保证就业协议或劳动合同全面履行、补偿守约方损失、对违约方违约行为进行惩罚的措施。在签约过程中，不少用人单位滥设违约金，导致求职者的劳动报酬不足以支付违约金，严重侵犯了劳动者的权益。按照相关规定，劳动合同或协议中可以规定违约金的数额的上限是 12 个月的工资总和。还要注意的是，劳动合同中只规定单方违约是不公平的，企业违约同样要支付违约金。

3. 合同文本中有违法条款　部分企业设置一些不合理甚至违法的条款，有意无意胁迫劳动者签订一些明显不合理甚至违法违规的条款。例如，规定"3 年内不得结婚"，这显然是违反婚姻相关法规的。有些企业合同声明给予高工资，但以不给职工上社会保险为条件，这也是违反社会保险相关法规的。

4. 其他 有些企业怕学生签订协议后反悔，收取抵押金或扣留学生有效证件（身份证、毕业证原件）的行为属于不合法行为。

【案例分析5-11】

2017年7月，大学毕业生赵某等被某养殖场聘为饲养员。当事人双方口头约定，赵某等人的月工资为3500元。自用工以来，当事人双方并没有签订书面劳动合同，赵某等也没有要求用人单位及时签订劳动合同。养殖场在用工期间，以维护工作人员稳定性，需要交纳风险保证金为名，从赵某等工人的工资中每人每月扣除300元押金。2018年6月，赵某等人与饲养场解除劳动关系，要求饲养场归还风险保证金，但是饲养场一直找借口没有将保证金退还给他们，为此，2018年7月，赵某等人向当地劳动争议仲裁机构申请劳动争议仲裁，要求用人单位依法支付其2017年7月至2018年5月11个月的风险保证金。

专家点评 在本案中，用人单位有如下不法行为：在用工期间，以风险保证金为名，从赵某等人的工资中每月扣除300元押金的行为不合法；自用工以来，当事人双方没有签订书面劳动合同也是不合法的，用人单位应立即退还风险保证金。

相关法律法规：《劳动合同法》第七条规定："用人单位自用工之日起即与劳动者建立劳动关系。"第九条规定："用人单位招用劳动者，不得扣押劳动者的居民身份证和其他证件，不得要求劳动者提供担保或者以其他名义向劳动者收取财物。"第十条规定："建立劳动关系，应当订立书面劳动合同。已建立劳动关系，未同时订立书面劳动合同的，应当自用工之日起一个月内订立书面劳动合同。"

（五）试用期侵权的集中表现

1. 试用期过长 有的用人单位规定的试用期超出了国家相关法律法规的规定。

《劳动合同法》规定了试用期，"劳动合同期限3个月以上不满1年的，试用期不得超过1个月；劳动合同期限1年以上不满3年的，试用期不得超过2个月；3年以上固定期限和无固定期限的劳动合同，试用期不得超过6个月。同一用人单位与同一劳动者只能约定一次试用期。以完成一定工作任务为期限的劳动合同或者劳动合同期限不满3个月的，不得约定试用期。"

2. 把"试用期"变成了"剥削期" 有的用人单位利用"试用期"的"试用"二字做文章，支付超低工资，甚至不支付工资，构成对大学生获得报酬权益的侵害。相关法规规定试用期包含在劳动合同期限内。劳动合同仅约定试用期的，试用期不成立，该期限为劳动合同期限。劳动者在试用期的工资不得低于本单位相同岗位最低档工资或者劳动合同约定工资的百分之八十，并不得低于用人单位所在地的最低工资标准。

【案例分析5-12】

张某大学毕业后到一家私立口腔医院任职，当时没有谈好试用期，但是要签劳动合同、调档、上各种保险。医院和她办理了相关的手续后，并没有按照约定签订劳动合同，张某多次跟院长商谈签合同的事，院长以各种理由推托。张某工作7个月后，院长找她谈话，以医院发展方向转变为借口将她辞退，并让她交接工作。张某提出医院应该按照《劳动法》的规定给予自己经济补偿，但被该医院拒绝。之后又得知医院未给自己上任何保险。因此，张某向劳动者争议仲裁委员会申请仲裁，要求医院补上劳动保险并支付一个月工资的经济补偿。但是医院却提出，她还在试用期，并且她自己提出的辞职，所以不同意她的要求。张某除了7个月的工资单外,也没有其他证据,后来仲裁部门要她提供与院长有关辞退谈话的直接证据。

专家点评 张某完全可以要求该私立医院补偿一个月的工资。如果医院没有提前一个月通知解除合同,还可以要求再补偿一个月的工资。案例中张某可以要求医院提供否定的证明。员工提出辞职必须有书面申请,医院说张某是辞职,张某可以要求医院提供她辞职的书面申请。如果医院没有将张某辞退,那么张某可以要求医院与其签订合同。用人单位和张某没有签订书面劳动合同,但张某已成为用人单位的一员,身份上具有从属关系,双方确已形成了劳动义务关系。根据如下:①劳动者已实际付出劳动并从用人单位取得劳动报酬;②用人单位对劳动者实施了管理、指挥、监督的职能;③劳动者必须接受用人单位劳动纪律和规章制度的约束。

按照相关法律的规定,建立劳动关系应当签订劳动合同。如果企业未按规定与员工签订劳动合同,但员工已履行了劳动义务,可视为双方当事人具有事实劳动关系。事实劳动关系受法律保护。如果发生劳动争议符合受理条件,劳动争议仲裁委员会应当受理。《劳动合同法》规定了用人单位与求职者设定的试用期,本案例因为求职者没有及时签订劳动合同,在劳动权益受到侵害时,维权的途径变得非常复杂,所以作为求职者,一定要及时与用人单位签订劳动合同。一方面用于双方履行义务,一方面作为维权的重要依据,只有及早地签订劳动合同,才能得到法律的保护。

相关法律法规:《关于贯彻执行〈中华人民共和国劳动法〉若干问题的意见》第二条规定:"中国境内的企业、个体经济组织与劳动者之间,只要形成劳动关系,即劳动者事实上已成为企业、个体经济组织的成员,并为其提供有偿劳动,适用劳动法。"

第八十二条规定:"用人单位与劳动者发生劳动争议不论是否订立劳动合同,只要存在事实劳动关系,并符合劳动法的适用范围和《中华人民共和国企业劳动争议处理条例》的受案范围,劳动争议仲裁委员会均应受理。"

《关于印发〈违反和解除劳动合同的经济补偿办法〉的通知》第五条规定:"经劳动合同当事人协商一致,由用人单位解除劳动合同的,用人单位应根据劳动者在本单位工作年限,每满一年发给相当于一个月的经济补偿金,最多不超过十二个月。工作时间不满一年的按一年的标准发给经济补偿金。"

第十条规定:"用人单位解除劳动合同后,未按规定给予劳动者经济补偿的,除全额发给经济补偿金外,还须按该经济补偿金数额的百分之五十支付额外经济补偿金。"

3. "只试用,不录用"的恶意侵权行为 许多毕业生缺乏自我保护意识,对劳动法规了解甚少,也在一定程度上让一些用人单位有机可乘。相关法律规定"在试用期内被证明不符合录用条件的,用人单位可以解除劳动合同"。有些企业,为了降低工资成本,喜欢"试用"毕业生,在试用期内支付较低的工资,他们抓住了毕业生急于表现的心理,交给毕业生们比普通工作人员还要多的工作。一旦试用期满,找理由将其辞退。

(六)其他侵权行为

有些用人单位并不是真正招聘人才,以高薪高福利招聘之名,获得免费的劳动力。往往以招聘素质较高的毕业生为借口,夸大或隐瞒企业的一些情况。毕业生不要在这种企业上浪费时间,以免错失适合自己的工作机会。

1. 敛财的虚假招聘 招聘单位以招聘为名,获取毕业生的报名、培训、服装、手续费等。这类招聘单位以优厚的福利待遇作为诱饵，向求职者承诺，报名接受培训后，上岗就业，求职心切的毕业生支付一大笔报名费和培训费后，用人单位杳无音信。所以求职者在报名前，一定要看培训机构是否具备培训资质，还要看看该企业的经营范围是否包含培训内容，最后要看承诺的福利待遇与社会同等岗位条件的薪资水平是否一致，避免吃亏上当。

2. 剽窃智力的虚假招聘　有的小企业以招聘的名义，以高福利待遇诱骗、侵占他人的劳动成果。在面试过程中，这类企业会给应聘者一张"考卷"，为某研究项目提供一下设计方案，应聘者在不知情的情况下，努力完成"考卷"，待"考卷"交回后，劳动成果被免费占有，用人单位以不合格、不满意为由拒绝招聘求职者。

3. 制造热点的虚假招聘　不少企业不缺人，却大张旗鼓地摆出招聘阵式，其用意不在于聘用合适人选，而在于制造社会热点，产生新闻效应，扩展企业形象，不仅提高了企业的知名度，还省去了昂贵的广告费用。

四、维护大学生就业权益的方法及措施

（一）毕业生就业过程中权益的法律保护

1. 民法与权益保护　民法的平等、自愿和等价有偿原则与诚实信用原则，对毕业生保护自身的就业权益有着重要意义。

2.《劳动法》及《劳动合同法》与权益保护　《劳动法》和《劳动合同法》是大学生就业过程中的重要法律，大学生应善于运用相关的劳动法律赋予劳动者的各项权利来保护自身权益。

3.《就业促进法》对毕业生就业权益的保护　《就业促进法》对于促进包括大学毕业生在内的劳动者就业，实施积极的就业政策提供了法律保障，按照促进就业的要求，规定了有利于促进就业的产业政策、财政政策、税收政策、金融政策、施行城乡统筹的就业政策、区域统筹的就业政策、群体统筹的就业政策、有利于灵活就业的劳动和社会保险政策、就业援助制度、失业保险促进就业政策十个方面政策支持的法律内容。

（二）毕业生就业过程中权益保护的途径

1. 各级政府毕业生就业主管部门的保护　毕业生就业主管部门通过制定有关规则来保护毕业生的权益，并依据国家的政策、法律、法规对侵犯毕业生合法权益的行为予以处理。如对签订侵害毕业生权益的就业协议，省毕业生就业主管部门不予签订、不予审批就业方案和核发报到证；对就业双方存在的劳动争议和违约等问题，进行协调处理。必要时还可以通过新闻媒体的舆论监督作用揭露某些用人单位在招聘和试用毕业生过程中的不公平、不公正行为，以引起社会重视，使一些本来并不复杂、完全应该有公正结果，但却迟迟得不到解决的问题得以解决，这在一定程度上遏制了毕业生就业过程中不公正现象的滋生和蔓延。

2. 高等院校的保护　学校可以通过各种途径向毕业生提供真实可靠的用工信息，对毕业生进行有效的全程就业指导，要提醒毕业生在就业中存在着若干不公平、不公正行为，甚至存在求职陷阱；在毕业生签订就业协议过程中，要予以监督和指导，对用人单位与毕业生签订的不合法的就业协议，学校有权拒签。

3. 毕业生的自我保护　毕业生在首次就业过程中，一定要时刻保持清醒的头脑，了解和掌握就业方面的知识和政策，并严格按照程序办事，使自己的合法权益得到充分的保障而不致轻易受到侵害。

（三）端正求职心态，做好求职准备

毕业生求职时，往往会出现焦急、浮躁和盲目的心态，影响了他们在求职应聘过程中应该具备的态度和表现，受到侵害时或委曲求全，或不敢"斤斤计较"。所以大学生在求职就业过程中一定要保持稳定、认真的良好心态，不要急于求成，多多收集用人单位信息，早为求职做好准备。

（四）掌握就业政策，学习法律法规

毕业生在求职、择业、签约之前，一定要全面了解和掌握毕业生的就业政策，做好《劳动法》《中华人民共和国企业劳动争议处理条例》等相关法律法规的知识储备。可以去学校的就业管理部门了解就业的相关政策，听听指导老师给的建议。早做准备，才能在应聘和签约时保持思路清楚和条理明晰，及早识破一些单位设下的就业陷阱；懂得通过合法的途径和手段解决就业过程中出现的问题，最大限度地保护自己的正当权益不受侵害。

（五）了解用人单位，防范就业陷阱

签约前，毕业生应该尽量多方面打听、了解用人单位的企业文化、运作状况、招聘信誉、岗位职责以及工作内容等情况。可以通过学校就业管理部门、校友、辅导员老师、家长和亲戚朋友多方位、多途径了解，最好去实地考察工作环境，尤其是颇为陌生的单位，要结伴同行。

（六）认真签订就业协议书

就业协议书是明确毕业生、用人单位、学校在毕业生就业工作中权利和义务的书面文本，由教育部制定统一格式。毕业生应该认真签订好就业协议书。签就业协议书注意事项如下。

1. 认真地了解和掌握国家和省、市有关就业的相关政策和法律规定。

2. 查明用人单位资质，避免就业陷阱。用人单位必须具有从事各项经营或管理活动的能力，单位应有录用指标和录用自主权，否则毕业生可以解除协议且无须承担违约责任。

3. 毕业生在签订就业协议过程中的违约行为越来越多，毕业生应慎重签约、理性签约、诚信签约，有关条款的内容必须明确，应事先与用人单位约定解约条件。

4. 签订就业协议时的法律地位是平等的，一方不得将自己的意志强加给另一方。用人单位在签订就业协议时不应该要求学生缴纳风险金、保证金等。

5. 注意就业协议和劳动合同相衔接。毕业生在择业过程中和就业后，先后与用人单位签订就业协议和劳动合同，两者既有区别，又有联系。由于毕业生先签订就业协议，为避免以后订立劳动合同时产生纠纷，应尽可能将劳动合同的主要内容体现在就业协议的约定条款中。

（七）重视劳动合同内容

确定劳动关系后，毕业生应尽快与用人单位签订劳动合同，这样使双方的劳动关系能以法律的形式确认，劳动者的合法权益能够得到及时的保护。签订劳动合同时要注意以下两点：

1. 要逐条细看，核对劳动合同的内容是否与口头约定的福利待遇相一致，对合同中存在的模糊词句要提出质疑，切忌盲目签字。

2. 要保存证据，签订劳动合同后，毕业生也要保存一份劳动合同，或者留有合同的复印件和照片，作为享受就业权利、履行劳动者义务以及处理劳动争议的重要依据。

（八）就业协议争议的解决措施

1. 毕业生与用人单位协商解决　当违约责任在毕业生一方时，毕业生应积极、诚恳地与用人单位沟通、说明情况，以坦诚、真挚的道歉说服用人单位，以赢得用人单位的理解，在此基础上，经双方协商达成新的意向。

2. 学校或当地毕业生就业主管部门与用人单位协调　此法多用于因用人单位原因引起的争执。毕业生势单力薄，处于就业市场弱势地位，同用人单位交涉难度较大。由学校及其上级部门领导和专家出面调解，往往可以取得令人满意的效果。

3. 协商、调解无效的解决措施　毕业生可以在法定期限内直接向有管辖权的当地人民法院起诉，由人民法院依法裁决。

（九）劳动争议处理办法

1. 劳动争议的处理范围　劳动争议处理的范围包括因确认劳动关系发生的争议；因订立、履行、变更、解除和终止劳动合同发生的争议；因除名、辞退和辞职、离职发生的争议；因工作时间、休息休假、社会保险、福利、培训以及劳动保护发生的争议；因劳动报酬、工伤医疗费、经济补偿或者赔偿金等发生的争议；法律、法规规定的其他劳动争议。

2. 我国劳动争议的处理机构　根据《劳动争议调解仲裁法》规定，我国目前处理劳动争议的机构为企业劳动争议调解委员会，依法设立的基层人民调解组织，在乡镇、街道设立的具有劳动争议调解职能的组织，地方劳动争议仲裁委员会和地方人民法院。

3. 劳动争议的处理程序　发生劳动争议，劳动者可以与用人单位协商，也可以请工会或者第三方共同与用人单位协商，达成和解协议。如果当事人不愿协商、协商不成或者达成和解协议后不履行的，可以向调解组织申请调解；不愿调解、调解不成或者达成调解协议后不履行的，可以向劳动争议仲裁委员会申请仲裁；对仲裁裁决不服，除追索劳动报酬、工伤医疗费、经济补偿或者赔偿金，不超过当地月最低工资标准十二个月金额的争议外，其他争议可以向人民法院提起诉讼。

【本章要点】

1. 重点阐述了就业协议和劳动合同的主要内容、签订、违约等问题。
2. 介绍了《劳动法》和《劳动合同法》等法律法规问题。
3. 分析了就业流程和就业形式以及在求职各个阶段存在的侵权行为。

【思考与练习】

1. 就业协议有哪些内容？
2. 就业协议的签订、解除程序是什么？
3. 就业协议与劳动合同有什么异同？
4. 如何办理违约？
5. 毕业生就业权益受到侵害，可以通过哪些途径寻求帮助？

附录1 《中华人民共和国劳动法》

《中华人民共和国劳动法》已由中华人民共和国第八届全国人民代表大会常务委员会第八次会议于1994年7月5日通过，现予公布，根据2018年12月29日第十三届全国人民代表大会常务委员会第七次会议《关于修改〈中华人民共和国劳动法〉等七部法律的决定》第二次修正。

第一章 总 则

第一条　为了保护劳动者的合法权益，调整劳动关系，建立和维护适应社会主义市场经济的劳动制度，促进经济发展和社会进步，根据宪法，制定本法。

第二条　在中华人民共和国境内的企业、个体经济组织（以下统称用人单位）和与之形成劳动关系的劳动者，适用本法。

国家机关、事业组织、社会团体和与之建立劳动合同关系的劳动者，依照本法执行。

第三条　劳动者享有平等就业和选择职业的权利、取得劳动报酬的权利、休息休假的权利、获得劳动安全卫生保护的权利、接受职业技能培训的权利、享受社会保险和福利的权利、提请劳动争议处理的权利以及法律规定的其他劳动权利。

劳动者应当完成劳动任务，提高职业技能，执行劳动安全卫生规程，遵守劳动纪律和职业道德。

第四条　用人单位应当依法建立和完善规章制度，保障劳动者享有劳动权利和履行劳动义务。

第五条　国家采取各种措施，促进劳动就业，发展职业教育，制定劳动标准，调节社会收入，完善社会保险，协调劳动关系，逐步提高劳动者的生活水平。

第六条　国家提倡劳动者参加社会义务劳动，开展劳动竞赛和合理化建议活动，鼓励和保护劳动者进行科学研究、技术革新和发明创造，表彰和奖励劳动模范和先进工作者。

第七条　劳动者有权依法参加和组织工会。

工会代表和维护劳动者的合法权益，依法独立自主地开展活动。

第八条　劳动者依照法律规定，通过职工大会、职工代表大会或者其他形式，参与民主管理或者就保护劳动者合法权益与用人单位进行平等协商。

第九条　国务院劳动行政部门主管全国劳动工作。

县级以上地方人民政府劳动行政部门主管本行政区域内的劳动工作。

第二章 促进就业

第十条　国家通过促进经济和社会发展，创造就业条件，扩大就业机会。

国家鼓励企业、事业组织、社会团体在法律、行政法规规定的范围内兴办产业或者拓展经营，增加就业。

国家支持劳动者自愿组织起来就业和从事个体经营实现就业。

第十一条　地方各级人民政府应当采取措施，发展多种类型的职业介绍机构，提供就业服务。

第十二条　劳动者就业，不因民族、种族、性别、宗教信仰不同而受歧视。

第十三条　妇女享有与男子平等的就业权利。在录用职工时，除国家规定的不适合妇女的工种或者岗位外，不得以性别为由拒绝录用妇女或者提高对妇女的录用标准。

第十四条　残疾人、少数民族人员、退出现役的军人的就业，法律、法规有特别规定的，从其规定。

第十五条　禁止用人单位招用未满十六周岁的未成年人。

文艺、体育和特种工艺单位招用未满十六周岁的未成年人，必须遵守国家有关规定，并保障其接受义务教育的权利。

第三章　劳动合同和集体合同

第十六条　劳动合同是劳动者与用人单位确立劳动关系、明确双方权利和义务的协议。

建立劳动关系应当订立劳动合同。

第十七条　订立和变更劳动合同，应当遵循平等自愿、协商一致的原则，不得违反法律、行政法规的规定。

劳动合同依法订立即具有法律约束力，当事人必须履行劳动合同规定的义务。

第十八条　下列劳动合同无效：

（一）违反法律、行政法规的劳动合同；

（二）采取欺诈、威胁等手段订立的劳动合同。

无效的劳动合同，从订立的时候起，就没有法律约束力。确认劳动合同部分无效的，如果不影响其余部分的效力，其余部分仍然有效。

劳动合同的无效，由劳动争议仲裁委员会或者人民法院确认。

第十九条　劳动合同应当以书面形式订立，并具备以下条款：

（一）劳动合同期限；

（二）工作内容；

（三）劳动保护和劳动条件；

（四）劳动报酬；

（五）劳动纪律；

（六）劳动合同终止的条件；

（七）违反劳动合同的责任。

劳动合同除前款规定的必备条款外，当事人可以协商约定其他内容。

第二十条　劳动合同的期限分为有固定期限、无固定期限和以完成一定的工作为期限。

劳动者在同一用人单位连续工作满十年以上，当事人双方同意延续劳动合同的，如果劳动者提出订立无固定期限的劳动合同，应当订立无固定期限的劳动合同。

第二十一条　劳动合同可以约定试用期。试用期最长不得超过六个月。

第二十二条　劳动合同当事人可以在劳动合同中约定保守用人单位商业秘密的有关事项。

第二十三条　劳动合同期满或者当事人约定的劳动合同终止条件出现，劳动合同即行终止。

第二十四条　经劳动合同当事人协商一致，劳动合同可以解除。

第二十五条　劳动者有下列情形之一的，用人单位可以解除劳动合同：

（一）在试用期间被证明不符合录用条件的；

（二）严重违反劳动纪律或者用人单位规章制度的；

（三）严重失职，营私舞弊，对用人单位利益造成重大损害的；

（四）被依法追究刑事责任的。

第二十六条　有下列情形之一的，用人单位可以解除劳动合同，但是应当提前三十日以书面形式通知劳动者本人：

（一）劳动者患病或者非因工负伤，医疗期满后，不能从事原工作也不能从事由用人单位另行安排的工作的；

（二）劳动者不能胜任工作，经过培训或者调整工作岗位，仍不能胜任工作的；

（三）劳动合同订立时所依据的客观情况发生重大变化，致使原劳动合同无法履行，经当事人协商不能就变更劳动合同达成协议的。

第二十七条　用人单位濒临破产进行法定整顿期间或者生产经营状况发生严重困难，确需裁减人员的，应当提前三十日向工会或者全体职工说明情况，听取工会或者职工的意见，经向劳动行政部门报告后，可以裁减人员。

用人单位依据本条规定裁减人员，在六个月内录用人员的，应当优先录用被裁减的人员。

第二十八条　用人单位依据本法第二十四条、第二十六条、第二十七条的规定解除劳动合同的，应当依照国家有关规定给予经济补偿。

第二十九条　劳动者有下列情形之一的，用人单位不得依据本法第二十六条、第二十七条的规定解除劳动合同：

（一）患职业病或者因工负伤并被确认丧失或者部分丧失劳动能力的；

（二）患病或者负伤，在规定的医疗期内的；

（三）女职工在孕期、产期、哺乳期内的；

（四）法律、行政法规规定的其他情形。

第三十条　用人单位解除劳动合同，工会认为不适当的，有权提出意见。如果用人单位违反法律、法规或者劳动合同，工会有权要求重新处理；劳动者申请仲裁或者提起诉讼的，工会应当依法给予支持和帮助。

第三十一条　劳动者解除劳动合同，应当提前三十日以书面形式通知用人单位。

第三十二条　有下列情形之一的，劳动者可以随时通知用人单位解除劳动合同：

（一）在试用期内的；

（二）用人单位以暴力、威胁或者非法限制人身自由的手段强迫劳动的；

（三）用人单位未按照劳动合同约定支付劳动报酬或者提供劳动条件的。

第三十三条　企业职工一方与企业可以就劳动报酬、工作时间、休息休假、劳动安全卫生、保险福利等事项，签订集体合同。集体合同草案应当提交职工代表大会或者全体职工讨论通过。

集体合同由工会代表职工与企业签订；没有建立工会的企业，由职工推举的代表与企业签订。

第三十四条　集体合同签订后应当报送劳动行政部门；劳动行政部门自收到集体合同文本之日起十五日内未提出异议的，集体合同即行生效。

第三十五条　依法签订的集体合同对企业和企业全体职工具有约束力。职工个人与企业订立的劳动合同中劳动条件和劳动报酬等标准不得低于集体合同的规定。

第四章　工作时间和休息休假

第三十六条　国家实行劳动者每日工作时间不超过八小时、平均每周工作时间不超过四十四小时的工时制度。

第三十七条　对实行计件工作的劳动者，用人单位应当根据本法第三十六条规定的工时制度合理确定其劳动定额和计件报酬标准。

第三十八条　用人单位应当保证劳动者每周至少休息一日。

第三十九条　企业因生产特点不能实行本法第三十六条、第三十八条规定的，经劳动行政部门批准，可以实行其他工作和休息办法。

第四十条　用人单位在下列节日期间应当依法安排劳动者休假：

（一）元旦；

（二）春节；

（三）国际劳动节；

（四）国庆节；

（五）法律、法规规定的其他休假节日。

第四十一条　用人单位由于生产经营需要，经与工会和劳动者协商后可以延长工作时间，一般每日不得超过一小时；因特殊原因需要延长工作时间的，在保障劳动者身体健康的条件下延长工作时间每日不得超过三小时，但是每月不得超过三十六小时。

第四十二条　有下列情形之一的，延长工作时间不受本法第四十一条的限制：

（一）发生自然灾害、事故或者因其他原因，威胁劳动者生命健康和财产安全，需要紧急处理的；

（二）生产设备、交通运输线路、公共设施发生故障，影响生产和公众利益，必须及时抢修的；

（三）法律、行政法规规定的其他情形。

第四十三条　用人单位不得违反本法规定延长劳动者的工作时间。

第四十四条　有下列情形之一的，用人单位应当按照下列标准支付高于劳动者正常工作时间工资的工资报酬：

（一）安排劳动者延长工作时间的，支付不低于工资的百分之一百五十的工资报酬；

（二）休息日安排劳动者工作又不能安排补休的，支付不低于工资的百分之二百的工资报酬；

（三）法定休假日安排劳动者工作的，支付不低于工资的百分之三百的工资报酬。

第四十五条　国家实行带薪年休假制度。

劳动者连续工作一年以上的，享受带薪年休假。具体办法由国务院规定。

第五章　工　　资

第四十六条　工资分配应当遵循按劳分配原则，实行同工同酬。

工资水平在经济发展的基础上逐步提高。国家对工资总量实行宏观调控。

第四十七条　用人单位根据本单位的生产经营特点和经济效益，依法自主确定本单位的工资分配方式和工资水平。

第四十八条　国家实行最低工资保障制度。最低工资的具体标准由省、自治区、直辖市人民政府规定，报国务院备案。

用人单位支付劳动者的工资不得低于当地最低工资标准。

第四十九条　确定和调整最低工资标准应当综合参考下列因素：

（一）劳动者本人及平均赡养人口的最低生活费用；

（二）社会平均工资水平；

（三）劳动生产率；

（四）就业状况；

（五）地区之间经济发展水平的差异。

第五十条　工资应当以货币形式按月支付给劳动者本人。不得克扣或者无故拖欠劳动者的工资。

第五十一条　劳动者在法定休假日和婚丧假期间以及依法参加社会活动期间，用人单位应当依法支付工资。

第六章　劳动安全卫生

第五十二条　用人单位必须建立、健全劳动安全卫生制度，严格执行国家劳动安全卫生规程和标准，对劳动者进行劳动安全卫生教育，防止劳动过程中的事故，减少职业危害。

第五十三条　劳动安全卫生设施必须符合国家规定的标准。

新建、改建、扩建工程的劳动安全卫生设施必须与主体工程同时设计、同时施工、同时投入生产和使用。

第五十四条　用人单位必须为劳动者提供符合国家规定的劳动安全卫生条件和必要的劳动防护用品，对从事有职业危害作业的劳动者应当定期进行健康检查。

第五十五条　从事特种作业的劳动者必须经过专门培训并取得特种作业资格。

第五十六条　劳动者在劳动过程中必须严格遵守安全操作规程。

劳动者对用人单位管理人员违章指挥、强令冒险作业，有权拒绝执行；对危害生命安全和身体健康的行为，有权提出批评、检举和控告。

第五十七条　国家建立伤亡事故和职业病统计报告和处理制度。县级以上各级人民政府劳动行政部门、有关部门和用人单位应当依法对劳动者在劳动过程中发生的伤亡事故和劳动者的职业病状况，进行统计、报告和处理。

第七章　女职工和未成年工特殊保护

第五十八条　国家对女职工和未成年工实行特殊劳动保护。

未成年工是指年满十六周岁未满十八周岁的劳动者。

第五十九条　禁止安排女职工从事矿山井下、国家规定的第四级体力劳动强度的劳动和其他禁忌从事的劳动。

第六十条　不得安排女职工在经期从事高处、低温、冷水作业和国家规定的第三级体力劳动强度的劳动。

第六十一条　不得安排女职工在怀孕期间从事国家规定的第三级体力劳动强度的劳动和孕期禁忌从事的劳动。对怀孕七个月以上的女职工，不得安排其延长工作时间和夜班劳动。

第六十二条　女职工生育享受不少于九十天的产假。

第六十三条　不得安排女职工在哺乳未满一周岁的婴儿期间从事国家规定的第三级体力劳动强度的劳动和哺乳期禁忌从事的其他劳动，不得安排其延长工作时间和夜班劳动。

第六十四条　不得安排未成年工从事矿山井下、有毒有害、国家规定的第四级体力劳动强度的劳动和其他禁忌从事的劳动。

第六十五条　用人单位应当对未成年工定期进行健康检查。

第八章　职业培训

第六十六条　国家通过各种途径，采取各种措施，发展职业培训事业，开发劳动者的职业技能，提高劳动者素质，增强劳动者的就业能力和工作能力。

第六十七条　各级人民政府应当把发展职业培训纳入社会经济发展的规划，鼓励和支持有条件的企业、事业组织、社会团体和个人进行各种形式的职业培训。

第六十八条　用人单位应当建立职业培训制度，按照国家规定提取和使用职业培训经费，根据本单位实际，有计划地对劳动者进行职业培训。

从事技术工种的劳动者，上岗前必须经过培训。

第六十九条　国家确定职业分类，对规定的职业制定职业技能标准，实行职业资格证书制度，由经备案的考核鉴定机构负责对劳动者实施职业技能考核鉴定。

第九章　社会保险和福利

第七十条　国家发展社会保险事业，建立社会保险制度，设立社会保险基金，使劳动者在年老、患病、工伤、失业、生育等情况下获得帮助和补偿。

第七十一条　社会保险水平应当与社会经济发展水平和社会承受能力相适应。

第七十二条　社会保险基金按照保险类型确定资金来源，逐步实行社会统筹。用人单位和劳动者必须依法参加社会保险，缴纳社会保险费。

第七十三条　劳动者在下列情形下，依法享受社会保险待遇：

（一）退休；

（二）患病、负伤；

（三）因工伤残或者患职业病；

（四）失业；

（五）生育。

劳动者死亡后，其遗属依法享受遗属津贴。

劳动者享受社会保险待遇的条件和标准由法律、法规规定。

劳动者享受的社会保险金必须按时足额支付。

第七十四条 社会保险基金经办机构依照法律规定收支、管理和运营社会保险基金，并负有使社会保险基金保值增值的责任。

社会保险基金监督机构依照法律规定，对社会保险基金的收支、管理和运营实施监督。

社会保险基金经办机构和社会保险基金监督机构的设立和职能由法律规定。

任何组织和个人不得挪用社会保险基金。

第七十五条 国家鼓励用人单位根据本单位实际情况为劳动者建立补充保险。

国家提倡劳动者个人进行储蓄性保险。

第七十六条 国家发展社会福利事业，兴建公共福利设施，为劳动者休息、休养和疗养提供条件。

用人单位应当创造条件，改善集体福利，提高劳动者的福利待遇。

第十章 劳动争议

第七十七条 用人单位与劳动者发生劳动争议，当事人可以依法申请调解、仲裁、提起诉讼，也可以协商解决。

调解原则适用于仲裁和诉讼程序。

第七十八条 解决劳动争议，应当根据合法、公正、及时处理的原则，依法维护劳动争议当事人的合法权益。

第七十九条 劳动争议发生后，当事人可以向本单位劳动争议调解委员会申请调解；调解不成，当事人一方要求仲裁的，可以向劳动争议仲裁委员会申请仲裁。当事人一方也可以直接向劳动争议仲裁委员会申请仲裁。对仲裁裁决不服的，可以向人民法院提起诉讼。

第八十条 在用人单位内，可以设立劳动争议调解委员会。劳动争议调解委员会由职工代表、用人单位代表和工会代表组成。劳动争议调解委员会主任由工会代表担任。

劳动争议经调解达成协议的，当事人应当履行。

第八十一条 劳动争议仲裁委员会由劳动行政部门代表、同级工会代表、用人单位方面的代表组成。劳动争议仲裁委员会主任由劳动行政部门代表担任。

第八十二条 提出仲裁要求的一方应当自劳动争议发生之日起六十日内向劳动争议仲裁委员会提出书面申请。仲裁裁决一般应在收到仲裁申请的六十日内作出。对仲裁裁决无异议的，当事人必须履行。

第八十三条 劳动争议当事人对仲裁裁决不服的，可以自收到仲裁裁决书之日起十五日内向人民法院提起诉讼。一方当事人在法定期限内不起诉又不履行仲裁裁决的，另一方当事人可以申请人民法院强制执行。

第八十四条 因签订集体合同发生争议，当事人协商解决不成的，当地人民政府劳动行政部门可以组织有关各方协调处理。

因履行集体合同发生争议，当事人协商解决不成的，可以向劳动争议仲裁委员会申请仲裁；对仲裁裁决不服的，可以自收到仲裁裁决书之日起十五日内向人民法院提起诉讼。

第十一章 监督检查

第八十五条 县级以上各级人民政府劳动行政部门依法对用人单位遵守劳动法律、法规的情况进行监督检查，对违反劳动法律、法规的行为有权制止，并责令改正。

第八十六条　县级以上各级人民政府劳动行政部门监督检查人员执行公务，有权进入用人单位了解执行劳动法律、法规的情况，查阅必要的资料，并对劳动场所进行检查。

县级以上各级人民政府劳动行政部门监督检查人员执行公务，必须出示证件，秉公执法并遵守有关规定。

第八十七条　县级以上各级人民政府有关部门在各自职责范围内，对用人单位遵守劳动法律、法规的情况进行监督。

第八十八条　各级工会依法维护劳动者的合法权益，对用人单位遵守劳动法律、法规的情况进行监督。

任何组织和个人对于违反劳动法律、法规的行为有权检举和控告。

第十二章　法律责任

第八十九条　用人单位制定的劳动规章制度违反法律、法规规定的，由劳动行政部门给予警告，责令改正；对劳动者造成损害的，应当承担赔偿责任。

第九十条　用人单位违反本法规定，延长劳动者工作时间的，由劳动行政部门给予警告，责令改正，并可以处以罚款。

第九十一条　用人单位有下列侵害劳动者合法权益情形之一的，由劳动行政部门责令支付劳动者的工资报酬、经济补偿，并可以责令支付赔偿金：

（一）克扣或者无故拖欠劳动者工资的；

（二）拒不支付劳动者延长工作时间工资报酬的；

（三）低于当地最低工资标准支付劳动者工资的；

（四）解除劳动合同后，未依照本法规定给予劳动者经济补偿的。

第九十二条　用人单位的劳动安全设施和劳动卫生条件不符合国家规定或者未向劳动者提供必要的劳动防护用品和劳动保护设施的，由劳动行政部门或者有关部门责令改正，可以处以罚款；情节严重的，提请县级以上人民政府决定责令停产整顿；对事故隐患不采取措施，致使发生重大事故，造成劳动者生命和财产损失的，对责任人员依照刑法有关规定追究刑事责任。

第九十三条　用人单位强令劳动者违章冒险作业，发生重大伤亡事故，造成严重后果的，对责任人员依法追究刑事责任。

第九十四条　用人单位非法招用未满十六周岁的未成年人的，由劳动行政部门责令改正，处以罚款；情节严重的，由市场监督管理部门吊销营业执照。

第九十五条　用人单位违反本法对女职工和未成年工的保护规定，侵害其合法权益的，由劳动行政部门责令改正，处以罚款；对女职工或者未成年工造成损害的，应当承担赔偿责任。

第九十六条　用人单位有下列行为之一，由公安机关对责任人员处以十五日以下拘留、罚款或者警告；构成犯罪的，对责任人员依法追究刑事责任：

（一）以暴力、威胁或者非法限制人身自由的手段强迫劳动的；

（二）侮辱、体罚、殴打、非法搜查和拘禁劳动者的。

第九十七条　由于用人单位的原因订立的无效合同，对劳动者造成损害的，应当承担赔偿责任。

第九十八条　用人单位违反本法规定的条件解除劳动合同或者故意拖延不订立劳动合同的，由劳动行政部门责令改正；对劳动者造成损害的，应当承担赔偿责任。

第九十九条　用人单位招用尚未解除劳动合同的劳动者，对原用人单位造成经济损失的，该用人单位应当依法承担连带赔偿责任。

第一百条　用人单位无故不缴纳社会保险费的，由劳动行政部门责令其限期缴纳；逾期不缴的，可以加收滞纳金。

第一百零一条　用人单位无理阻挠劳动行政部门、有关部门及其工作人员行使监督检查权，打击报复举报人员的，由劳动行政部门或者有关部门处以罚款；构成犯罪的，对责任人员依法追究刑事责任。

第一百零二条　劳动者违反本法规定的条件解除劳动合同或者违反劳动合同中约定的保密事项，对用人单位造成经济损失的，应当依法承担赔偿责任。

第一百零三条　劳动行政部门或者有关部门的工作人员滥用职权、玩忽职守、徇私舞弊，构成犯罪的，依法追究刑事责任；不构成犯罪的，给予行政处分。

第一百零四条　国家工作人员和社会保险基金经办机构的工作人员挪用社会保险基金，构成犯罪的，依法追究刑事责任。

第一百零五条　违反本法规定侵害劳动者合法权益，其他法律、行政法规已规定处罚的，依照该法律、行政法规的规定处罚。

第十三章　附　　则

第一百零六条　省、自治区、直辖市人民政府根据本法和本地区的实际情况，规定劳动合同制度的实施步骤，报国务院备案。

第一百零七条　本法自 1995 年 1 月 1 日起施行。

附录 2 《中华人民共和国劳动合同法》

（2007 年 6 月 29 日第十届全国人民代表大会常务委员会第二十八次会议通过，根据 2012 年 12 月 28 日《全国人民代表大会常务委员会关于修改〈中华人民共和国劳动合同法〉的决定》修订）。

第一章 总 则

第一条 为了完善劳动合同制度，明确劳动合同双方当事人的权利和义务，保护劳动者的合法权益，构建和发展和谐稳定的劳动关系，制定本法。

第二条 中华人民共和国境内的企业、个体经济组织、民办非企业单位等组织（以下称用人单位）与劳动者建立劳动关系，订立、履行、变更、解除或者终止劳动合同，适用本法。

国家机关、事业单位、社会团体和与其建立劳动关系的劳动者，订立、履行、变更、解除或者终止劳动合同，依照本法执行。

第三条 订立劳动合同，应当遵循合法、公平、平等自愿、协商一致、诚实信用的原则。

依法订立的劳动合同具有约束力，用人单位与劳动者应当履行劳动合同约定的义务。

第四条 用人单位应当依法建立和完善劳动规章制度，保障劳动者享有劳动权利、履行劳动义务。

用人单位在制定、修改或者决定有关劳动报酬、工作时间、休息休假、劳动安全卫生、保险福利、职工培训、劳动纪律以及劳动定额管理等直接涉及劳动者切身利益的规章制度或者重大事项时，应当经职工代表大会或者全体职工讨论，提出方案和意见，与工会或者职工代表平等协商确定。

在规章制度和重大事项决定实施过程中，工会或者职工认为不适当的，有权向用人单位提出，通过协商予以修改完善。

用人单位应当将直接涉及劳动者切身利益的规章制度和重大事项决定公示，或者告知劳动者。

第五条 县级以上人民政府劳动行政部门会同工会和企业方面代表，建立健全协调劳动关系三方机制，共同研究解决有关劳动关系的重大问题。

第六条 工会应当帮助、指导劳动者与用人单位依法订立和履行劳动合同，并与用人单位建立集体协商机制，维护劳动者的合法权益。

第二章 劳动合同的订立

第七条 用人单位自用工之日起即与劳动者建立劳动关系。用人单位应当建立职工名册备查。

第八条 用人单位招用劳动者时，应当如实告知劳动者工作内容、工作条件、工作地点、职业危害、安全生产状况、劳动报酬，以及劳动者要求了解的其他情况；用人单位有权了解劳动者与劳动合同直接相关的基本情况，劳动者应当如实说明。

第九条 用人单位招用劳动者，不得扣押劳动者的居民身份证和其他证件，不得要求劳动者提供担保或者以其他名义向劳动者收取财物。

第十条 建立劳动关系，应当订立书面劳动合同。

已建立劳动关系，未同时订立书面劳动合同的，应当自用工之日起一个月内订立书面劳动合同。

用人单位与劳动者在用工前订立劳动合同的，劳动关系自用工之日起建立。

第十一条 用人单位未在用工的同时订立书面劳动合同，与劳动者约定的劳动报酬不明确的，新招用的劳动者的劳动报酬按照集体合同规定的标准执行；没有集体合同或者集体合同未规定的，实行同工同酬。

第十二条 劳动合同分为固定期限劳动合同、无固定期限劳动合同和以完成一定工作任务为期限的劳动合同。

第十三条　固定期限劳动合同，是指用人单位与劳动者约定合同终止时间的劳动合同。

用人单位与劳动者协商一致，可以订立固定期限劳动合同。

第十四条　无固定期限劳动合同，是指用人单位与劳动者约定无确定终止时间的劳动合同。

用人单位与劳动者协商一致，可以订立无固定期限劳动合同。有下列情形之一，劳动者提出或者同意续订、订立劳动合同的，除劳动者提出订立固定期限劳动合同外，应当订立无固定期限劳动合同：

（一）劳动者在该用人单位连续工作满十年的；

（二）用人单位初次实行劳动合同制度或者国有企业改制重新订立劳动合同时，劳动者在该用人单位连续工作满十年且距法定退休年龄不足十年的；

（三）连续订立二次固定期限劳动合同，且劳动者没有本法第三十九条和第四十条第一项、第二项规定的情形，续订劳动合同的。

用人单位自用工之日起满一年不与劳动者订立书面劳动合同的，视为用人单位与劳动者已订立无固定期限劳动合同。

第十五条　以完成一定工作任务为期限的劳动合同，是指用人单位与劳动者约定以某项工作的完成为合同期限的劳动合同。

用人单位与劳动者协商一致，可以订立以完成一定工作任务为期限的劳动合同。

第十六条　劳动合同由用人单位与劳动者协商一致，并经用人单位与劳动者在劳动合同文本上签字或者盖章生效。

劳动合同文本由用人单位和劳动者各执一份。

第十七条　劳动合同应当具备以下条款：

（一）用人单位的名称、住所和法定代表人或者主要负责人；

（二）劳动者的姓名、住址和居民身份证或者其他有效身份证件号码；

（三）劳动合同期限；

（四）工作内容和工作地点；

（五）工作时间和休息休假；

（六）劳动报酬；

（七）社会保险；

（八）劳动保护、劳动条件和职业危害防护；

（九）法律、法规规定应当纳入劳动合同的其他事项。

劳动合同除前款规定的必备条款外，用人单位与劳动者可以约定试用期、培训、保守秘密、补充保险和福利待遇等其他事项。

第十八条　劳动合同对劳动报酬和劳动条件等标准约定不明确，引发争议的，用人单位与劳动者可以重新协商；协商不成的，适用集体合同规定；没有集体合同或者集体合同未规定劳动报酬的，实行同工同酬；没有集体合同或者集体合同未规定劳动条件等标准的，适用国家有关规定。

第十九条　劳动合同期限三个月以上不满一年的，试用期不得超过一个月；劳动合同期限一年以上不满三年的，试用期不得超过二个月；三年以上固定期限和无固定期限的劳动合同，试用期不得超过六个月。

同一用人单位与同一劳动者只能约定一次试用期。

以完成一定工作任务为期限的劳动合同或者劳动合同期限不满三个月的，不得约定试用期。

试用期包含在劳动合同期限内。劳动合同仅约定试用期的，试用期不成立，该期限为劳动合同期限。

第二十条　劳动者在试用期的工资不得低于本单位相同岗位最低档工资或者劳动合同约定工资的百分之八十，并不得低于用人单位所在地的最低工资标准。

第二十一条　在试用期中，除劳动者有本法第三十九条和第四十条第一项、第二项规定的情形外，用人单位不得解除劳动合同。用人单位在试用期解除劳动合同的，应当向劳动者说明理由。

第二十二条　用人单位为劳动者提供专项培训费用，对其进行专业技术培训的，可以与该劳动者订立协议，约定服务期。

劳动者违反服务期约定的，应当按照约定向用人单位支付违约金。违约金的数额不得超过用人单位提供的培训费用。用人单位要求劳动者支付的违约金不得超过服务期尚未履行部分所应分摊的培训费用。

用人单位与劳动者约定服务期的，不影响按照正常的工资调整机制提高劳动者在服务期期间的劳动报酬。

第二十三条　用人单位与劳动者可以在劳动合同中约定保守用人单位的商业秘密和与知识产权相关的保密事项。

对负有保密义务的劳动者，用人单位可以在劳动合同或者保密协议中与劳动者约定竞业限制条款，并约定在解除或者终止劳动合同后，在竞业限制期限内按月给予劳动者经济补偿。劳动者违反竞业限制约定的，应当按照约定向用人单位支付违约金。

第二十四条　竞业限制的人员限于用人单位的高级管理人员、高级技术人员和其他负有保密义务的人员。竞业限制的范围、地域、期限由用人单位与劳动者约定，竞业限制的约定不得违反法律、法规的规定。

在解除或者终止劳动合同后，前款规定的人员到与本单位生产或者经营同类产品、从事同类业务的有竞争关系的其他用人单位，或者自己开业生产或者经营同类产品、从事同类业务的竞业限制期限，不得超过二年。

第二十五条　除本法第二十二条和第二十三条规定的情形外，用人单位不得与劳动者约定由劳动者承担违约金。

第二十六条　下列劳动合同无效或者部分无效：

（一）以欺诈、胁迫的手段或者乘人之危，使对方在违背真实意思的情况下订立或者变更劳动合同的；

（二）用人单位免除自己的法定责任、排除劳动者权利的；

（三）违反法律、行政法规强制性规定的。

对劳动合同的无效或者部分无效有争议的，由劳动争议仲裁机构或者人民法院确认。

第二十七条　劳动合同部分无效，不影响其他部分效力的，其他部分仍然有效。

第二十八条　劳动合同被确认无效，劳动者已付出劳动的，用人单位应当向劳动者支付劳动报酬。劳动报酬的数额，参照本单位相同或者相近岗位劳动者的劳动报酬确定。

第三章　劳动合同的履行和变更

第二十九条　用人单位与劳动者应当按照劳动合同的约定，全面履行各自的义务。

第三十条　用人单位应当按照劳动合同约定和国家规定，向劳动者及时足额支付劳动报酬。

用人单位拖欠或者未足额支付劳动报酬的，劳动者可以依法向当地人民法院申请支付令，人民法院应当依法发出支付令。

第三十一条　用人单位应当严格执行劳动定额标准，不得强迫或者变相强迫劳动者加班。用人单位安排加班的，应当按照国家有关规定向劳动者支付加班费。

第三十二条　劳动者拒绝用人单位管理人员违章指挥、强令冒险作业的，不视为违反劳动合同。

劳动者对危害生命安全和身体健康的劳动条件，有权对用人单位提出批评、检举和控告。

第三十三条　用人单位变更名称、法定代表人、主要负责人或者投资人等事项，不影响劳动合同的履行。

第三十四条　用人单位发生合并或者分立等情况，原劳动合同继续有效，劳动合同由承继其权利和义务的用人单位继续履行。

第三十五条　用人单位与劳动者协商一致，可以变更劳动合同约定的内容。变更劳动合同，应当采用书面形式。

变更后的劳动合同文本由用人单位和劳动者各执一份。

第四章 劳动合同的解除和终止

第三十六条 用人单位与劳动者协商一致，可以解除劳动合同。

第三十七条 劳动者提前三十日以书面形式通知用人单位，可以解除劳动合同。劳动者在试用期内提前三日通知用人单位，可以解除劳动合同。

第三十八条 用人单位有下列情形之一的，劳动者可以解除劳动合同：

（一）未按照劳动合同约定提供劳动保护或者劳动条件的；

（二）未及时足额支付劳动报酬的；

（三）未依法为劳动者缴纳社会保险费的；

（四）用人单位的规章制度违反法律、法规的规定，损害劳动者权益的；

（五）因本法第二十六条第一款规定的情形致使劳动合同无效的；

（六）法律、行政法规规定劳动者可以解除劳动合同的其他情形。

用人单位以暴力、威胁或者非法限制人身自由的手段强迫劳动者劳动的，或者用人单位违章指挥、强令冒险作业危及劳动者人身安全的，劳动者可以立即解除劳动合同，不需事先告知用人单位。

第三十九条 劳动者有下列情形之一的，用人单位可以解除劳动合同：

（一）在试用期间被证明不符合录用条件的；

（二）严重违反用人单位的规章制度的；

（三）严重失职，营私舞弊，给用人单位造成重大损害的；

（四）劳动者同时与其他用人单位建立劳动关系，对完成本单位的工作任务造成严重影响，或者经用人单位提出，拒不改正的；

（五）因本法第二十六条第一款第一项规定的情形致使劳动合同无效的；

（六）被依法追究刑事责任的。

第四十条 有下列情形之一的，用人单位提前三十日以书面形式通知劳动者本人或者额外支付劳动者一个月工资后，可以解除劳动合同：

（一）劳动者患病或者非因工负伤，在规定的医疗期满后不能从事原工作，也不能从事由用人单位另行安排的工作的；

（二）劳动者不能胜任工作，经过培训或者调整工作岗位，仍不能胜任工作的；

（三）劳动合同订立时所依据的客观情况发生重大变化，致使劳动合同无法履行，经用人单位与劳动者协商，未能就变更劳动合同内容达成协议的。

第四十一条 有下列情形之一，需要裁减人员二十人以上或者裁减不足二十人但占企业职工总数百分之十以上的，用人单位提前三十日向工会或者全体职工说明情况，听取工会或者职工的意见后，裁减人员方案经向劳动行政部门报告，可以裁减人员：

（一）依照企业破产法规定进行重整的；

（二）生产经营发生严重困难的；

（三）企业转产、重大技术革新或者经营方式调整，经变更劳动合同后，仍需裁减人员的；

（四）其他因劳动合同订立时所依据的客观经济情况发生重大变化，致使劳动合同无法履行的。

裁减人员时，应当优先留用下列人员：

（一）与本单位订立较长期限的固定期限劳动合同的；

（二）与本单位订立无固定期限劳动合同的；

（三）家庭无其他就业人员，有需要扶养的老人或者未成年人的。

用人单位依照本条第一款规定裁减人员，在六个月内重新招用人员的，应当通知被裁减的人员，并在同等条件下优先招用被裁减的人员。

第四十二条 劳动者有下列情形之一的，用人单位不得依照本法第四十条、第四十一条的规定解除劳动合同：

（一）从事接触职业病危害作业的劳动者未进行离岗前职业健康检查，或者疑似职业病病人在诊断或者医学观察期间的；

（二）在本单位患职业病或者因工负伤并被确认丧失或者部分丧失劳动能力的；

（三）患病或者非因工负伤，在规定的医疗期内的；

（四）女职工在孕期、产期、哺乳期的；

（五）在本单位连续工作满十五年，且距法定退休年龄不足五年的；

（六）法律、行政法规规定的其他情形。

第四十三条　用人单位单方解除劳动合同，应当事先将理由通知工会。用人单位违反法律、行政法规规定或者劳动合同约定的，工会有权要求用人单位纠正。用人单位应当研究工会的意见，并将处理结果书面通知工会。

第四十四条　有下列情形之一的，劳动合同终止：

（一）劳动合同期满的；

（二）劳动者开始依法享受基本养老保险待遇的；

（三）劳动者死亡，或者被人民法院宣告死亡或者宣告失踪的；

（四）用人单位被依法宣告破产的；

（五）用人单位被吊销营业执照、责令关闭、撤销或者用人单位决定提前解散的；

（六）法律、行政法规规定的其他情形。

第四十五条　劳动合同期满，有本法第四十二条规定情形之一的，劳动合同应当续延至相应的情形消失时终止。但是，本法第四十二条第二项规定丧失或者部分丧失劳动能力劳动者的劳动合同的终止，按照国家有关工伤保险的规定执行。

第四十六条　有下列情形之一的，用人单位应当向劳动者支付经济补偿：

（一）劳动者依照本法第三十八条规定解除劳动合同的；

（二）用人单位依照本法第三十六条规定向劳动者提出解除劳动合同并与劳动者协商一致解除劳动合同的；

（三）用人单位依照本法第四十条规定解除劳动合同的；

（四）用人单位依照本法第四十一条第一款规定解除劳动合同的；

（五）除用人单位维持或者提高劳动合同约定条件续订劳动合同，劳动者不同意续订的情形外，依照本法第四十四条第一项规定终止固定期限劳动合同的；

（六）依照本法第四十四条第四项、第五项规定终止劳动合同的；

（七）法律、行政法规规定的其他情形。

第四十七条　经济补偿按劳动者在本单位工作的年限，每满一年支付一个月工资的标准向劳动者支付。六个月以上不满一年的，按一年计算；不满六个月的，向劳动者支付半个月工资的经济补偿。

劳动者月工资高于用人单位所在直辖市、设区的市级人民政府公布的本地区上年度职工月平均工资三倍的，向其支付经济补偿的标准按职工月平均工资三倍的数额支付，向其支付经济补偿的年限最高不超过十二年。

本条所称月工资是指劳动者在劳动合同解除或者终止前十二个月的平均工资。

第四十八条　用人单位违反本法规定解除或者终止劳动合同，劳动者要求继续履行劳动合同的，用人单位应当继续履行；劳动者不要求继续履行劳动合同或者劳动合同已经不能继续履行的，用人单位应当依照本法第八十七条规定支付赔偿金。

第四十九条　国家采取措施，建立健全劳动者社会保险关系跨地区转移接续制度。

第五十条　用人单位应当在解除或者终止劳动合同时出具解除或者终止劳动合同的证明，并在十五日内为劳动者办理档案和社会保险关系转移手续。

劳动者应当按照双方约定，办理工作交接。用人单位依照本法有关规定应当向劳动者支付经济补偿的，在办结工作交接时支付。

用人单位对已经解除或者终止的劳动合同的文本，至少保存二年备查。

第五章 特别规定

第一节 集体合同

第五十一条 企业职工一方与用人单位通过平等协商，可以就劳动报酬、工作时间、休息休假、劳动安全卫生、保险福利等事项订立集体合同。集体合同草案应当提交职工代表大会或者全体职工讨论通过。

集体合同由工会代表企业职工一方与用人单位订立；尚未建立工会的用人单位，由上级工会指导劳动者推举的代表与用人单位订立。

第五十二条 企业职工一方与用人单位可以订立劳动安全卫生、女职工权益保护、工资调整机制等专项集体合同。

第五十三条 在县级以下区域内，建筑业、采矿业、餐饮服务业等行业可以由工会与企业方面代表订立行业性集体合同，或者订立区域性集体合同。

第五十四条 集体合同订立后，应当报送劳动行政部门；劳动行政部门自收到集体合同文本之日起十五日内未提出异议的，集体合同即行生效。

依法订立的集体合同对用人单位和劳动者具有约束力。行业性、区域性集体合同对当地本行业、本区域的用人单位和劳动者具有约束力。

第五十五条 集体合同中劳动报酬和劳动条件等标准不得低于当地人民政府规定的最低标准；用人单位与劳动者订立的劳动合同中劳动报酬和劳动条件等标准不得低于集体合同规定的标准。

第五十六条 用人单位违反集体合同，侵犯职工劳动权益的，工会可以依法要求用人单位承担责任；因履行集体合同发生争议，经协商解决不成的，工会可以依法申请仲裁、提起诉讼。

第二节 劳务派遣

第五十七条 经营劳务派遣业务应当具备下列条件：
（一）注册资本不得少于人民币二百万元；
（二）有与开展业务相适应的固定的经营场所和设施；
（三）有符合法律、行政法规规定的劳务派遣管理制度；
（四）法律、行政法规规定的其他条件。

经营劳务派遣业务，应当向劳动行政部门依法申请行政许可；经许可的依法办理相应的公司登记。未经许可，任何单位和个人不得经营劳务派遣业务。

第五十八条 劳务派遣单位是本法所称用人单位，应当履行用人单位对劳动者的义务。劳务派遣单位与被派遣劳动者订立的劳动合同，除应当载明本法第十七条规定的事项外，还应当载明被派遣劳动者的用工单位以及派遣期限、工作岗位等情况。

劳务派遣单位应当与被派遣劳动者订立二年以上的固定期限劳动合同，按月支付劳动报酬；被派遣劳动者在无工作期间，劳务派遣单位应当按照所在地人民政府规定的最低工资标准，向其按月支付报酬。

第五十九条 劳务派遣单位派遣劳动者应当与接受以劳务派遣形式用工的单位（以下称用工单位）订立劳务派遣协议。劳务派遣协议应当约定派遣岗位和人员数量、派遣期限、劳动报酬和社会保险费的数额与支付方式以及违反协议的责任。

用工单位应当根据工作岗位的实际需要与劳务派遣单位确定派遣期限，不得将连续用工期限分割订立数个短期劳务派遣协议。

第六十条 劳务派遣单位应当将劳务派遣协议的内容告知被派遣劳动者。

劳务派遣单位不得克扣用工单位按照劳务派遣协议支付给被派遣劳动者的劳动报酬。

劳务派遣单位和用工单位不得向被派遣劳动者收取费用。

第六十一条 劳务派遣单位跨地区派遣劳动者的，被派遣劳动者享有的劳动报酬和劳动条件，按照用工单位所在地的标准执行。

第六十二条　用工单位应当履行下列义务：
（一）执行国家劳动标准，提供相应的劳动条件和劳动保护；
（二）告知被派遣劳动者的工作要求和劳动报酬；
（三）支付加班费、绩效奖金，提供与工作岗位相关的福利待遇；
（四）对在岗被派遣劳动者进行工作岗位所必需的培训；
（五）连续用工的，实行正常的工资调整机制。
用工单位不得将被派遣劳动者再派遣到其他用人单位。

第六十三条　被派遣劳动者享有与用工单位的劳动者同工同酬的权利。用工单位应当按照同工同酬原则，对被派遣劳动者与本单位同类岗位的劳动者实行相同的劳动报酬分配办法。用工单位无同类岗位劳动者的，参照用工单位所在地相同或者相近岗位劳动者的劳动报酬确定。

劳务派遣单位与被派遣劳动者订立的劳动合同和与用工单位订立的劳务派遣协议，载明或者约定的向被派遣劳动者支付的劳动报酬应当符合前款规定。

第六十四条　被派遣劳动者有权在劳务派遣单位或者用工单位依法参加或者组织工会，维护自身的合法权益。

第六十五条　被派遣劳动者可以依照本法第三十六条、第三十八条的规定与劳务派遣单位解除劳动合同。

被派遣劳动者有本法第三十九条和第四十条第一项、第二项规定情形的，用工单位可以将劳动者退回劳务派遣单位，劳务派遣单位依照本法有关规定，可以与劳动者解除劳动合同。

第六十六条　劳动合同用工是我国的企业基本用工形式。劳务派遣用工是补充形式，只能在临时性、辅助性或者替代性的工作岗位上实施。

前款规定的临时性工作岗位是指存续时间不超过六个月的岗位；辅助性工作岗位是指为主营业务岗位提供服务的非主营业务岗位；替代性工作岗位是指用工单位的劳动者因脱产学习、休假等原因无法工作的一定期间内，可以由其他劳动者替代工作的岗位。

用工单位应当严格控制劳务派遣用工数量，不得超过其用工总量的一定比例，具体比例由国务院劳动行政部门规定。

第六十七条　用人单位不得设立劳务派遣单位向本单位或者所属单位派遣劳动者。

第三节　非全日制用工

第六十八条　非全日制用工，是指以小时计酬为主，劳动者在同一用人单位一般平均每日工作时间不超过四小时，每周工作时间累计不超过二十四小时的用工形式。

第六十九条　非全日制用工双方当事人可以订立口头协议。

从事非全日制用工的劳动者可以与一个或者一个以上用人单位订立劳动合同；但是，后订立的劳动合同不得影响先订立的劳动合同的履行。

第七十条　非全日制用工双方当事人不得约定试用期。

第七十一条　非全日制用工双方当事人任何一方都可以随时通知对方终止用工。终止用工，用人单位不向劳动者支付经济补偿。

第七十二条　非全日制用工小时计酬标准不得低于用人单位所在地人民政府规定的最低小时工资标准。

非全日制用工劳动报酬结算支付周期最长不得超过十五日。

第六章　监督检查

第七十三条　国务院劳动行政部门负责全国劳动合同制度实施的监督管理。
县级以上地方人民政府劳动行政部门负责本行政区域内劳动合同制度实施的监督管理。

县级以上各级人民政府劳动行政部门在劳动合同制度实施的监督管理工作中，应当听取工会、企业方面代表以及有关行业主管部门的意见。

第七十四条　县级以上地方人民政府劳动行政部门依法对下列实施劳动合同制度的情况进行监督检查：

（一）用人单位制定直接涉及劳动者切身利益的规章制度及其执行的情况；

（二）用人单位与劳动者订立和解除劳动合同的情况；

（三）劳务派遣单位和用工单位遵守劳务派遣有关规定的情况；

（四）用人单位遵守国家关于劳动者工作时间和休息休假规定的情况；

（五）用人单位支付劳动合同约定的劳动报酬和执行最低工资标准的情况；

（六）用人单位参加各项社会保险和缴纳社会保险费的情况；

（七）法律、法规规定的其他劳动监察事项。

第七十五条　县级以上地方人民政府劳动行政部门实施监督检查时，有权查阅与劳动合同、集体合同有关的材料，有权对劳动场所进行实地检查，用人单位和劳动者都应当如实提供有关情况和材料。

劳动行政部门的工作人员进行监督检查，应当出示证件，依法行使职权，文明执法。

第七十六条　县级以上人民政府建设、卫生、安全生产监督管理等有关主管部门在各自职责范围内，对用人单位执行劳动合同制度的情况进行监督管理。

第七十七条　劳动者合法权益受到侵害的，有权要求有关部门依法处理，或者依法申请仲裁、提起诉讼。

第七十八条　工会依法维护劳动者的合法权益，对用人单位履行劳动合同、集体合同的情况进行监督。用人单位违反劳动法律、法规和劳动合同、集体合同的，工会有权提出意见或者要求纠正；劳动者申请仲裁、提起诉讼的，工会依法给予支持和帮助。

第七十九条　任何组织或者个人对违反本法的行为都有权举报，县级以上人民政府劳动行政部门应当及时核实、处理，并对举报有功人员给予奖励。

第七章　法律责任

第八十条　用人单位直接涉及劳动者切身利益的规章制度违反法律、法规规定的，由劳动行政部门责令改正，给予警告；给劳动者造成损害的，应当承担赔偿责任。

第八十一条　用人单位提供的劳动合同文本未载明本法规定的劳动合同必备条款或者用人单位未将劳动合同文本交付劳动者的，由劳动行政部门责令改正；给劳动者造成损害的，应当承担赔偿责任。

第八十二条　用人单位自用工之日起超过一个月不满一年未与劳动者订立书面劳动合同的，应当向劳动者每月支付二倍的工资。

用人单位违反本法规定不与劳动者订立无固定期限劳动合同的，自应当订立无固定期限劳动合同之日起向劳动者每月支付二倍的工资。

第八十三条　用人单位违反本法规定与劳动者约定试用期的，由劳动行政部门责令改正；违法约定的试用期已经履行的，由用人单位以劳动者试用期满月工资为标准，按已经履行的超过法定试用期的期间向劳动者支付赔偿金。

第八十四条　用人单位违反本法规定，扣押劳动者居民身份证等证件的，由劳动行政部门责令限期退还劳动者本人，并依照有关法律规定给予处罚。

用人单位违反本法规定，以担保或者其他名义向劳动者收取财物的，由劳动行政部门责令限期退还劳动者本人，并以每人五百元以上二千元以下的标准处以罚款；给劳动者造成损害的，应当承担赔偿责任。

劳动者依法解除或者终止劳动合同，用人单位扣押劳动者档案或者其他物品的，依照前款规定处罚。

第八十五条　用人单位有下列情形之一的，由劳动行政部门责令限期支付劳动报酬、加班费或者经济补偿；劳动报酬低于当地最低工资标准的，应当支付其差额部分；逾期不支付的，责令用人单位按应付金额百分之五十以上百分之一百以下的标准向劳动者加付赔偿金：

（一）未按照劳动合同的约定或者国家规定及时足额支付劳动者劳动报酬的；

（二）低于当地最低工资标准支付劳动者工资的；
（三）安排加班不支付加班费的；
（四）解除或者终止劳动合同，未依照本法规定向劳动者支付经济补偿的。

第八十六条　劳动合同依照本法第二十六条规定被确认无效，给对方造成损害的，有过错的一方应当承担赔偿责任。

第八十七条　用人单位违反本法规定解除或者终止劳动合同的，应当依照本法第四十七条规定的经济补偿标准的二倍向劳动者支付赔偿金。

第八十八条　用人单位有下列情形之一的，依法给予行政处罚；构成犯罪的，依法追究刑事责任；给劳动者造成损害的，应当承担赔偿责任：
（一）以暴力、威胁或者非法限制人身自由的手段强迫劳动的；
（二）违章指挥或者强令冒险作业危及劳动者人身安全的；
（三）侮辱、体罚、殴打、非法搜查或者拘禁劳动者的；
（四）劳动条件恶劣、环境污染严重，给劳动者身心健康造成严重损害的。

第八十九条　用人单位违反本法规定未向劳动者出具解除或者终止劳动合同的书面证明，由劳动行政部门责令改正；给劳动者造成损害的，应当承担赔偿责任。

第九十条　劳动者违反本法规定解除劳动合同，或者违反劳动合同中约定的保密义务或者竞业限制，给用人单位造成损失的，应当承担赔偿责任。

第九十一条　用人单位招用与其他用人单位尚未解除或者终止劳动合同的劳动者，给其他用人单位造成损失的，应当承担连带赔偿责任。

第九十二条　违反本法规定，未经许可，擅自经营劳务派遣业务的，由劳动行政部门责令停止违法行为，没收违法所得，并处违法所得一倍以上五倍以下的罚款；没有违法所得的，可以处五万元以下的罚款。

劳务派遣单位、用工单位违反本法有关劳务派遣规定的，由劳动行政部门责令限期改正；逾期不改正的，以每人五千元以上一万元以下的标准处以罚款，对劳务派遣单位，吊销其劳务派遣业务经营许可证。用工单位给被派遣劳动者造成损害的，劳务派遣单位与用工单位承担连带赔偿责任。

第九十三条　对不具备合法经营资格的用人单位的违法犯罪行为，依法追究法律责任；劳动者已经付出劳动的，该单位或者其出资人应当依照本法有关规定向劳动者支付劳动报酬、经济补偿、赔偿金；给劳动者造成损害的，应当承担赔偿责任。

第九十四条　个人承包经营违反本法规定招用劳动者，给劳动者造成损害的，发包的组织与个人承包经营者承担连带赔偿责任。

第九十五条　劳动行政部门和其他有关主管部门及其工作人员玩忽职守、不履行法定职责，或者违法行使职权，给劳动者或者用人单位造成损害的，应当承担赔偿责任；对直接负责的主管人员和其他直接责任人员，依法给予行政处分；构成犯罪的，依法追究刑事责任。

第八章　附　　则

第九十六条　事业单位与实行聘用制的工作人员订立、履行、变更、解除或者终止劳动合同，法律、行政法规或者国务院另有规定的，依照其规定；未作规定的，依照本法有关规定执行。

第九十七条　本法施行前已依法订立且在本法施行之日存续的劳动合同，继续履行；本法第十四条第二款第三项规定连续订立固定期限劳动合同的次数，自本法施行后续订固定期限劳动合同时开始计算。

本法施行前已建立劳动关系，尚未订立书面劳动合同的，应当自本法施行之日起一个月内订立。

本法施行之日存续的劳动合同在本法施行后解除或者终止，依照本法第四十六条规定应当支付经济补偿的，经济补偿年限自本法施行之日起计算；本法施行前按照当时有关规定，用人单位应当向劳动者支付经济补偿的，按照当时有关规定执行。

第九十八条　本法自 2008 年 1 月 1 日起施行。

附录3 《中华人民共和国就业促进法》

（2007年8月30日第十届全国人民代表大会常务委员会第二十九次会议通过，2015年4月24日第十二届全国人民代表大会常务委员会第十四次会议修订）

第一章 总 则

第一条　为了促进就业，促进经济发展与扩大就业相协调，促进社会和谐稳定，制定本法。

第二条　国家把扩大就业放在经济社会发展的突出位置，实施积极的就业政策，坚持劳动者自主择业、市场调节就业、政府促进就业的方针，多渠道扩大就业。

第三条　劳动者依法享有平等就业和自主择业的权利。

劳动者就业，不因民族、种族、性别、宗教信仰等不同而受歧视。

第四条　县级以上人民政府把扩大就业作为经济和社会发展的重要目标，纳入国民经济和社会发展规划，并制定促进就业的中长期规划和年度工作计划。

第五条　县级以上人民政府通过发展经济和调整产业结构、规范人力资源市场、完善就业服务、加强职业教育和培训、提供就业援助等措施，创造就业条件，扩大就业。

第六条　国务院建立全国促进就业工作协调机制，研究就业工作中的重大问题，协调推动全国的促进就业工作。国务院劳动行政部门具体负责全国的促进就业工作。

省、自治区、直辖市人民政府根据促进就业工作的需要，建立促进就业工作协调机制，协调解决本行政区域就业工作中的重大问题。

县级以上人民政府有关部门按照各自的职责分工，共同做好促进就业工作。

第七条　国家倡导劳动者树立正确的择业观念，提高就业能力和创业能力；鼓励劳动者自主创业、自谋职业。

各级人民政府和有关部门应当简化程序，提高效率，为劳动者自主创业、自谋职业提供便利。

第八条　用人单位依法享有自主用人的权利。

用人单位应当依照本法以及其他法律、法规的规定，保障劳动者的合法权益。

第九条　工会、共产主义青年团、妇女联合会、残疾人联合会以及其他社会组织，协助人民政府开展促进就业工作，依法维护劳动者的劳动权利。

第十条　各级人民政府和有关部门对在促进就业工作中作出显著成绩的单位和个人，给予表彰和奖励。

第二章 政策支持

第十一条　县级以上人民政府应当把扩大就业作为重要职责，统筹协调产业政策与就业政策。

第十二条　国家鼓励各类企业在法律、法规规定的范围内，通过兴办产业或者拓展经营，增加就业岗位。

国家鼓励发展劳动密集型产业、服务业，扶持中小企业，多渠道、多方式增加就业岗位。

国家鼓励、支持、引导非公有制经济发展，扩大就业，增加就业岗位。

第十三条　国家发展国内外贸易和国际经济合作，拓宽就业渠道。

第十四条　县级以上人民政府在安排政府投资和确定重大建设项目时，应当发挥投资和重大建设项目带动就业的作用，增加就业岗位。

第十五条　国家实行有利于促进就业的财政政策，加大资金投入，改善就业环境，扩大就业。

县级以上人民政府应当根据就业状况和就业工作目标，在财政预算中安排就业专项资金用于促进就业工作。

就业专项资金用于职业介绍、职业培训、公益性岗位、职业技能鉴定、特定就业政策和社会保险等的补贴，小额贷款担保基金和微利项目的小额担保贷款贴息，以及扶持公共就业服务等。就业专项资金的使用管理办法由国务院财政部门和劳动行政部门规定。

第十六条　国家建立健全失业保险制度，依法确保失业人员的基本生活，并促进其实现就业。

第十七条　国家鼓励企业增加就业岗位，扶持失业人员和残疾人就业，对下列企业、人员依法给予税收优惠：

（一）吸纳符合国家规定条件的失业人员达到规定要求的企业；

（二）失业人员创办的中小企业；

（三）安置残疾人员达到规定比例或者集中使用残疾人的企业；

（四）从事个体经营的符合国家规定条件的失业人员；

（五）从事个体经营的残疾人；

（六）国务院规定给予税收优惠的其他企业、人员。

第十八条　对本法第十七条第四项、第五项规定的人员，有关部门应当在经营场地等方面给予照顾，免除行政事业性收费。

第十九条　国家实行有利于促进就业的金融政策，增加中小企业的融资渠道；鼓励金融机构改进金融服务，加大对中小企业的信贷支持，并对自主创业人员在一定期限内给予小额信贷等扶持。

第二十条　国家实行城乡统筹的就业政策，建立健全城乡劳动者平等就业的制度，引导农业富余劳动力有序转移就业。

县级以上地方人民政府推进小城镇建设和加快县域经济发展，引导农业富余劳动力就地就近转移就业；在制定小城镇规划时，将本地区农业富余劳动力转移就业作为重要内容。

县级以上地方人民政府引导农业富余劳动力有序向城市异地转移就业；劳动力输出地和输入地人民政府应当互相配合，改善农村劳动者进城就业的环境和条件。

第二十一条　国家支持区域经济发展，鼓励区域协作，统筹协调不同地区就业的均衡增长。

国家支持民族地区发展经济，扩大就业。

第二十二条　各级人民政府统筹做好城镇新增劳动力就业、农业富余劳动力转移就业和失业人员就业工作。

第二十三条　各级人民政府采取措施，逐步完善和实施与非全日制用工等灵活就业相适应的劳动和社会保险政策，为灵活就业人员提供帮助和服务。

第二十四条　地方各级人民政府和有关部门应当加强对失业人员从事个体经营的指导，提供政策咨询、就业培训和开业指导等服务。

第三章　公平就业

第二十五条　各级人民政府创造公平就业的环境，消除就业歧视，制定政策并采取措施对就业困难人员给予扶持和援助。

第二十六条　用人单位招用人员、职业中介机构从事职业中介活动，应当向劳动者提供平等的就业机会和公平的就业条件，不得实施就业歧视。

第二十七条　国家保障妇女享有与男子平等的劳动权利。

用人单位招用人员，除国家规定的不适合妇女的工种或者岗位外，不得以性别为由拒绝录用妇女或者提高对妇女的录用标准。

用人单位录用女职工，不得在劳动合同中规定限制女职工结婚、生育的内容。

第二十八条　各民族劳动者享有平等的劳动权利。

用人单位招用人员，应当依法对少数民族劳动者给予适当照顾。

第二十九条　国家保障残疾人的劳动权利。

各级人民政府应当对残疾人就业统筹规划，为残疾人创造就业条件。

用人单位招用人员，不得歧视残疾人。

第三十条　用人单位招用人员，不得以是传染病病原携带者为由拒绝录用。但是，经医学鉴定传染病病原携带者在治愈前或者排除传染嫌疑前，不得从事法律、行政法规和国务院卫生行政部门规定禁止从事的易使传染病扩散的工作。

第三十一条　农村劳动者进城就业享有与城镇劳动者平等的劳动权利，不得对农村劳动者进城就业设置歧视性限制。

第四章　就业服务和管理

第三十二条　县级以上人民政府培育和完善统一开放、竞争有序的人力资源市场，为劳动者就业提供服务。

第三十三条　县级以上人民政府鼓励社会各方面依法开展就业服务活动，加强对公共就业服务和职业中介服务的指导和监督，逐步完善覆盖城乡的就业服务体系。

第三十四条　县级以上人民政府加强人力资源市场信息网络及相关设施建设，建立健全人力资源市场信息服务体系，完善市场信息发布制度。

第三十五条　县级以上人民政府建立健全公共就业服务体系，设立公共就业服务机构，为劳动者免费提供下列服务：

（一）就业政策法规咨询；

（二）职业供求信息、市场工资指导价位信息和职业培训信息发布；

（三）职业指导和职业介绍；

（四）对就业困难人员实施就业援助；

（五）办理就业登记、失业登记等事务；

（六）其他公共就业服务。

公共就业服务机构应当不断提高服务的质量和效率，不得从事经营性活动。

公共就业服务经费纳入同级财政预算。

第三十六条　县级以上地方人民政府对职业中介机构提供公益性就业服务的，按照规定给予补贴。

国家鼓励社会各界为公益性就业服务提供捐赠、资助。

第三十七条　地方各级人民政府和有关部门不得举办或者与他人联合举办经营性的职业中介机构。

地方各级人民政府和有关部门、公共就业服务机构举办的招聘会，不得向劳动者收取费用。

第三十八条　县级以上人民政府和有关部门加强对职业中介机构的管理，鼓励其提高服务质量，发挥其在促进就业中的作用。

第三十九条　从事职业中介活动，应当遵循合法、诚实信用、公平、公开的原则。

用人单位通过职业中介机构招用人员，应当如实向职业中介机构提供岗位需求信息。

禁止任何组织或者个人利用职业中介活动侵害劳动者的合法权益。

第四十条　设立职业中介机构应当具备下列条件：

（一）有明确的章程和管理制度；

（二）有开展业务必备的固定场所、办公设施和一定数额的开办资金；

（三）有一定数量具备相应职业资格的专职工作人员；

（四）法律、法规规定的其他条件。

设立职业中介机构应当在工商行政管理部门办理登记后，向劳动行政部门申请行政许可。

未经依法许可和登记的机构，不得从事职业中介活动。

国家对外商投资职业中介机构和向劳动者提供境外就业服务的职业中介机构另有规定的，依照其规定。

第四十一条　职业中介机构不得有下列行为：
（一）提供虚假就业信息；
（二）为无合法证照的用人单位提供职业中介服务；
（三）伪造、涂改、转让职业中介许可证；
（四）扣押劳动者的居民身份证和其他证件，或者向劳动者收取押金；
（五）其他违反法律、法规规定的行为。

第四十二条　县级以上人民政府建立失业预警制度，对可能出现的较大规模的失业，实施预防、调节和控制。

第四十三条　国家建立劳动力调查统计制度和就业登记、失业登记制度，开展劳动力资源和就业、失业状况调查统计，并公布调查统计结果。

统计部门和劳动行政部门进行劳动力调查统计和就业、失业登记时，用人单位和个人应当如实提供调查统计和登记所需要的情况。

第五章　职业教育和培训

第四十四条　国家依法发展职业教育，鼓励开展职业培训，促进劳动者提高职业技能，增强就业能力和创业能力。

第四十五条　县级以上人民政府根据经济社会发展和市场需求，制定并实施职业能力开发计划。

第四十六条　县级以上人民政府加强统筹协调，鼓励和支持各类职业院校、职业技能培训机构和用人单位依法开展就业前培训、在职培训、再就业培训和创业培训；鼓励劳动者参加各种形式的培训。

第四十七条　县级以上地方人民政府和有关部门根据市场需求和产业发展方向，鼓励、指导企业加强职业教育和培训。

职业院校、职业技能培训机构与企业应当密切联系，实行产教结合，为经济建设服务，培养实用人才和熟练劳动者。

企业应当按照国家有关规定提取职工教育经费，对劳动者进行职业技能培训和继续教育培训。

第四十八条　国家采取措施建立健全劳动预备制度，县级以上地方人民政府对有就业要求的初高中毕业生实行一定期限的职业教育和培训，使其取得相应的职业资格或者掌握一定的职业技能。

第四十九条　地方各级人民政府鼓励和支持开展就业培训，帮助失业人员提高职业技能，增强其就业能力和创业能力。失业人员参加就业培训的，按照有关规定享受政府培训补贴。

第五十条　地方各级人民政府采取有效措施，组织和引导进城就业的农村劳动者参加技能培训，鼓励各类培训机构为进城就业的农村劳动者提供技能培训，增强其就业能力和创业能力。

第五十一条　国家对从事涉及公共安全、人身健康、生命财产安全等特殊工种的劳动者，实行职业资格证书制度，具体办法由国务院规定。

第六章　就业援助

第五十二条　各级人民政府建立健全就业援助制度，采取税费减免、贷款贴息、社会保险补贴、岗位补贴等办法，通过公益性岗位安置等途径，对就业困难人员实行优先扶持和重点帮助。

就业困难人员是指因身体状况、技能水平、家庭因素、失去土地等原因难以实现就业，以及连续失业一定时间仍未能实现就业的人员。就业困难人员的具体范围，由省、自治区、直辖市人民政府根据本行政区域的实际情况规定。

第五十三条　政府投资开发的公益性岗位，应当优先安排符合岗位要求的就业困难人员。被安排在公益性岗位工作的，按照国家规定给予岗位补贴。

第五十四条　地方各级人民政府加强基层就业援助服务工作，对就业困难人员实施重点帮助，提供有针对性的就业服务和公益性岗位援助。

地方各级人民政府鼓励和支持社会各方面为就业困难人员提供技能培训、岗位信息等服务。

第五十五条　各级人民政府采取特别扶助措施，促进残疾人就业。

用人单位应当按照国家规定安排残疾人就业，具体办法由国务院规定。

第五十六条　县级以上地方人民政府采取多种就业形式，拓宽公益性岗位范围，开发就业岗位，确保城市有就业需求的家庭至少有一人实现就业。

法定劳动年龄内的家庭人员均处于失业状况的城市居民家庭，可以向住所地街道、社区公共就业服务机构申请就业援助。街道、社区公共就业服务机构经确认属实的，应当为该家庭中至少一人提供适当的就业岗位。

第五十七条　国家鼓励资源开采型城市和独立工矿区发展与市场需求相适应的产业，引导劳动者转移就业。

对因资源枯竭或者经济结构调整等原因造成就业困难人员集中的地区，上级人民政府应当给予必要的扶持和帮助。

第七章　监督检查

第五十八条　各级人民政府和有关部门应当建立促进就业的目标责任制度。县级以上人民政府按照促进就业目标责任制的要求，对所属的有关部门和下一级人民政府进行考核和监督。

第五十九条　审计机关、财政部门应当依法对就业专项资金的管理和使用情况进行监督检查。

第六十条　劳动行政部门应当对本法实施情况进行监督检查，建立举报制度，受理对违反本法行为的举报，并及时予以核实处理。

第八章　法律责任

第六十一条　违反本法规定，劳动行政等有关部门及其工作人员滥用职权、玩忽职守、徇私舞弊的，对直接负责的主管人员和其他直接责任人员依法给予处分。

第六十二条　违反本法规定，实施就业歧视的，劳动者可以向人民法院提起诉讼。

第六十三条　违反本法规定，地方各级人民政府和有关部门、公共就业服务机构举办经营性的职业中介机构，从事经营性职业中介活动，向劳动者收取费用的，由上级主管机关责令限期改正，将违法收取的费用退还劳动者，并对直接负责的主管人员和其他直接责任人员依法给予处分。

第六十四条　违反本法规定，未经许可和登记，擅自从事职业中介活动的，由劳动行政部门或者其他主管部门依法予以关闭；有违法所得的，没收违法所得，并处一万元以上五万元以下的罚款。

第六十五条　违反本法规定，职业中介机构提供虚假就业信息，为无合法证照的用人单位提供职业中介服务，伪造、涂改、转让职业中介许可证的，由劳动行政部门或者其他主管部门责令改正；有违法所得的，没收违法所得，并处一万元以上五万元以下的罚款；情节严重的，吊销职业中介许可证。

第六十六条　违反本法规定，职业中介机构扣押劳动者居民身份证等证件的，由劳动行政部门责令限期退还劳动者，并依照有关法律规定给予处罚。

违反本法规定，职业中介机构向劳动者收取押金的，由劳动行政部门责令限期退还劳动者，并以每人五百元以上二千元以下的标准处以罚款。

第六十七条　违反本法规定，企业未按照国家规定提取职工教育经费，或者挪用职工教育经费的，由劳动行政部门责令改正，并依法给予处罚。

第六十八条　违反本法规定，侵害劳动者合法权益，造成财产损失或者其他损害，依法承担民事责任；构成犯罪的，依法追究刑事责任。

第九章　附　　则

第六十九条　本法自 2008 年 1 月 1 日起施行。